Será que Deus Joga Dados?

A Nova Matemática do Caos

Ciência e Cultura

Direção:
César de Queiroz Benjamin
Ildeu de Castro Moreira

História Natural do Homem
Vol. 1: O homem imprevisto
André Bourguignon

Será que Deus Joga Dados?
A nova matemática do caos
Ian Stewart

O Tempo na História
Concepções de tempo
da pré-história aos nossos dias
G.J. Whitrow

De Arquimedes a Einstein
A face oculta da invenção científica
Pierre Thuillier

Ian Stewart

Será que Deus Joga Dados?

A Nova Matemática do Caos

Tradução:

Maria Luiza X. de A. Borges

Revisão técnica:

Ildeu de Castro Moreira

Alexandre Tort

Professores do Instituto de Física, UFRJ

Jorge Zahar Editor

Rio de Janeiro

Título original:
Does God Play Dice? The New Mathematics of Chaos

Tradução autorizada da edição inglesa
publicada em 1990 por Penguin Books.
Publicado originalmente por Basil Blackwell em 1989.

Jorge Zahar Editor Ltda.
rua México 31 sobreloja
20031 Rio de Janeiro, RJ

[Edição para o Brasil]

Capa: Gustavo Meyer

Ilustração da capa: Representação gráfica computadorizada
de equações matemáticas com comportamento caótico.
Grupo de Caos da Universidade de Maryland, Estados Unidos.

Impressão: Tavares e Tristão Ltda.

ISBN: 0-631-16847-8 (ed. orig.)
ISBN: 85-7110-201-5 (JZE, RJ)

CIP-Brasil. Catalogação-na-fonte
Sindicato Nacional dos Editores de Livros, RJ.

S871s Stewart, Ian
Será que Deus joga dados? : a matemática do caos
Ian Stewart ; tradução, Maria Luiza X. de A. Borges
revisão técnica, Ildeu de Castro Moreira, Alexandre
Tort. — Rio de Janeiro : Jorge Zahar Ed., 1991.

(Coleção Ciência e cultura)

Tradução de: Does God play dice? The New
Mathematics of chaos.
Bibliografia.
ISBN 85-7110-201-5

1. Comportamento caótico nos sistemas. 2. Ciência.
I. Título. II. Série.

CDD - 500
91-0706 CDU - 51

Sumário

Prólogo

Mecanismo de Precisão ou Caos?

Você acredita num Deus que joga dados,
e eu em lei e ordem absolutas.

Albert Einstein, *carta a Max Born*

Existe a teoria de que a história se move em ciclos. Mas, como uma escada em espiral, é em novos patamares que o curso dos eventos humanos se completa. O "balanço pendular" das mudanças culturais não repete meramente os mesmos eventos de maneira indefinida. Verdadeira ou não, essa teoria serve como uma metáfora que ajuda a focalizar nossa atenção. O tema deste livro representa um desses ciclos em espiral: o caos dá lugar à ordem, que por sua vez dá lugar a novas formas de caos. O que procuramos na oscilação desse pêndulo, contudo, não é destruir o caos, mas domesticá-lo.

No passado distante de nossa raça, a natureza era considerada uma criatura caprichosa, e atribuía-se a ausência de padrões no mundo natural aos devaneios das poderosas e incompreensíveis divindades que o governavam. O caos reinava e a lei era inimaginável.

Ao cabo de vários milhares de anos, a humanidade começou lentamente a se dar conta de que a natureza tinha muitas regularidades que podiam ser registradas, analisadas, previstas e exploradas. Por volta do século XVIII, a ciência já fizera tantos avanços na descoberta das leis da natureza que muitos pensavam que pouco restava a descobrir. Leis imutáveis determinavam o movimento de cada partícula no universo, com exatidão e para sempre: a tarefa do cientista era elucidar as implicações dessas leis no tocante a todo fenômeno particular de interesse. O caos dera lugar a um mundo preciso como um relógio.

Mas o mundo mudou, e nossa visão do universo mudou com ele. Por que continuaria a ser um conjunto de engrenagens, quando hoje nem mesmo nossos relógios o são mais? Com o advento da mecânica quântica, o mundo passou de engrenagem precisa a loteria cósmica.

Eventos fundamentais, como a desintegração de um átomo radioativo, são atribuídos ao acaso, não a uma lei. A despeito do espetacular sucesso da mecânica quântica, suas características probabilísticas não agradaram a todos. A famosa objeção de Albert Einstein, numa carta a Max Born, figura como epígrafe deste capítulo. Einstein se referia à mecânica quântica, mas também sua filosofia está impregnada da atitude de toda uma época em relação à mecânica clássica, em que a indeterminação quântica é inoperante. A metáfora dos dados para o acaso tem ampla aplicação. Será que a determinação deixa lugar para o acaso?

Se Einstein estava certo ou não a respeito da mecânica quântica é algo que está por ser verificado. Sabemos, contudo, que o mundo da mecânica clássica permanece mais misterioso do que mesmo Einstein imaginou. A própria distinção que ele tentou enfatizar entre a aleatoriedade do acaso e o determinismo da lei foi posta em questão. Talvez Deus seja capaz de, de um único sopro, jogar dados e criar um universo de lei e ordem absolutas.

O ciclo se fechou, porém num patamar mais elevado. Estamos começando a descobrir que sistemas que obedecem a leis imutáveis e precisas nem sempre atuam de formas previsíveis e regulares. Leis simples podem não produzir comportamentos simples. Leis determinísticas podem produzir um comportamento que parece aleatório. A ordem pode gerar seu próprio tipo de caos. A questão não é tanto *se* Deus joga dados, mas *como* ele o faz.

Trata-se de uma descoberta crucial, cujas implicações ainda não tiveram seu pleno impacto sobre nosso pensamento científico. As noções de previsão, de um experimento passível de repetição, assumem novos aspectos quando encaradas do ponto de vista do caos. O que pensávamos ser simples torna-se complicado, e novas e perturbadoras questões se apresentam com relação à mensuração, à previsibilidade e à verificação ou refutação de teorias.

Em contrapartida, o que pensávamos ser complicado pode se tornar simples. Fenômenos que pareciam desestruturados e aleatórios podem de fato estar obedecendo a leis simples. O caos determinístico tem suas próprias leis e inspira novas técnicas experimentais. Não faltam irregularidades na natureza, e algumas delas podem se provar manifestações físicas da matemática do caos. Fluxo turbulento de fluidos, inversões do campo magnético da Terra, irregularidades do batimento cardíaco, os padrões de convecção do hélio líquido, as acrobacias de corpos celestes, lacunas no cinturão de asteróides, o crescimento de populações de insetos, o pingar de uma torneira, o curso de uma reação química, o metabolismo de células, as mudanças atmosféricas, a propagação de impulsos nervosos, oscilações de circuitos eletrônicos, o movimento de um barco preso a uma bóia, o ricochetear de uma bola de bilhar, as colisões de átomos num gás, a incerteza subjacente à mecânica quântica — estes são alguns dos problemas a que a matemática do caos tem sido aplicada.

É um mundo inteiramente novo, um novo tipo de matemática, uma ruptura fundamental na compreensão das irregularidades na natureza. Estamos testemunhando seu nascimento.

Seu futuro ainda está por ser revelado.

1

O Caos a partir da Ordem

Lo! thy dread empire, Chaos! is restor'd;
Light dies before thy uncreating word;
Thy hand, great Anarch! lets the curtain fall,
And universal darkness buries all.*

Alexander Pope, *The Dunciad*

A eterna batalha entre a ordem e a desordem, a harmonia e o caos, figura em tantos mitos da criação, e em tantas culturas, que deve representar uma profunda percepção humana do universo. Na cosmologia da Grécia antiga, o caos era tanto o vazio primevo do universo como o submundo onde os mortos tinham sua morada. Na teologia do Antigo Testamento, "a Terra era vaga e vazia, e as trevas cobriam o abismo". Num antigo poema épico babilônio, o universo surge do caos que se forma quando uma indisciplinada família de deuses do abismo é destruída pelo próprio pai. O caos é a massa original sem forma com que o criador moldou o universo ordenado (figura 1). A ordem é assimilada ao bem e a desordem ao mal. Ordem e caos são vistos como dois opostos, os pólos a cuja volta giram nossas interpretações do mundo.

Alguns impulsos inatos impelem a humanidade a se empenhar para compreender as regularidades da natureza, a buscar leis sob as caprichosas complexidades do universo, a extrair ordem do caos. Até as mais primitivas civilizações eram providas de sofisticados calendários para prever as estações e de regras astronômicas para prever eclipses. Viam figuras nas estrelas do céu e teciam lendas em torno delas. Inventavam panteons de divindades para explicar as extravagâncias de um mundo que, sem isso, seria aleatório e sem sentido. Ciclos, formas, números. Matemática.

* Vê! teu terrível império, Caos! está restaurado; / A luz morre ante tua palavra aniquiladora; / Tua mão, grande Anarca! deixa o pano cair / E a treva universal tudo sepulta. (N. da T.)

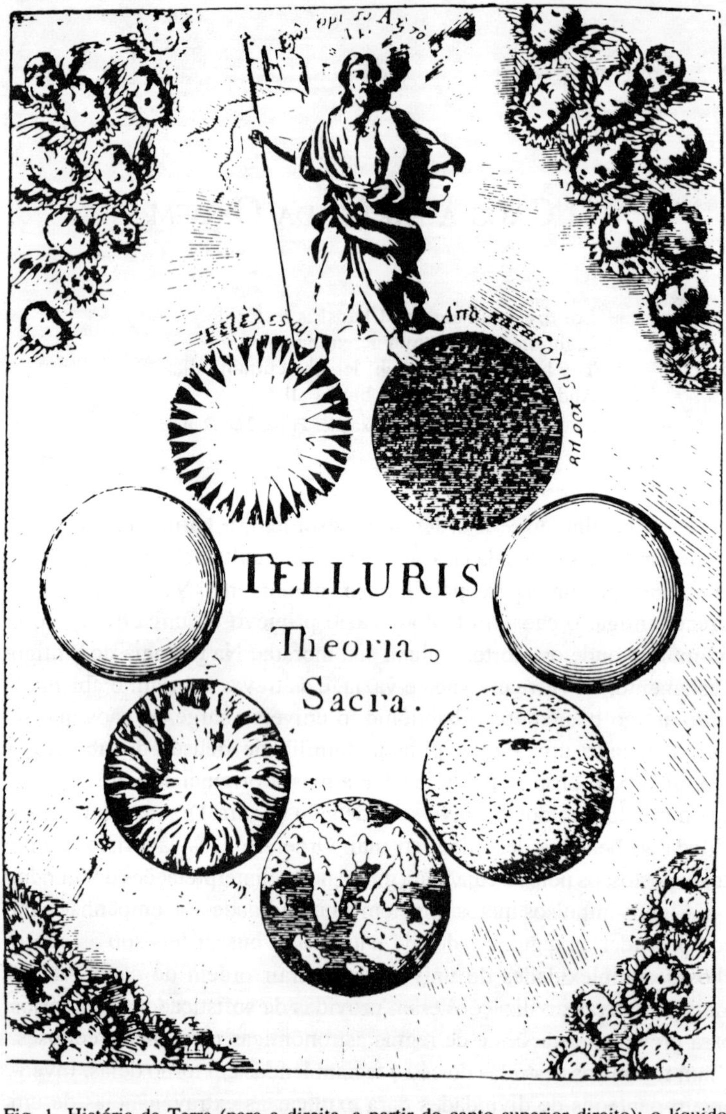

Fig. 1. História da Terra (para a direita, a partir do canto superior direito): o líquido caótico, a Terra pristina, a Terra durante o dilúvio, a Terra moderna, a Terra durante a conflagração que há de vir, a Terra durante o Milênio e o destino final da Terra como uma estrela. (Extraído de Thomas Burnet: *Telluris theoria sacra*, 1681.)

Raciocínio Desarrazoado

Ao descrever a estrutura do mundo físico, o físico Eugene Wigner falou da "desarrazoada eficácia da matemática". A matemática surgiu de questões acerca do mundo físico e se firmou respondendo a algumas delas. Mas raramente trata-se de um processo direto. Muitas vezes uma idéia matemática deve viver sua própria vida, existindo como que num limbo, sendo desdobrada e discutida em si mesma, como um objeto puramente matemático, até que seus segredos íntimos sejam desvendados e sua significância física seja percebida. Talvez a matemática seja eficaz porque representa a linguagem subjacente do cérebro humano. Talvez os únicos padrões que conseguimos perceber sejam matemáticos porque a matemática é o instrumento da nossa percepção. Talvez a matemática seja eficaz em organizar a existência física por ser inspirada por ela. Quem sabe seu êxito não passe de uma ilusão cósmica, ou talvez não existam padrões reais, somente aqueles que nossas frágeis mentes impõem. São questões para filósofos. A realidade pragmática é que a matemática é o mais efetivo e confiável método que conhecemos para compreender o que vemos à nossa volta.

O ano em que escrevo, 1987, marca os 300 anos da publicação de uma obra sem paralelo histórico — os *Princípios matemáticos de filosofia natural*, de Isaac Newton (figura 2). Ainda se vendem cerca de 700 volumes dela por ano — sobretudo para universitários que estudam os mestres nas fontes primárias. É uma longevidade espantosa. Embora já não se trate de um *bestseller*, sua mensagem impregnou os próprios fundamentos de nossa cultura.

E a mensagem é: *a Natureza tem leis, e podemos descobri-las.*

A lei da gravidade de Newton é simples. Duas partículas no universo sempre se atraem uma à outra, com uma força que depende, de maneira precisa e simples, de suas massas e da distância entre elas. (É proporcional ao produto das duas massas dividido pelo quadrado da distância que as separa.) A lei pode ser condensada numa fórmula algébrica curta. Conjugada a outra das leis de Newton — dessa vez a lei do movimento (a aceleração de um corpo é proporcional à força que atua sobre ele) — explica um sem-número de observações astronômicas, que vão desde o percurso dos planetas através do Zodíaco às oscilações da Lua em seu eixo, desde o acoplamento ressonante dos satélites de Júpiter às curvas luminosas das estrelas binárias, desde as lacunas entre os anéis de Saturno ao nascimento das galáxias.

Simples. Elegante. Enganoso.

Ordem nascida do caos.

Fig. 2. Isaac Newton (gravura baseada numa pintura de Godfrey Kneller).

Newton era um homem ambicioso. Buscava nada mais nada menos que "o sistema do mundo". A teoria do Todo.

Em relação ao seu próprio tempo, teve mais sucesso que ousara sonhar. Por mais de dois séculos, as leis de Newton reinaram absolutas como a descrição definitiva da natureza. Só nos domínios microscópicos do átomo, ou nas vastas extensões do espaço interestelar, pequenas discrepâncias entre a natureza segundo Newton e a natureza segundo a Natureza se manifestam. Nesses domínios, Newton foi suplantado pela mecânica quântica e pela relatividade. Hoje os físicos, novamente em busca do cálice sagrado de uma Teoria do Todo, falam de supergravidade e de supercordas, de *quarks* e cromodinâmica, de simetrias quebradas e das Teorias da Grande Unificação. Estamos vivendo num mundo de 26 dimensões (ou talvez de apenas dez), que estão todas, exceto quatro, enroscadas como um tatu terrificado e só podem ser detectadas por seus tremores. Moda passageira ou uma visão de nosso futuro? Ainda não podemos dizer. Mas enquanto teoria suplanta teoria, paradigma derruba paradigma, uma coisa permanece inalterada: a relevância da matemática. As leis da natureza são matemáticas. Deus é um geômetra.

O Mundo como um Relógio

A revolução no pensamento científico que culminou em Newton conduziu a uma visão do universo como uma gigantesca engrenagem, funcionando "como um relógio", uma expressão que ainda utilizamos — por imprópria que seja numa época de relógios digitais — para representar o máximo em matéria de confiabilidade e perfeição mecânica. Nessa visão, uma máquina é acima de tudo previsível. Sob condições idênticas, fará coisas idênticas. Um engenheiro que conheça as especificações da máquina e seu estado num dado momento é capaz em princípio de calcular exatamente o que ela fará. Deixemos de lado — assinalada, mas ainda não discutida — a questão do que é possível na *prática* e não em princípio, e procuremos entender primeiro por que os cientistas dos séculos XVII e XVIII foram compelidos ao que, à primeira vista, parece uma visão tão árida e estéril deste universo de encantamento e surpresa.

Newton formulou suas leis na forma de equações matemáticas; tais equações estabelecem relações não só entre quantidades, mas também entre as taxas de variação dessas quantidades. Quando um corpo cai livremente, sob gravidade constante, não é sua posição que permanece constante — se assim fosse, ele flutuaria, de maneira pouco plausível, sem sustentação. Tampouco é a velocidade — a taxa de variação da posição — que é constante. Quanto mais tempo o corpo leva caindo, mais rápido o faz: é por isto que é mais perigoso cair de um prédio alto que de um baixo. Não, o que é constante é a aceleração — *a taxa de variação da taxa de variação da posição*. Talvez agora possamos ver por que se passaram tantos séculos até que essa regularidade dinâmica fosse percebida: a lei só é simples para os que adquirem uma nova concepção de simplicidade.

As equações que envolvem taxas de variação são chamadas de *diferenciais*. A taxa de variação de uma quantidade é determinada pela diferença entre seus valores em dois tempos próximos e, conseqüentemente, a palavra *diferencial* permeia a matemática: cálculo diferencial, coeficiente diferencial, equação diferencial, e diferencial pura e simples. Resolver equações algébricas sem envolver taxas de variação nem sempre é fácil, como muitos de nós aprendemos à custa de muito suor; resolver equações diferenciais é uma ordem de magnitude mais difícil. Quando olhamos para trás, neste final do século XX, o que mais surpreende é que tantas equações diferenciais importantes *possam* ser resolvidas, desde que se tenha suficiente engenhosidade. Ramos inteiros da matemática brotaram da necessidade de compreender uma única e decisiva equação diferencial.

A despeito das dificuldades técnicas apresentadas pela resolução de equações específicas, alguns princípios gerais podem ser estabelecidos. O princípio-chave para a presente discussão é que a solução de equações que descrevem o movimento de algum sistema dinâmico é *única* se as posições iniciais e as velocidades de todos os componentes do sistema forem conhecidas. Uma bicicleta tem cinco ou seis partes essenciais que se movem: se soubermos *agora* o que cada uma está fazendo, podemos predizer o movimento da bicicleta do momento em que for empurrada rua abaixo até sua queda na calçada. Mais ambiciosamente, se, em determinado instante, soubermos as posições e velocidades de cada partícula de matéria no Sistema Solar, todos os movimentos subseqüentes dessas partículas estarão determinados de maneira única.

Esta afirmação pressupõe, para efeito de simplificação, que não há influências externas sobre o movimento. Se tentarmos levar em conta também essas influências, seremos levados à interpretação de que as posições e a velocidade de todas as partículas de matéria na totalidade do universo, tomadas em determinado instante, determinam por completo sua evolução futura. O universo segue uma trajetória dinâmica única, predeterminada. *Só pode fazer uma única coisa*. Nas palavras eloqüentes de Pierre Simon de Laplace (figura 3), um dos

Fig. 3. Pierre Simon de Laplace lendo sua *Mecânica celeste* (litografia do século XIX).

expoentes da matemática no século XVIII, em seu *Ensaio filosófico sobre as probabilidades*:

> Um intelecto que, num momento dado qualquer, conhecesse todas as forças que animam a Natureza e as posições mútuas dos seres que a compõem, se esse intelecto fosse vasto o suficiente

> para submeter seus dados a análise, seria capaz de condensar numa única fórmula o movimento dos maiores corpos do universo e o do menor dos átomos: para tal intelecto nada poderia ser incerto; e tanto o futuro quanto o passado estariam presentes diante de seus olhos.

Sem dúvida surpreende que uma afirmação como esta possa ser feita a partir de um simples teorema da unicidade em matemática. Mais tarde tentarei elucidar alguns dos truques envolvidos nessa transição, porque isso é de fato bastante escandaloso; mas por enquanto admitamos a interpretação. O que devemos imaginar, ao considerar afirmações como a de Laplace, é o clima de alvoroço que predominava na ciência daquele tempo, na medida em que um fenômeno depois do outro — mecânica, calor, ondas, som, luz, magnetismo, eletricidade — era submetido a controle mediante a mesmíssima técnica. Devia-se ter a impressão de uma grande investida rumo à verdade final. *Aquilo funcionava.* Nascia o paradigma do determinismo clássico: se as equações estabelecem a evolução dos sistemas de uma maneira única, sem nenhuma influência externa aleatória, então seu comportamento está especificado de maneira única para todos os tempos.

VIAGEM A HIPÉRION

Recuemos a um pouco mais de uma década no tempo, a 5 de setembro de 1977. Um gigantesco foguete, III-E/Centaur, espera de prontidão na plataforma do Complexo de Lançamento 41, na Área Leste de Testes da Força Aérea, no Centro Espacial Kennedy, em Cabo Canaveral, Flórida. Em seu ponto mais alto, eclipsado pelo gigante, mas razão de sua existência, encontra-se um minúsculo triunfo da engenharia: a espaçonave *Voyager 1* (figura 4).

A contagem regressiva chega aos segundos finais. Um par de impulsionadores a combustível sólido, cheios de pó de alumínio e perclorato de amônio, entram em ignição com um estrondo que pode ser ouvido num raio de 15 quilômetros. O foguete, da altura de um edifício de 15 andares e pesando 700 toneladas, arranca do profundo poço de gravidade da Terra rumo ao céu. De início seu movimento é penosamente lento e, nos primeiros 100 metros, ele queima uma proporção substancial de seu combustível. Dez horas depois, no entanto, a *Voyager 1* encontra-se além da Lua, a caminho de planetas distantes: Marte, Júpiter, Saturno (figura 5).

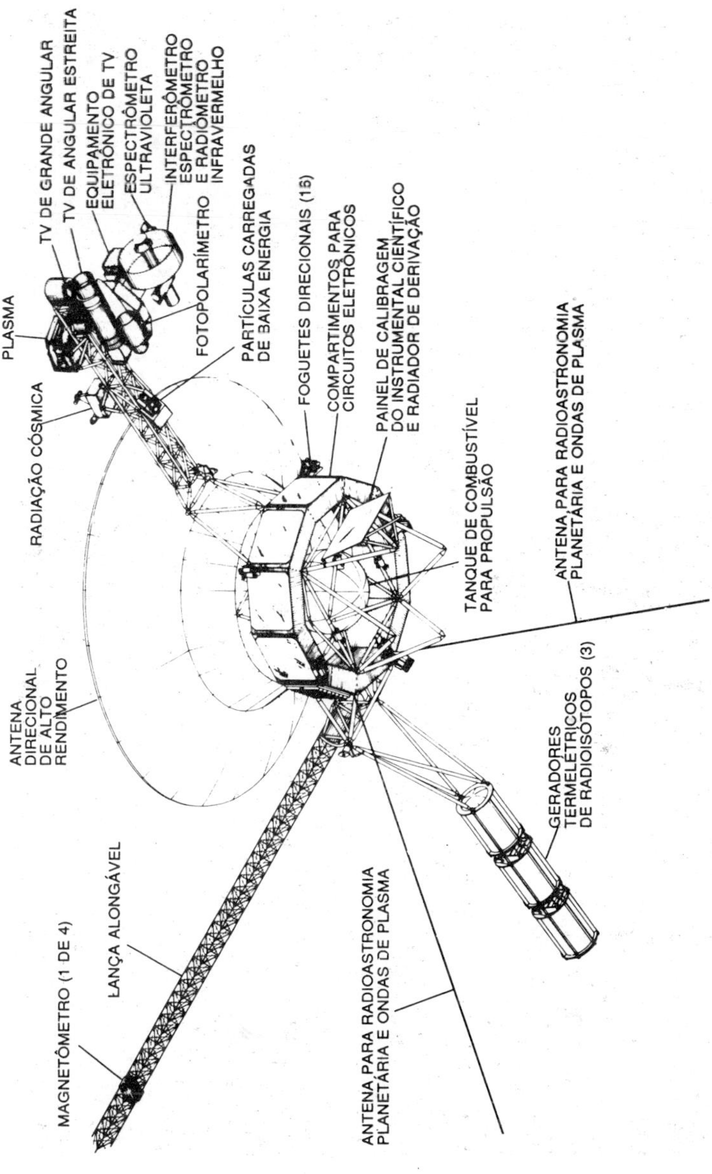

Fig. 4. A nave espacial *Voyager*.

Fig. 5. Saturno e alguns de seus satélites (fotomontagem a partir de imagens enviadas pelas *Voyagers 1* e 2)..

Dezesseis dias antes uma nave irmã, *Voyager 2*, já fizera sua partida: a *Voyager 1* tivera seu lançamento adiado por falhas técnicas. Em compensação, ela segue uma trajetória mais rápida, de tal modo que, quando se aproximar de Júpiter, estará quatro meses à frente da nave irmã. A missão da *Voyager 1* se encerrará depois que tiver chegado bem próximo a Saturno; mas a *Voyager 2* terá a opção — devidamente exercida — de prosseguir até Urano e Netuno. Só Plutão escapará ao escrutínio, pois está no lado errado de sua órbita e o "Grand Tour" não pode atingi-lo.

A viagem das *Voyagers* é um milagre da engenharia. É também um milagre da matemática, que desempenha aqui seu papel de serva da tecnologia. A matemática comanda o planejamento da sonda e de seu veículo lançador. A matemática computa as cargas e pressões sobre sua estrutura metálica, os padrões de combustão de seu combustível, a dinâmica do ar que flui pela superfície do veículo durante sua rápida travessia da atmosfera da Terra. A matemática orienta os impulsos eletrônicos que correm pelos computadores enquanto estes observam ansiosamente cada mínimo avanço da nave espacial. A matemática decide até a codificação das mensagens com que os controladores em terra comunicam suas instruções à sonda, que durante todo o tempo transmitirá de volta para a Terra imagens surpreendentes de nosso Sistema Solar.

Acima de tudo, porém, a matemática dirige a grandiosa dança dos planetas, suas luas, e as trajetórias das *Voyagers* à medida que fazem suas visitas celestes. Uma única e simples lei — a lei da gravidade de Newton. Não há necessidade dos aperfeiçoamentos de Einstein — nas velocidades comparativamente baixas que prevalecem no Sistema Solar, Newton é suficiente.

Se no Sistema Solar existissem somente o Sol e a Terra, a lei de Newton preveria que eles se movem em elipses em torno de seu centro mútuo de gravidade — um ponto profundamente encravado no Sol, porque a estrela tem massa muito maior que a do planeta. Efetivamente, a Terra se moveria numa elipse, ficando o Sol estacionário num foco. Mas ela não está sozinha no Sistema Solar — aliás, se estivesse, para que enviar a espaçonave *Voyager*? Cada planeta viaja ao longo de sua própria elipse — ou viajaria, não fossem os outros. Estes o perturbam, tirando-o de sua órbita ideal, acelerando-o ou tornando-o mais lento. A dança cósmica é intricada e elaborada: sarabanda segundo uma partitura de Newton, *Largo con gravitá*.

A lei estabelece cada passo da dança, de maneira completa, exata. Os cálculos não são fáceis, mas podem ser feitos, com persistência e um computador rápido, com uma exatidão suficiente para os objetivos da *Voyager*. Aplicando as leis matemáticas de Newton, os astrônomos previram o movimento futuro do Sistema Solar por 200 milhões de anos: fazê-lo para alguns anos, comparado a isso, é uma brincadeira de criança.

Deixando para trás Júpiter — enigma rodopiante envolto em faixas —, a nave segue rumo a Saturno, um planeta dominado por anéis. Porém Saturno tem outras características interessantes, em especial suas luas. A partir das observações feitas da Terra, julgava-se que tinha dez satélites. A *Voyager* levantou o total de quinze.

Uma das luas, Hipérion, é fora do comum. Tem forma irregular, uma batata celeste. Sua órbita é precisa e regular, mas seu comportamento nessa órbita, não: Hipérion dá cambalhotas. Não continuamente, mas num padrão complexo e irregular. Nada nesse padrão desafia as leis de Newton: as acrobacias de Hipérion obedecem às leis da gravidade e da dinâmica.

Vejamos um exercício hipotético. Suponhamos que a *Voyager 1* tivesse sido capaz de medir os requebros de Hipérion com uma exatidão de dez casas decimais. De fato não foi, mas sejamos generosos. Suponhamos, a partir disso, que cientistas baseados na Terra devessem fazer a melhor previsão possível do movimento futuro de Hipérion, predeterminado segundo a lei de Newton. Assim, poucos meses depois, quando a *Voyager 2* passasse por Hipérion, poderiam comparar suas previsões com a realidade. Descobririam então...

... que a previsão estava totalmente errada.

Uma falha da previsão?

Não exatamente.

Uma falha da lei de Newton?

Não. É *por causa* da lei que se sabe que a previsão está errada.

Indeterminação? Efeitos externos aleatórios, como nuvens de gás, campos magnéticos, o vento solar?

Não.

Algo muito mais notável. Um traço inerente às equações matemáticas em dinâmica. A capacidade das equações, mesmo simples, de gerar movimento tão complexo, tão sensível à mensuração que parece aleatório. Isto é chamado, com muita propriedade, de *caos*.

Caos

Como todo jargão, essa palavra não tem aqui as mesmas conotações que teria no uso cotidiano. Confira o que diz o dicionário:

> **caos**, *s*. 1. A matéria desordenada e sem forma que supostamente existia antes do universo ordenado. 2. Completa desordem, absoluta confusão.

A isto, os autores de novos dicionários terão que acrescentar a definição do jargão. A que apresento a seguir foi proposta, após algum desconforto inicial, a uma prestigiosa conferência internacional sobre o caos, patrocinada pela Royal Society de Londres, em 1986. Embora todos os presentes soubessem o significado do que entendiam por "caos" — era seu campo de pesquisa, de modo que realmente precisavam saber —, poucos se dispunham a propor uma definição precisa. Isto não é incomum numa área de pesquisa "quente" — é difícil definir algo quando se tem a impressão de ainda não o ter compreendido completamente. Seja como for, aqui está ela:

> 3. (Mat.) Comportamento estocástico que ocorre num sistema determinístico.

Temos aqui mais dois termos de jargão — "estocástico" e "determinístico". O determinismo laplaciano já é nosso conhecido. "Estocástico" significa "aleatório". Para compreender o fenômeno do caos precisaremos discutir mais detidamente seus significados, porque, em sua presente forma, esta definição é um paradoxo. O comportamento determinístico é governado por uma lei exata e não passível de infração. O comportamento estocástico é o oposto: sem lei e irregular, governado pelo acaso. O caos é portanto "comportamento sem lei inteiramente governado pela lei".

Como Hipérion.

Caos na Calculadora

Por que Hipérion se comporta dessa maneira? Ainda não temos condições de dizer, mas posso lhe dar um exemplo mais acessível de caos que você mesmo poderá experimentar. Precisará apenas de uma calculadora de bolso. Se tiver um microcomputador em casa, poderá programá-lo facilmente para realizar a mesma tarefa, o que lhe poupará um bom trabalho.

O movimento de Hipérion é governado por uma equação diferencial. Efetivamente, o que ela lhe informa é o seguinte. Suponha que, num instante determinado, você conheça a posição e a velocidade de Hipérion. Há uma regra fixa a aplicar a esses números para obter a posição e a velocidade no instante seguinte. Tudo o que é preciso fazer é aplicá-la e reaplicá-la, e seguir em frente até chegar a qualquer tempo que queira.

Você pode objetar que o tempo é infinitamente divisível, de modo que não existe algo como um instante, muito menos o seguinte. Talvez tenha razão. Embora Zenão de Eléia e muitos físicos modernos fossem discordar, não há dúvida de que você está expressando a posição convencional. Mas, num sentido que pode ser definido de várias maneiras diferentes, a descrição acima está moralmente correta. Em particular — e é exatamente assim que um computador resolve uma equação diferencial — se por "instante" entendermos "o intervalo de tempo usado no cálculo". O método funciona porque intervalos de tempo muito pequenos dão uma boa aproximação para um fluxo contínuo de tempo.

As equações para Hipérion envolvem muitas variáveis — posição, velocidade, rotação angular. Você *poderia* introduzi-las na sua calculadora, mas a vida é curta. Em vez disso, vamos escolher uma equação bem mais simples. Deixe-me frisar que ela não tem absolutamente nada a ver com o movimento de Hipérion, embora ainda assim ilustre o fenômeno do caos.

Minha calculadora tem um botão x^2, e vou supor que a sua também tem. Se não tiver, × seguido por = dá o mesmo efeito. Escolha um número entre zero e um, como 0,54321, e pressione o botão x^2. Repita isso muitas vezes e olhe os números. Que acontece?

Eles encolhem. Na nona vez em que apertei o botão da minha calculadora, obtive zero, e como $0^2 = 0$, não espanta que depois disso nada de muito interessante aconteça.

Esse processo é conhecido como *iteração*: repetição indefinida da mesma coisa. Tente iterar alguns outros botões de sua calculadora. No exemplo abaixo, comecei sempre com 0,54321, mas se quiser você pode usar outros valores iniciais. Deve, porém, evitar o zero. Na minha calculadora, no modo "radiano", depois de apertar o botão **cos** cerca de quarenta vezes, obtive o misterioso número 0,739085133, que simplesmente se instalou lá. É capaz de adivinhar que propriedade especial tem esse número? Seja como for, mais uma vez a iteração simplesmente se fixa num único valor: *converge* para um estado de equilíbrio.

O botão **tan** parece fazer o mesmo tipo de coisa. As aparências enganam. Iterei-o 300.000 vezes no computador e ele não convergiu nem se tornou periódico. No entanto, em certos lugares fica "empatado": cresce muito, muito lentamente — digamos 0,0000001 por iteração. Esse efeito, que é chamado *intermitência*, explica por que, à primeira vista, os números podem parecer estar convergindo.

Há também um número infinitamente grande de valores iniciais para os quais a seqüência **tan** simplesmente repete o mesmo número vezes sem conta, mas zero é provavelmente o único desses valores que você encontrará por acaso. O comportamento "típico" é a intermitência.

O botão $\mathbf{e}^x$ vai até 268 vírgula alguma coisa e então dá uma mensagem de erro porque ficou grande demais: desvia-se célere para o infinito. O botão $\sqrt{}$ converge para 1.

O botão $\mathbf{1/x}$ faz algo mais interessante: o número muda de 0,54321 para 1,840908673 e vice-versa. A iteração é *periódica* de período 2; isto é, se você apertar o botão duas vezes, volta para o ponto em que começou. Talvez você consiga descobrir por que isso acontece.

Aperte todos os botões de sua calculadora: vai verificar que estes que mencionei esgotam os tipos de comportamento possíveis.

Será que isto acontece porque os botões das calculadoras foram projetados para fazer coisas curiosas? Para sanar tal dúvida, você pode inventar novos botões. Que tal um botão $\mathbf{x^2 - 1}$? Para simulá-lo, aperte o botão $\mathbf{x^2}$ e depois **– 1 =**. Continue apertando-os. Logo você descobrirá que está num movimento cíclico indefinido entre 0 e –1 (figura 6). Isto tem sua lógica:

$$0^2 - 1 = -1$$
$$(-1)^2 - 1 = 0.$$

Mas ciclos também não são nenhuma novidade.

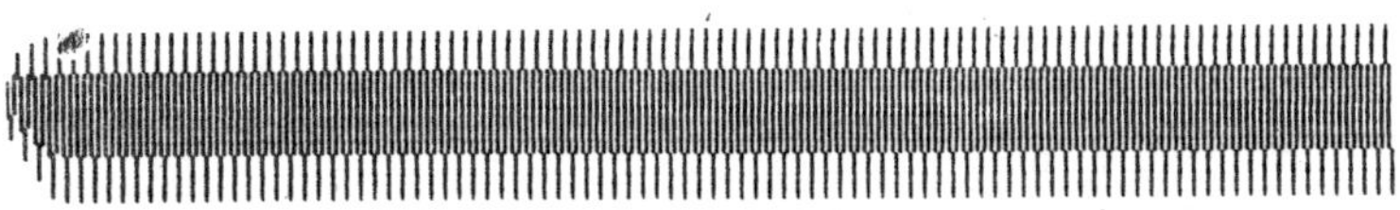

Fig. 6. A iteração de $x^2 - 1$ leva a oscilações regulares. O valor de x está representado pelas linhas verticais e o número de iterações corre horizontalmente.

Uma última tentativa: um botão $\mathbf{2x^2 - 1}$. Comece com um valor qualquer entre zero e um, diferente de ambos. Parece completamente inofensivo, nada sugere que alguma coisa especial vá acontecer. Hmmm... Pula um bocado para todos os lados. Esperemos que sossegue... Ele não tem pressa nenhuma, não é? Não consigo ver nada parecido com um padrão... Parece-me bastante caótico (figura 7).

Ah-ah! Uma equação simples: basta iterar $2x^2 - 1$. Mas os resultados não parecem assim tão simples: de fato, *parecem aleatórios*.

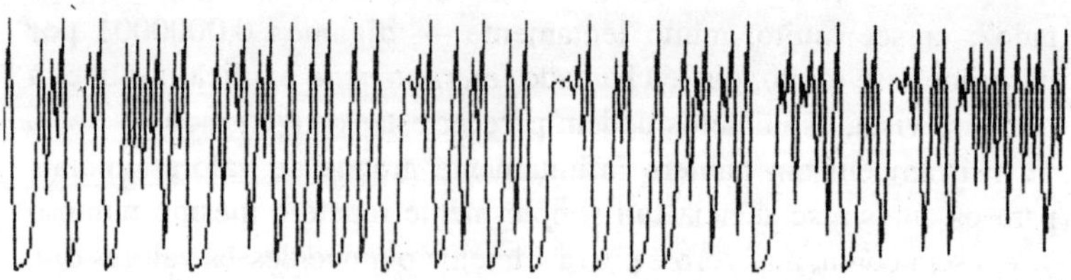

Fig. 7. A iteração de $2x^2 - 1$ conduz ao caos.

Agora tente o botão $\mathbf{2x^2 - 1}$ de novo, mas comece com 0,54322, em vez de 0,54321. Continua parecendo aleatório — e depois de cerca de cinqüenta iterações também parece completamente diferente.

O que você está vendo é uma espécie de Hipérion em microcosmo. Equação determinística: resultado fora de padrão. Ligeira mudança no valor inicial: perde-se inteiramente a noção do rumo que ele está tomando. O que torna tudo isto especialmente notável é que, enquanto $\mathbf{2x^2 - 1}$ é tão excêntrico, o botão $\mathbf{x^2 - 1}$, superficialmente similar, é impecavelmente bem-comportado.

Não sugiro que você tente fazer o que mostrarei a seguir numa calculadora, a menos que aprecie longos cálculos; mas se tiver um computador em casa, eis aqui um programinha. Se quiser, pode aperfeiçoá-lo. Não pretendo incluir nenhum outro programa, mas os entusiastas da computação talvez considerem instrutivo elaborar seus próprios programas para experimentar outros aspectos do caos.

```
10  INPUT k
20  x = 0,54321
30  FOR n = 1 TO 50
40  x = k*x*x–1
50  NEXT n
60  FOR n = 1 TO 100
70  x = k*x*x–1
80  PRINT x
90  NEXT n
100 STOP
```

Isto faz a iteração de um botão $\mathbf{kx^2 - 1}$ para qualquer escolha de k. As linhas 30–50 dão tempo para que a seqüência de iterações se aquiete e chegue ao comportamento de "longo prazo", sem que os números sejam impressos. Por exemplo, se você puser k = 1,4, terá um botão $\mathbf{1{,}4x^2 - 1}$. Isto produz um ciclo bastante complicado, envolvendo *dezesseis* valores!

O caos se estabelece por volta de k = 1,5. Depois disso, quanto maior você tornar k, mais caóticas ficarão as coisas.

Pelo menos, é o que parece. Mas não é tão simples assim.

Em k = 1,74, você verá um caos absoluto. Em k = 1,75, tem-se a mesma impressão — de início. Ocorre que, depois de cerca de cinqüenta iterações, ele se fixa num ciclo de período *três*, com números em torno de

0,744 −0,030 −0,998.

Do caos emerge um padrão. Os dois estão inextricavelmente relacionados.

Espero que isso lhe pareça misterioso e estimulante.

Se for assim, eu o encorajaria a explorar o comportamento na série k = 1 até 1,40155 e daí para frente. Talvez você precise usar um *loop* mais longo nas linhas 30 ou 60 para ver os padrões completos — quando houver algum.

Uma palavra sobre computadores e caos. Tendemos a pensar em cálculos por computador como sendo o máximo da exatidão. Na verdade, não são. As limitações de memória implicam que os números só podem ser armazenados no computador com uma exatidão muito limitada, digamos, de até oito ou dez casas decimais. Além disso, o código interno "privado" que o computador utiliza para representar seus números, e o código "público", que se pode ver na tela, são diferentes. Isto introduz duas fontes de erro: erro por arredondamento nos cálculos internos e erro de tradução do código privado para o público. Em geral esses erros não têm maiores conseqüências, mas uma das características do caos é que erros mínimos se propagam e crescem.

A vida seria razoavelmente fácil se todos os computadores usassem os mesmos códigos. Mas evidentemente não o fazem. Isto significa que *um mesmíssimo programa rodado em dois computadores de marcas diferentes pode produzir resultados diferentes*. O mesmo se aplica à mesma máquina rodando versões diferentes do "mesmo" *software*. Ocasionalmente, eu lhe direi alguns resultados numéricos que obtive em meu computador. Esteja preparado para não encontrar exatamente os mesmos números no seu! Mas, se explorar números próximos aos que estou usando, provavelmente conseguirá encontrar o mesmo tipo de comportamento que eu.

O que descobrimos?

Um milagre. Ordem e caos, intimamente entremeados, emergem de uma fórmula tão simples como $kx^2 - 1$. Alguns valores de k conduzem a iterações ordenadas, outros — aparentemente semelhantes —, ao caos. Quais? Ah, agora você está começando a falar de investigação matemática.

Começamos não entendendo Hipérion; agora, não entendemos nem mesmo $2x^2 - 1$. Em termos matemáticos, isto constitui um avanço assombroso.

É um avanço porque estamos começando a aprender *onde o problema reside*. Antes de brincar um pouco com a calculadora tínhamos uma desculpa para imaginar que simplesmente ocorria algo de muito complicado com Hipérion. Agora sabemos que não é nada disso. Complicação tem muito pouco a ver com esse caso. O que se passa é algo de muito sutil, fundamental e extremamente fascinante.

Tudo isto me deixa muito desgostoso com os cosmólogos que afirmam já conhecerem as origens do Universo, tudo muito bem arrumadinho, exceto no tocante ao primeiro milissegundo, ou coisa equivalente, do Big Bang. E com os políticos, que não apenas nos asseguram que uma boa dose de monetarismo nos fará bem, como estão tão convencidos disso que pensam que alguns milhões de desempregados representarão apenas um inconveniente insignificante. O ecologista matemático Robert May expressou sentimentos similares em 1976. "Não apenas em pesquisa, mas no dia-a-dia da política e da economia, estaríamos todos em melhor situação se um maior número de pessoas se desse conta de que sistemas simples não possuem necessariamente propriedades dinâmicas simples."

O Hinduísmo e a Arte da Manutenção Mecânica

Veremos agora rapidamente como a civilização ocidental chegou a conceber o universo como uma engrenagem dotada da precisão de um relógio e a embarcar na ilusão de que equações determinísticas sempre conduzem a comportamentos regulares. A mente oriental se inclina a uma perspectiva filosófica diferente. Os hindus, por exemplo, atribuem ao caos um papel mais sutil que mera confusão informe, e reconhecem uma unidade subjacente entre a ordem e a desordem. Na mitologia hindu clássica, o cosmo passa por três grandes fases: criação, conservação e destruição — que espelham o nascimento, a vida e a morte. Brahma é o deus da criação, Vishnu, o deus da conservação (ordem), e Shiva o deus da destruição (desordem). Mas a personalidade de Shiva é multifacetada: ele é aquele que caminha à margem, o caçador solitário, o dançarino, o iogue que se afasta da sociedade humana, o asceta coberto de cinzas. O não-domesticado. A distinção entre a ordem de

Vishnu e a desordem de Shiva não corresponde à distinção entre o bem e o mal. Elas representam antes duas diferentes maneiras em que Deus se manifesta: benevolência e fúria; harmonia e discórdia.

Da mesma maneira, os matemáticos estão começando a ver a ordem e o caos como duas manifestações distintas de um determinismo subjacente. E nenhum deles existe isoladamente. O sistema típico pode existir numa variedade de estados, alguns ordenados, outros caóticos. Assim como a harmonia e a dissonância se combinam na beleza musical, assim a ordem e o caos se combinam na beleza matemática.

2

EQUAÇÕES PARA TUDO

> Assim, quanto a mim, penso que é vão indagar sobre as causas do movimento rumo ao centro, uma vez que o fato de que a terra ocupa o lugar central no universo e de que todos os pesos se movem em direção a ele já ficou tão patente a partir dos próprios fenômenos observados.
>
> Ptolomeu, *Almagesto*

A metáfora de um mundo como uma engrenagem precisa, como um relógio, vem de muito longe, e é importante avaliarmos quão profundamente arraigada está. Antes de enfrentarmos o caos, devemos estudar a lei.

Um bom ponto para começar é a Grécia antiga, com Tales de Mileto. Nascido por volta de 624 a.C., morreu em torno de 546 a.C. e ficou célebre por ter previsto um eclipse do Sol. Provavelmente apropriou-se do método dos egípcios ou dos caldeus, e a previsão tinha um grau de precisão de apenas um ano ou algo semelhante. Seja como for, o eclipse ocorreu num momento propício, pondo fim a uma batalha entre os lídios e os medos, e o Sol ficou quase inteiramente obscurecido. Essas circunstâncias fortuitas certamente reforçaram a reputação de Tales como astrônomo. Uma das frustrações dos historiadores é o modo como, quase por acaso, alguns eventos podem ser datados com precisão enquanto outros permanecem conjecturais. Nosso conhecimento da data de nascimento de Tales baseia-se nos escritos de Apolodoro; o de sua morte, em escritos de Diógenes Laércio: nenhuma dessas datas é segura. Está fora de dúvida, porém, que o eclipse em questão foi o de 28 de maio de 585 a.C. O relógio cósmico se move de maneira tão confiável que, dois milênios e meio depois, podemos calcular não apenas as datas de eclipses do passado mas a posição da superfície da Terra da qual podem ter sido vistos. Eclipses solares são raros, e foi especificamente este o único que Tales poderia ter testemunhado. Acontecimentos astronômicos ainda constituem um dos melhores métodos de que os historiadores podem se valer para datar eventos.

Conta-se que, certa noite, Tales estava caminhando e ficou tão absorto em sua contemplação do céu noturno que caiu num fosso. Uma companhia feminina observou: "Como consegues dizer o que está acontecendo nos céus quando és incapaz de enxergar o que tens sob os pés?" Esta fábula resume, de diversas maneiras, as atitudes que deram origem à mecânica clássica. Os filósofos da Grécia antiga eram capazes de calcular os movimentos dos planetas com assombrosa exatidão, mas continuavam acreditando que os objetos pesados caem mais depressa que os leves.

A dinâmica só começou a avançar quando os matemáticos conseguiram despregar os olhos do cosmo e olharam mais de perto — e de maneira mais crítica — o que acontecia a seus próprios pés. Ptolomeu imaginou que a Terra permanecia estacionária no centro de tudo porque aceitou o testemunho de seus próprios sentidos de modo demasiado literal e deixou de questionar seu significado. Mas a cosmologia atuou como um estímulo, e podemos indagar se questões mais terra-a-terra teriam sido fonte de inspiração suficiente.

Revolução Cósmica

A cosmologia primitiva era rica em imaginação mitológica mas pobre em conteúdo factual. Passamos por concepções de uma Terra plana sustentada por um elefante, do deus-sol cruzando o céu em sua carruagem e de estrelas que — numa antecipação das lâmpadas elétricas — se dependuravam em cordas e eram apagadas durante o dia. A visão pitagórica não era menos mística, mas apoiava-se fortemente na significação mística dos números e, inadvertidamente, pôs a matemática em cena. Platão afirmou que a Terra ficava no centro do universo, com tudo o mais girando à sua volta, numa série de esferas ocas. Pensava também que a Terra era redonda, e sua crença de inspiração pitagórica de que tudo, até o movimento dos céus, era uma manifestação de regularidade matemática se mostraria extremamente influente.

Eudóxio, um eminente matemático inventor da primeira teoria rigorosa dos números irracionais, percebeu que o movimento observável dos planetas em oposição ao das estrelas não se enquadrava no ideal platônico. As trajetórias seguidas pelos planetas são inclinadas, e de vez em quando eles parecem se mover para trás. Eudóxio concebeu uma descrição matemática em que se considerava que os planetas estavam montados numa série de vinte e sete esferas concêntricas, cada uma girando em volta de um eixo sustentado pela esfera vizinha. Seus sucessores aperfeiçoaram o esquema com base na observação, acrescentando esferas adicionais. Por volta de 230 a.C., Apolônio suplantou esse sistema com uma teoria de epiciclos, segundo a qual os planetas se moviam em pequenos círculos cujos centros se moviam por sua vez em grandes círculos. Cláudio Ptolomeu, que viveu em Alexandria em 100–160 d.C., refinou este sistema de epiciclos, tornando-o tão condizente com a observação que nada o suplantou por 1.500 anos. Foi um triunfo da matemática empírica.

ENGRENAGENS DOS GREGOS

A metáfora de que os céus se movem "como engrenagens de um relógio" pode ter uma base mais literal. Nossas idéias sobre a Grécia antiga derivaram em grande parte do domínio intelectual — filosofia, geometria, lógica. A tecnologia recebeu menos atenção. Em parte isto se deve ao fato de que poucos exemplos da tecnologia grega sobreviveram. Aprendemos que os gregos davam mais valor à lógica — a matemática intelectual — que à logística, a matemática prática. Mas as fontes dessas nossas concepções não são isentas de tendenciosidade, e afirmações semelhantes poderiam muito bem ser ouvidas hoje nos corredores dos departamentos de lógica matemática. A história completa da tecnologia grega talvez nunca venha a ser conhecida, mas as pistas de que dispomos são intrigantes.

Em 1900, alguns pescadores estavam procurando esponjas ao largo da costa da pequena ilha grega de Anticitera (situada frente à ilha maior de Citera, entre a Grécia continental e Creta). Encontraram os restos de um navio que naufragara numa tempestade em 70 a.C. quando viajava de Rodes para Roma. Conseguiram recuperar estátuas, vasilhas, jarros de vinho e moedas, juntamente com um aglomerado aparentemente inútil de metal corroído. Uma vez seco, esse aglomerado dividiu-se em peças, revelando rodas dentadas. Em 1972 Derek de Solla Price submeteu o conjunto ao raio X; pôde assim reconstruir um complicado arranjo de trinta e duas rodas dentadas (figura 8). Mas para que servia aquilo? Analisando sua estrutura, concluiu que devia ser usado para calcular as posições do Sol e da Lua contra o pano de fundo das estrelas.

O mecanismo de Anticitera tem muitas características interessantes, entre as quais a de ser o mais antigo exemplar conhecido de engrenagem

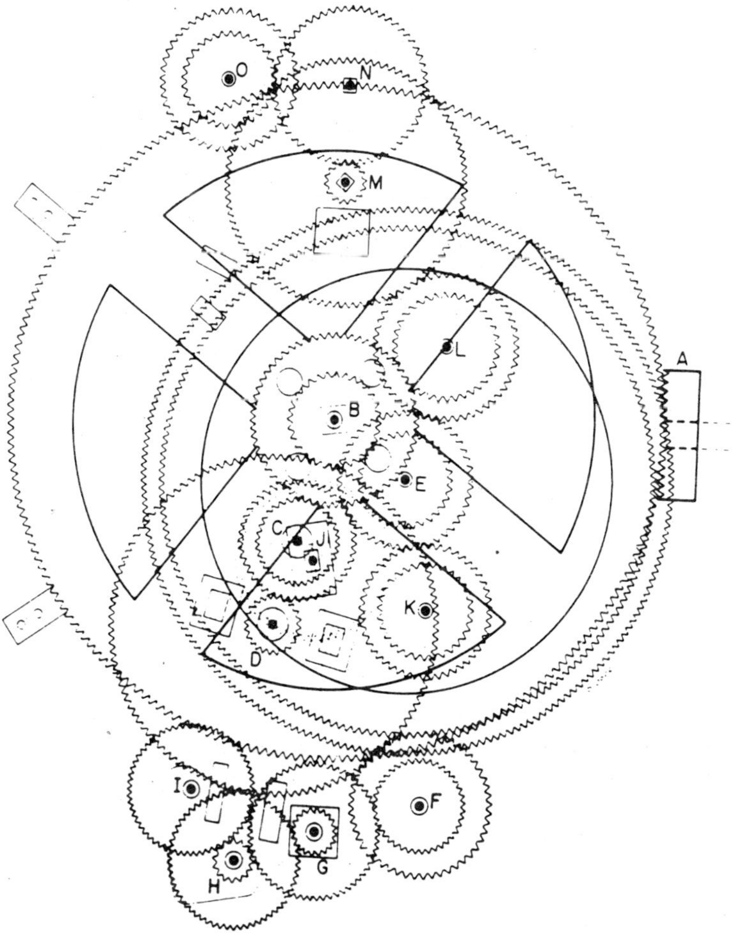

Fig. 8. Engrenagem do mecanismo de Anticitera, antigo calculador planetário grego.

diferencial. Engrenagens semelhantes são usadas hoje em dia nos eixos traseiros dos carros, para permitir que as rodas se movimentem em velocidades diferentes, ao se dobrar uma esquina, por exemplo. No mecanismo de Anticitera, uma engrenagem diferencial era útil no cálculo das fases da Lua, através da subtração do movimento do Sol do movimento da Lua. O aparelho é complexo e feito com considerável precisão, a indicar a existência de uma longa tradição de fresagem e construção de máquinas com engrenagens na Grécia antiga. Nenhum outro exemplo sobreviveu — provavelmente porque as máquinas velhas e quebradas eram fundidas e o metal reciclado.

Em seu artigo "Gears from the Greeks" (*Proceedings of the Royal Institution*, vol. 58, 1986), o matemático britânico Christopher Zeeman especulou sobre a influência de tais aparelhos sobre a ciência grega:

> Primeiro vieram os astrônomos, observando os movimentos dos corpos celestes e coletando dados. Em segundo lugar vieram os matemáticos, inventando a notação matemática para descrever os movimentos e ajustar os dados. Em terceiro vieram os técnicos, fazendo modelos mecânicos para simular aquelas construções matemáticas. Em quarto vieram gerações de estudantes, que aprenderam sua astronomia a partir dessas máquinas. Em quinto vieram cientistas, cuja imaginação estava tão ofuscada por gerações de tal aprendizado que de fato acreditam que era daquele modo que os céus se comportavam. Em sexto vieram as autoridades, que defendiam o dogma estabelecido. E assim a raça humana foi induzida a aceitar o Sistema Ptolomaico por cerca de um milênio.

O Sol Central

Em 1473 Nicolau Copérnico percebeu que a teoria ptolomaica envolvia grande número de epiciclos *idênticos* e descobriu que era possível eliminá-los supondo que a Terra girava em torno do Sol. Os epiciclos idênticos eram traços do movimento da Terra superpostos aos movimentos dos demais planetas. De imediato, essa teoria *heliocêntrica* reduzia o número dos epiciclos a trinta e um.

Johannes Kepler mostrou-se igualmente insatisfeito com a revisão de Ptolomeu promovida por Copérnico. Herdara uma série de observações astronômicas extremamente precisas feitas por Tycho Brahe e buscava os padrões matemáticos subjacentes a elas. Tinha uma mente aberta — tão aberta que algumas de suas idéias, como a da relação entre o intervalo entre as órbitas planetárias e o poliedro regular (figura 9), hoje parecem estapafúrdias. Mais tarde Kepler viria a abandonar sua teoria pois conflitava com as observações; até hoje não dispomos de nenhuma teoria da formação planetária que determine corretamente os tamanhos dos planetas e as distâncias que os separam.

Finalmente, Kepler se viu compelido, quase a contragosto, a formular sua *Primeira Lei*: os planetas se movem em órbitas elípticas em torno do Sol. Em seu trabalho estavam implícitas duas outras leis que

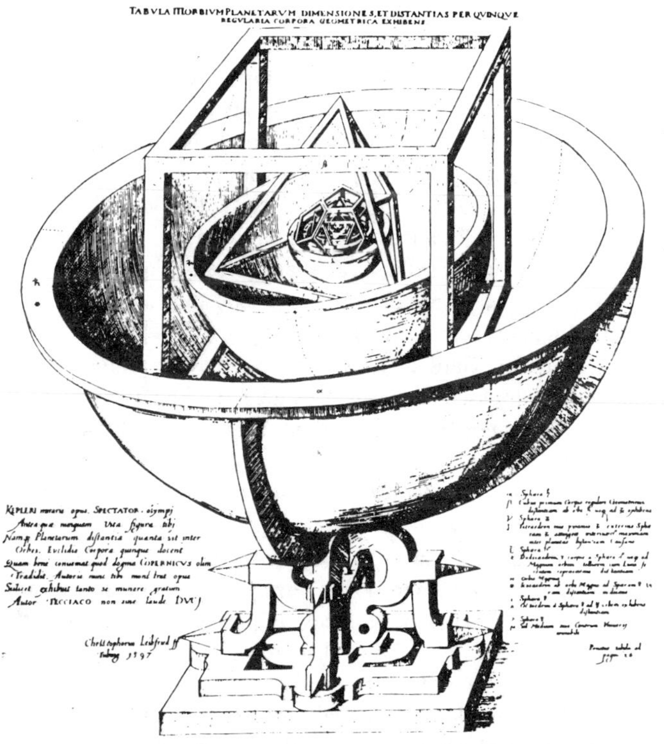

Fig. 9. Modelo de Kepler para a distância entre as órbitas planetárias, baseado nos cinco poliedros regulares (publicado em 1596).

mais tarde adquiriram grande significado. A *Segunda Lei* afirma que a órbita de um planeta percorre áreas iguais em tempos iguais. A *Terceira Lei* define que o cubo da distância entre o planeta e o Sol é proporcional ao quadrado de seu período orbital.

Esteticamente, a teoria de Kepler é muito mais atraente do que um emaranhado de epiciclos, mas, como as precedentes, é puramente descritiva. Diz o que os planetas fazem, mas não fornece nenhuma explicação unificadora. Antes de poder superar Kepler, a cosmologia precisava aterrissar.

O BALANÇO DO PÊNDULO

Para um estudante da Universidade de Pisa na década de 1580, a vida devia ser excitante, pois foi um período de avanços cruciais no conhecimento humano. Mas o alvoroço não pode perdurar o tempo todo. Durante um culto religioso, na igreja, um aluno deve ter se entediado, porque se distraiu e se pôs a olhar uma grande lâmpada que balançava ao sabor da aragem. Balançava de maneira errática, mas ele percebeu que, quando fazia uma oscilação ampla, sua velocidade aumentava, de tal modo que o tempo gasto permanecia constante. Como ainda não existiam relógios precisos, media o tempo pelo seu pulso.

O estudante era Galileu Galilei (figura 10), que ingressara na universidade aos dezessete anos para estudar medicina e tomava aulas particulares de matemática. Nascera em Florença em 1564 e morreria em 1642. Além de ter sido um cientista de primeira grandeza, foi também um grande literato e seus escritos são elegantes e engenhosos. Tinha pendor para a mecânica e construiu seu próprio telescópio: descobriu que Júpiter tem quatro luas, os primeiros corpos celestes que se *soube* que não giravam em torno da Terra. Tinha o dom do pensamento claro, preferindo explanações lógicas simples a argumentações floreadas destinadas a complicar e a obscurecer. Viveu numa época que aceitava que os eventos fossem explicados em termos de finalidades religiosas. Por exemplo, a chuva cai *porque* sua finalidade é molhar as plantações; uma pedra lançada para o alto cai no chão *porque* este é seu lugar próprio de repouso.

Galileu se deu conta de que indagações acerca dos propósitos das coisas não conferiam à humanidade controle algum sobre os fenômenos naturais. Em vez de perguntar *por que* a pedra cai, buscou uma descrição precisa sobre o modo *como* caía. Em vez do movimento da Lua, que não podia influenciar, estudou esferas que rolavam sobre planos inclinados. E, num lance de gênio, concentrou sua atenção num pequeno número de quantidades chaves — tempo, distância, velocidade, aceleração, momento, massa, inércia. Numa época que se ocupava de qualidades e essências, sua escolha mostrava uma notável apreensão do essencial, sobretudo quando se considera que muitas das variáveis que selecionou não permitiam de imediato mensurações quantitativas.

O tempo, em particular, deu muita dor de cabeça a Galileu. Não é possível medir o tempo de queda de uma pedra observando a alteração do comprimento de uma vela acesa. Usou relógios de água e as batidas do seu pulso e, segundo Stillman Drake, provavelmente cantarolava para si mesmo, marcando o ritmo, como o faria um músico. Para tornar

Fig. 10. Galileu Galilei, criador da mecânica teórica e experimental. (Reproduzido com a permissão de John Wiley & Sons Ltd.)

mais lentos fenômenos dinâmicos e dar maior precisão à sua mensuração do tempo, estudou como esferas rolavam sobre uma rampa pouco inclinada, em vez de observá-las em queda livre. Assim, através de uma combinação de experimentos apenas imaginados e os efetivamente realizados, chegou a uma elegante descrição do modo como os corpos caem sob a ação da gravidade.

Em consonância com o espírito da geometria grega — em que os objetos são idealizados, de tal modo que uma linha não tem largura alguma, um plano não tem espessura — Galileu idealizou sua mecânica, preferindo negligenciar efeitos como a resistência do ar quando estava interessado nas simplicidades subjacentes. Para desenredar a teia de influências inter-relacionadas que controlam o mundo natural, é melhor começar estudando um fio de cada vez.

Nos tempos medievais pensava-se que a trajetória de um projétil compreendia três partes: primeiro um movimento em linha reta, depois um trecho de um círculo e por fim uma queda vertical (figura 11). Galileu descobriu que a velocidade de um corpo em queda aumenta numa taxa constante, isto é, sua *aceleração* é constante. Disto ele deduziu a trajetória correta: uma parábola. Mostrou também que uma bala de canhão fará o maior percurso se for projetada a um ângulo de 45°. Descobriu leis para a composição de forças. Percebeu que, na ausência da resistência do ar, uma massa pesada e uma leve cairão com igual velocidade. Hoje todas estas coisas podem parecer elementares, mal merecendo menção, mas constituíram a primeira evidência sólida de que o domínio das leis da natureza podia ser lido pela humanidade. Galileu era mordaz, como se percebe no modo como expõe a teoria heliocêntrica em seu *Diálogo sobre os dois principais sistemas do mundo*:

> A meu ver alguém que considerasse mais sensato para o conjunto do universo mover-se de modo a deixar a Terra permanecer fixa seria mais irracional que uma pessoa que, tendo subido ao topo de uma cúpula apenas para ter uma visão da cidade e dos arredores, pedisse então que toda a região girasse à sua volta, de modo a lhe poupar o trabalho de virar a cabeça.

Um sistema de leis naturais para matérias celestes; outro para as mundanas. Kepler com os olhos no céu e Galileu com o ouvido na terra. Que devesse haver uma conexão entre os dois reinos era algo quase impensável. O céu era puro, imaculado, a morada de Deus e de seus anjos; a Terra era a morada do Homem pecador.

Um único vislumbre mudou essa maneira de pensar para sempre.

GRAVIDADE E GEOMETRIA

Alguns grandes cientistas foram crianças prodígios, mas Isaac Newton foi um menino relativamente comum, salvo por um pendor para fazer inventos. O gato da família, que, segundo se conta, desapareceu num balão de ar quente, experimentou esse talento na pele. Newton nasceu em 1642 na aldeia de Woolsthorpe, um bebê prematuro e doentio. Ao fazer seu curso de graduação no Trinity College, em Cambridge, não

Fig. 11. Teoria medieval do movimento de um projétil como uma mistura de movimentos retos e circulares: o diagrama da trajetória foi feito por Tartaglia; aqui ele aparece superposto a uma paisagem, tal como publicado em *Der Geometrischen Buchsenmeisterey*, de Walter H. Ryff.

causou maior impressão. Mas quando a grande peste começou a grassar, voltou à sua aldeia, longe da vida acadêmica e, quase sozinho, criou a óptica, a mecânica e o cálculo. Mais tarde foi diretor da Casa da Moeda e presidente da Royal Society. Morreu em 1727.

Galileu descobrira que um corpo que se move sob a gravidade da Terra sofre uma aceleração constante. Newton tinha uma meta bem mais ambiciosa: buscava um código de leis que governassem o movimento de um corpo submetido a todas as combinações de forças.

De certo modo, o problema era mais geométrico que dinâmico. Se um corpo se move numa velocidade uniforme, a distância que percorre é o produto de sua velocidade e do tempo decorrido. Se ele se move numa velocidade não uniforme, não há uma fórmula simples como essa. Antes de Newton, os matemáticos tinham feito consideráveis avanços, mostrando que várias questões dinâmicas básicas podiam ser formuladas em termos geométricos. Raramente, porém, os problemas geométricos eram de fácil solução.

Um gráfico que represente a variação da velocidade de um corpo com o tempo assume a forma de uma curva. Por argumentos geométricos, pode-se mostrar que a distância total percorrida é igual à *área* sob a curva. De maneira similar, a velocidade é a inclinação da *tangente* a um outro gráfico, este representando a distância contra o tempo. Mas como podemos encontrar essas áreas e essas tangentes? Newton e, de maneira independente, Gottfried Leibniz resolveram esses problemas dividindo o tempo em intervalos cada vez menores. A área sob a curva torna-se então a soma das áreas sob um grande número de estreitas faixas verticais. Mostraram que o erro gerado por essa aproximação se reduz muito à medida que o intervalo de tempo diminui, e afirmaram que, "no limite", seria possível fazer com que também o erro desaparecesse. Analogamente, a inclinação de uma tangente pode ser calculada com base em dois valores de tempo próximos, deixando-se que a diferença entre ambos se torne arbitrariamente pequena. Nenhum dos dois matemáticos foi capaz de fornecer uma justificação lógica rigorosa para seu método, mas ambos estavam convencidos de sua correção. Leibniz falava de mudanças "infinitesimais" no tempo; Newton tinha uma concepção mais física de quantidades que fluíam continuamente e as chamava de *fluentes* e *fluxônios*.

Estes métodos de cálculo, conhecidos hoje como *integração* e *diferenciação*, resolveram os problemas práticos da determinação de distâncias a partir de velocidades ou de velocidades a partir de distâncias. Com eles, um enorme número de fenômenos naturais foi introduzido no âmbito da análise matemática.

O SISTEMA DO MUNDO

A obra *Princípios matemáticos de filosofia natural* (figura 12), que contém as leis do movimento, foi publicada em três volumes. Devia muito a Galileu, como Newton exatamente reconhece, e se baseava numa filosofia científica similar. Nela, todo o movimento é reduzido a três leis simples, enunciadas no primeiro volume:

- Se nenhuma força atua sobre um corpo, ele permanece em repouso ou se move uniformemente numa linha reta.
- Sua aceleração é proporcional à força que está atuando.
- A toda ação corresponde sempre uma ação igual em sentido contrário.

Newton mostrou também que as leis de Kepler para o movimento planetário decorrem dessas três leis, juntamente com a lei gravitacional do inverso do quadrado. Mas a verdadeira importância da concepção newtoniana da gravidade não se deve tanto ao fato de poder ser expressa numericamente. A lei de Newton é *universal*. Cada partícula de matéria no universo atrai outra partícula segundo a mesma lei. A gravitação de Júpiter e a trajetória de uma bala de canhão são duas manifestações da *mesma* lei. O homem está em seu Céu, e o universo é novamente uno.

A descoberta foi retomada e elaborada no terceiro volume. "Demonstrarei agora", disse Newton, "o sistema do mundo". E assim fez. Aplicou sua teoria da gravidade ao movimento dos planetas em torno do Sol e ao dos satélites em torno de seus planetas. Conseguiu determinar as massas dos planetas e do Sol em relação à da Terra. Estimou a massa da Terra com um erro de apenas 10% em relação ao seu valor real. Mostrou que a Terra é achatada nos pólos e chegou a uma estimativa bastante precisa desse achatamento. Discutiu a variação da gravidade sobre a superfície da Terra. Calculou irregularidades no movimento da Lua devidas à atração exercida pelo Sol, e as órbitas dos cometas — mostrando que esses arautos da condenação cósmica, supostamente livres de qualquer regulação, estavam submetidos às mesmas leis que os planetas.

Aldous Huxley disse uma vez que "Talvez os homens de gênio sejam os únicos homens verdadeiros. Em toda a história da raça houve apenas algumas centenas de homens reais. E nós outros? Que somos? Animais adestráveis. Sem a ajuda do homem real, não teríamos descoberto praticamente nada." Não é preciso concordar com Huxley para admitir que algumas pessoas exercem um impacto desproporcional sobre a história. Newton foi um "homem verdadeiro". Assim também, o cálculo é a "matemática verdadeira", e teve um impacto desproporcional. Mas a importância do cálculo para a dinâmica de Newton não foi imediatamente evidente para a maioria de seus contemporâneos. A razão é simples: em nenhuma passagem dos *Princípios matemáticos de filosofia natural* havia qualquer uso explícito dele. Em vez disso, Newton

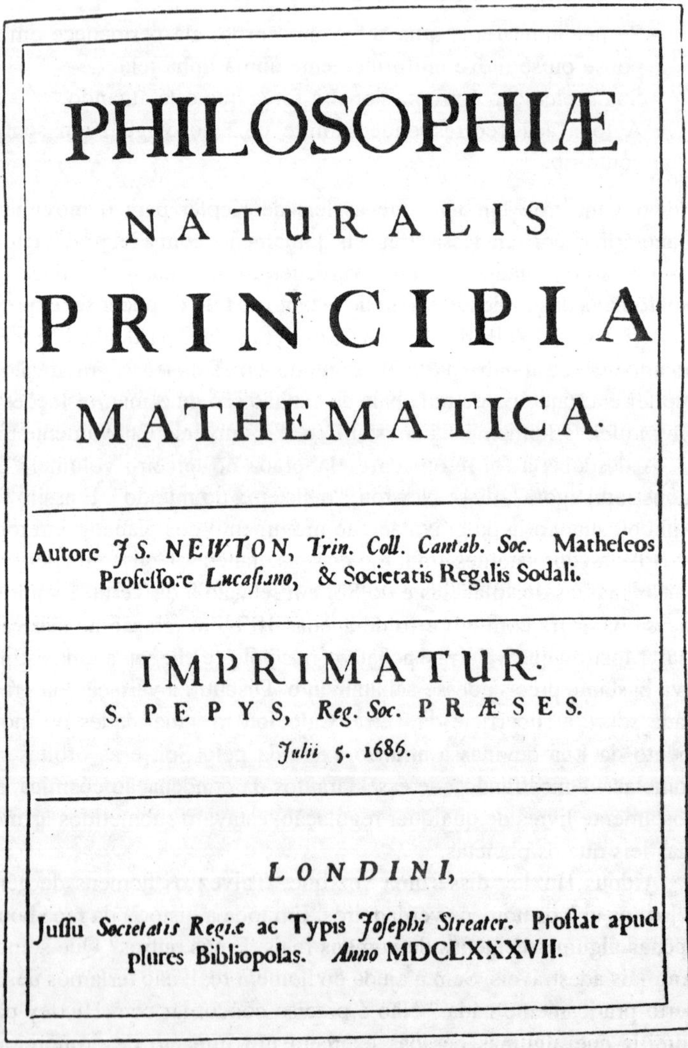

PHILOSOPHIÆ

NATURALIS

PRINCIPIA

MATHEMATICA.

Autore *J. S. NEWTON*, *Trin. Coll. Cantab. Soc.* Matheseos Professore *Lucasiano*, & Societatis Regalis Sodali.

IMPRIMATUR.

S. PEPYS, *Reg. Soc.* PRÆSES.

Julii 5. 1686.

LONDINI,

Jussu *Societatis Regiæ* ac Typis *Josephi Streater*. Prostat apud plures Bibliopolas. *Anno* MDCLXXXVII.

Fig. 12. Folha de rosto de *Princípios matemáticos de filosofia natural*, de Newton.

formulou suas provas na linguagem da geometria grega clássica. Mas o cálculo acabou por vir à luz do dia em 1736, graças aos esforços dos cientistas seguidores de Newton. Por volta do fim do século XVII, os matemáticos de toda a Europa já dominavam plenamente o método do cálculo e tinham assimilado a forte indicação dada por Newton de que as páginas do livro da Natureza estavam abertas a todos que tivessem a perspicácia necessária para lê-las. Não precisavam de mais incentivos.

SINOS E ASSOBIOS

O rótulo "análise" é usado hoje para designar o cálculo em sua forma mais rigorosa: a teoria que lhe é subjacente, mais que a técnica computacional. Adquiriu essa conotação durante o século XVIII, quando a vertente teórica do cálculo foi substancialmente ampliada. O principal artífice desse desenvolvimento foi Leonhard Euler, o mais prolífico matemático de todos os tempos. Euler foi responsável também por grande parte da aplicação do cálculo à física matemática. Nascido na Suíça em 1707, foi inicialmente preparado para uma carreira religiosa, mas logo se voltou para a matemática e começou a publicar aos dezoito anos. Aos dezenove, ganhou um grande prêmio em matemática conferido pela Academia Francesa de Ciências, por um trabalho que abordava assuntos relacionados à mastreação de navios. Em 1733 foi nomeado para a Academia de São Petersburgo, na Rússia. Em 1741 mudou-se para Berlim, mas retornou à Rússia em 1766 a pedido de Catarina a Grande. Em conseqüência, a Suíça o evoca como um grande matemático suíço, a Rússia, como um grande matemático russo e a Alemanha, como um grande matemático alemão. Sua visão começou a declinar e, por volta de 1766, ficou completamente cego. Isto não teve, porém, nenhum efeito perceptível sobre sua prodigiosa e original produção em matemática.

O primeiro florescimento amplo da semente newtoniana foi a área da mecânica analítica: a mecânica completa e explicitamente baseada no cálculo, em que o objetivo era primeiro encontrar as equações diferenciais que governavam o movimento do sistema em questão, e então resolvê-las. Mas áreas inteiramente novas de física matemática logo seriam abertas. Os antigos pitagóricos haviam buscado a harmonia no número — ou, mais precisamente, o número na harmonia, pois a numerologia da música foi sua maior descoberta. Muitos são os que dizem encontrar uma afinidade entre a matemática e a música. Seja como for, grande parte da matemática relevante derivou do problema de uma corda de violino em vibração. Pode-se dizer até, por exemplo, que sem isso não teríamos o rádio e a televisão.

Resolvendo uma equação diferencial apropriada, Brook Taylor descobriu, em 1713, que a forma básica de uma corda em vibração é uma curva senoidal, ou senóide (figura 13 (1)). Em 1746, Jean Le Rond d'Alembert constatou que outras formas eram também possíveis. D'Alembert era filho ilegítimo de Madame de Tencin, famosa mulher de sociedade, com seu amante, o Cavaleiro Destouches. Foi abandonado nas escadas da igreja de S. Jean-le-Rond, em Paris, donde seu inusitado prenome.

Que nunca se diga que todos os matemáticos levam vidas insípidas e banais.

D'Alembert desenvolveu uma análise geral da corda em vibração. Partindo do pressuposto de que a amplitude (tamanho) da vibração era pequena (para eliminar termos indesejáveis das equações, prática a que retornaremos adiante), formulou uma equação diferencial a que a corda devia obedecer. Tratava-se, porém, de um novo tipo de equação, uma *equação diferencial parcial*. Tais equações envolvem as taxas de variação de alguma quantidade com relação a *diversas* variáveis diferentes. No caso da corda de violino, essas variáveis são a posição de um ponto na corda e o tempo. Em seguida D'Alembert mostrou que a equação era satisfeita pela superposição de duas ondas de forma *arbitrária*, uma das quais se dirigia para a esquerda e a outra para a direita.

Euler apressou-se em levar adiante essa descoberta. Ocorreu-lhe que a onda senoidal de Taylor podia ser combinada com suas harmônicas superiores — ondas com a mesma forma, mas vibrando duas, três, quatro vezes... a freqüência básica (figura 13 (2, 3)). Em *Uma nova teoria da música*, analisou as vibrações de sinos e tambores. Daniel Bernoulli estendeu os resultados a tubos de órgão.

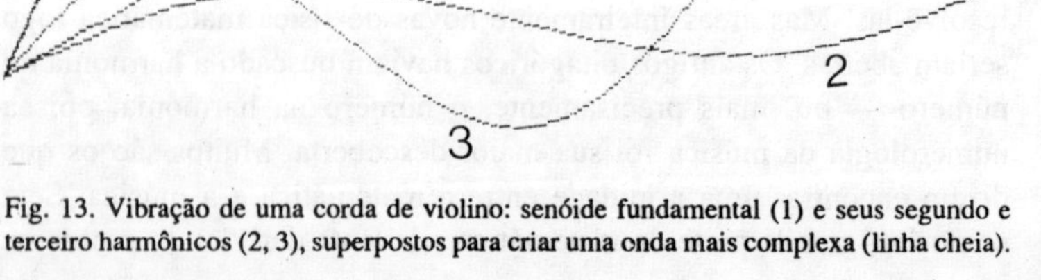

Fig. 13. Vibração de uma corda de violino: senóide fundamental (1) e seus segundo e terceiro harmônicos (2, 3), superpostos para criar uma onda mais complexa (linha cheia).

Da música surgiu a física. Em 1759 Joseph-Louis Lagrange, um jovem que mal começava a alcançar alguma reputação, aplicou a idéia às ondas de som, e dez anos mais tarde uma abrangente e bem-sucedida teoria da acústica começaria a se firmar.

VENTO E ONDAS

O século XVIII foi uma época de domínio sobre os mares, exigindo conhecimento sobre o modo como fluem a água e outros fluidos. Em 1752 Euler voltou sua atenção para a dinâmica dos fluidos, e por volta de 1755 tinha formulado um sistema de equações diferenciais parciais para descrever o movimento de um fluido sem viscosidade ("adesividade"). Considerou tanto fluidos incompressíveis (água) como compressíveis (ar). Definiu o fluido como um meio contínuo, infinitamente divisível, e descreveu seu fluxo em termos de variáveis contínuas que dependiam da posição das partículas do fluido: velocidade, densidade, pressão.

Um por um, os vários ramos da física foram se submetendo ao império da lei matemática. Joseph Fourier desenvolveu uma equação para descrever o fluxo do calor e acabou por criar um novo e poderoso método para resolvê-la, atualmente conhecido como *análise de Fourier*. A idéia central é representar qualquer curva em forma de onda como uma superposição de senóides, como na figura 13, mas de modo mais complexo.

A deformação de materiais sob tração, fundamental para a engenharia, conduziu a equações de elasticidade. Análises mais profundas da gravitação levaram a equações que, numa homenagem, hoje recebem o nome de Pierre Simon de Laplace e Simeon-Denis Poisson. As mesmas equações apareceram ainda na hidrodinâmica e na eletrostática, e desenvolveu-se uma equação comum, conhecida como teoria do potencial. Esta permitiu aos matemáticos enfrentar problemas como a atração gravitacional devida a uma elipsóide. Isto é importante em astronomia, porque a maior parte dos planetas não são esferas — são achatados nos pólos. O século XVIII (e o início do século XIX) foi o período em que as grandes teorias da física matemática clássica foram em sua maioria forjadas, as principais exceções sendo as equações de Navier-Stokes para o fluxo de um fluido viscoso e as de James Clerk Maxwell para o eletromagnetismo, que veio um pouco mais tarde. Foi a partir das equações de Maxwell que se descobriram as ondas de rádio.

Um paradigma irresistível emergia. Era por meio de equações diferenciais que a natureza devia ser modelada.

ABANDONADOS PELA ANÁLISE

Mas havia um preço a pagar. Os matemáticos do século XVIII logo se viram às voltas com um problema que até hoje atormenta a mecânica teórica: *formular* as equações é uma coisa, *resolvê-las*, outra bem diferente. O próprio Euler dizia: "Se não nos é permitido penetrar num conhecimento completo a respeito dos movimentos dos fluidos, não é à mecânica, ou à insuficiência dos princípios conhecidos, que devemos atribuir a causa. É a própria análise que nos abandona aqui." Os feitos principais do século XVIII consistiram na formulação de equações para modelar os fenômenos físicos. Seu êxito em resolvêlas foi muito menor.

Apesar disto, reinava um otimismo sem limites e um sentimento geral de que os problemas da Natureza tinham sido solucionados em boa medida. Os sucessos do paradigma da equação diferencial eram esplêndidos e abrangentes. Muitos problemas, inclusive alguns básicos e importantes, levavam a equações que *podiam* ser resolvidas. Iniciouse um processo de auto-seleção pelo qual equações que não podiam ser resolvidas eram automaticamente alvo de menos interesse do que aquelas que podiam. Os manuais em que as novas gerações aprendiam as técnicas continham apenas, é claro, os problemas solúveis. Isto nos traz à mente as observações de Zeeman a propósito do mecanismo de Anticitera. Modelos de mecanismos de precisão, crença num mundo regulado como um relógio. Modelos matemáticos determinísticos, crença num mundo determinístico.

A MATEMÁTICA NO PREGO

O processo não era universal. Algumas questões não respondidas, como a do movimento de três corpos sob a gravidade, ficaram notórias por sua impenetrabilidade. Mas de alguma maneira tais equações passaram a ser vistas como exceções, quando uma avaliação mais honesta as apresentaria como regra.

De fato, mesmo o determinismo *matemático* das equações de movimento tinha brechas. Uma das idealizações comuns da mecânica newtoniana é considerar partículas elásticas duras. Se duas dessas partículas colidem, elas ricocheteiam em ângulos e velocidades bem determinados. Mas as Leis de Newton não são suficientes para determinar o resultado da colisão simultânea de *três* dessas partículas (figura 14). As pretensões eram grandiosas mas as realizações eram falhas, mesmo no

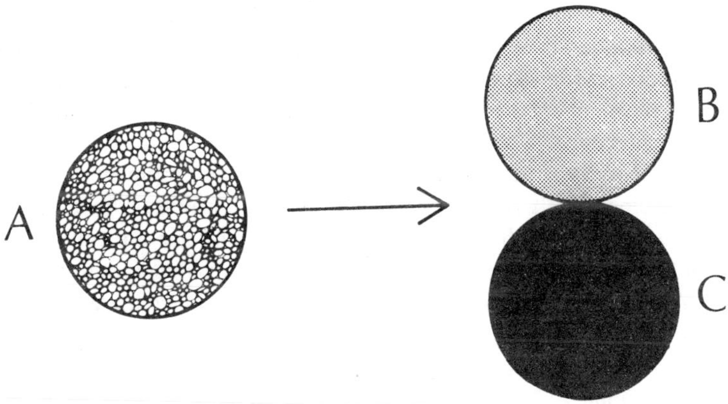

Fig. 14. Para onde irão elas? Segundo as leis do movimento de Newton, e pressupondo que são esferas perfeitamente elásticas, os resultados dependem do que A atingirá primeiro: B ou C. Caso se choque com ambas ao mesmo tempo, as leis de Newton não especificam o que acontece.

apogeu do determinismo laplaciano. Como Tim Poston e eu escrevemos em *Analog* (novembro de 1981):

> Assim as "inexoráveis leis da física", em que — por exemplo — Marx tentou modelar suas leis da história, nunca existiram de fato. Se Newton não podia prever o comportamento de três bolas, poderia Marx prever o de três pessoas? Qualquer regularidade no comportamento de grandes aglomerados de partículas ou de pessoas deve ser *estatística*, o que tem um sabor filosófico bastante diferente... Retrospectivamente, podemos ver que o determinismo da física pré-quântica só se salvou da bancarrota ideológica mantendo à distância as três bolas, postas no penhor.

Seja como for, a matemática pensava que atingira o filão principal, e estava ocupada em retirar todo o ouro que podia. Mostrar, das soberbas alturas do século XX, que parte desse ouro era falso é um exemplo irritante de percepção *a posteriori*.

O PERÍODO DE REFORMULAÇÃO

Em 1750 Lagrange retomou as idéias de Euler e produziu a partir delas uma excelente reformulação da dinâmica que obteve grande projeção. Duas importantes idéias de seu livro se cristalizaram. Ambas haviam permanecido no ar, ainda cruas, ao longo de décadas, mas Lagrange soube cozê-las, tirou-as do forno e as expôs no balcão da padaria para que todos as admirassem, comprassem e consumissem.

A primeira era o princípio da conservação da energia. A mecânica clássica reconhecia duas formas de energia. *Energia potencial* é aquela que um corpo tem em virtude de sua posição. Por exemplo, num campo gravitacional, a energia potencial é proporcional à altura. Um corpo no alto de uma montanha tem mais energia potencial que um corpo num vale, razão pela qual escalar uma montanha é mais cansativo que caminhar ao longo de um canal. *Energia cinética* é a que um corpo tem em virtude de sua velocidade: será muito mais trabalhoso deter um cavalo desembestado do que aquele que galopa com você em volta de uma campina.

Durante o movimento, e na ausência de atrito, essas duas formas de energia podem ser convertidas uma na outra. Quando Galileu largou sua famosa bala de canhão do alto da torre inclinada de Pisa, ela começou a cair com muita energia potencial, mas nenhuma energia cinética, e trocou a primeira pela segunda à medida que descia. Isto é, ao *baixar*, ficou *mais veloz*. A Mãe Natureza é uma contadora escrupulosa: o balanço em seu livro de contas — a energia total, potencial mais cinética — não se altera. Quando uma bala de canhão cai de um parapeito, perde energia potencial e portanto deve ganhar energia cinética. Isto é, acelera-se. A segunda lei do movimento de Newton expressa efetivamente esse raciocínio qualitativo numa forma quantitativa precisa.

A segunda idéia de Lagrange foi introduzir "coordenadas generalizadas". Coordenadas são um truque para converter geometria em álgebra, associando a cada ponto um conjunto de números. Os matemáticos tinham considerado conveniente trabalhar com vários sistemas de coordenadas, dependendo do problema a enfrentar. Lagrange deve ter concluído que era inadequado andar carregando essa espécie de bagagem computacional numa teoria matemática. Começou admitindo *todo e qualquer sistema de coordenadas*. Então, com simplicidade espantosa, derivou as equações de movimento numa forma que *não depende do sistema de coordenadas* escolhido. Sua formulação tem muitas vantagens sobre a de Newton. Muitas delas são técnicas — é mais fácil aplicá-la quando há restrições ao movimento, evita transformações confusas de coordenadas. Acima de tudo, porém, é mais geral, mais abstrata, mais elegante e *mais simples*.

Essas idéias foram retomadas por William Rowan Hamilton (1805–1865), o grande matemático irlandês. Ele reformulou a dinâmica mais uma vez, conferindo-lhe uma generalidade ainda maior. Na sua versão da teoria, o estado de um sistema dinâmico é especificado por um conjunto geral de coordenadas de posição (como as de Lagrange) juntamente com um conjunto relacionado de coordenadas de momento (as velocidades correspondentes, multiplicadas pela massa). Uma única quantidade — agora chamada hamiltoniana — do sistema define a energia total em termos dessas posições e momentos. As taxas de variação das coordenadas de posição e de momento com o tempo são expressas em termos da hamiltoniana, num sistema de equações simples, elegante e unificado. Hoje os textos de dinâmica avançada freqüentemente se iniciam com as equações de Hamilton.

Perturbação no Mercado

No mercado da física matemática, os produtos da barraca determinista estavam expostos. A natureza obedece a um conjunto relativamente pequeno de leis fundamentais. As leis são equações diferenciais, e *nós as conhecemos*. Dado o estado de qualquer sistema natural num tempo dado, e conhecendo as leis, em princípio todo movimento futuro é determinado de maneira única. Na prática, em muitos casos as equações podem ser resolvidas. Ventos e ondas, sinos e assobios, o movimento da lua.

Se o dono da barraca pudesse ver o futuro, ficaria atônito com as maravilhas tecnológicas que emanariam de seus produtos. Rádio, televisão, eletrônica. Automóveis. Telefones. Radar. Jumbos. Relógios digitais. Computadores. Aspiradores a vácuo. Máquinas de lavar. Fones de ouvido. Pontes pênseis. Sintetizadores. Asas-delta. Satélites de comunicação. Discos *laser*. E, para não ser parcial: metralhadoras, tanques, minas, mísseis *cruise*, ogivas nucleares MIRV, e poluição. Não subestimemos o efeito do paradigma determinístico clássico da física matemática sobre nossa sociedade.

Mas não nos iludamos. A tecnologia é nossa própria criação. Nela o que fazemos não é tanto entender o universo como construir minúsculos universos que nos são próprios, tão simples que podemos levá-los a fazer o que queremos. Tudo o que a tecnologia visa é produzir um efeito controlado em determinadas circunstâncias. *Fazemos* nossas máquinas de modo a que elas se comportem deterministicamente. A tecnologia cria sistemas a que o paradigma clássico se aplica. Não importa que não possamos resolver as equações referentes ao movimento do Sistema Solar — não construímos nenhuma máquina cuja operação dependa da posse dessas respostas.

O dono da barraca lustra suas novas e reluzentes equações, cego a esses problemas, e sonha com um futuro radioso. Os fregueses se juntam à sua volta, fazendo alarido, pechinchando.

Mas que é aquilo? Outra barraca? Não há necessidade de outra barraca. O pessoal da prefeitura deve estar louco por permitir que esse bando esfarrapado se instale no mercado! E o que estão vendendo? Dados?

Ouçam, se vocês vão permitir jogo de dados no mercado, este lugar vai virar uma…

Mas não! Não vieram para bancar jogo. Que mais têm para vender nessa barraca?

Seguro de vida? A eficácia da prece? A estatura dos seres humanos? O tamanho dos caranguejos? Pétalas de botão-de-ouro? A freqüência de pobres por casamento promovido pela assistência social? *A taxa de divórcios?*

Só falta agora uma bola de cristal. O mercado já foi para o beleléu. E diz-se que isto é um mercado *científico*. Pode semelhante disparate ser ciência?

Ah, pode.

3

As Leis do Erro

> Quanto maior a multidão e maior a anarquia aparente, mais perfeita é sua variação. É a lei suprema da Desrazão. Em qualquer lugar onde uma grande amostra de elementos caóticos seja colhida e escalonada segundo a sua magnitude, uma forma de regularidade insuspeitada e das mais belas prova ter estado latente todo o tempo. Os pontos mais altos da fileira escalonada formam uma curva harmoniosa de proporções invariáveis; e cada elemento, ao ser posicionado, encontra como que um nicho predeterminado, cuidadosamente adaptado para contê-lo.
>
> Francis Galton, *Herança natural*

A despeito de todas as impressionantes conquistas da física matemática clássica, áreas inteiras do mundo natural permaneciam intocadas. A matemática era capaz de calcular o movimento de um satélite de Júpiter, mas não o de um floco de neve numa nevasca. Podia descrever o crescimento de uma bolha de sabão, mas não o de uma árvore. Se um homem fosse se jogar do alto da Torre Eiffel, a matemática conseguia dizer em quanto tempo cairia no chão, mas não o motivo pelo qual, afinal de contas, decidira se jogar. E, a despeito de todas as provas de que, "em princípio", um pequeno número de leis prediz todo o futuro do universo, na prática conceitos tais como o da pressão de um gás ou o da temperatura de uma lâmpada a carvão estavam muitíssimo além das fronteiras do que podia ser rigorosamente deduzido das leis efetivamente conhecidas.

Os matemáticos tinham finalmente conseguido captar pelo menos alguma ordem no universo e as razões que a comandavam, mas ainda viviam num mundo desordenado. Acreditavam, com alguma justificação, que grande parte da desordem obedece às mesmas leis fundamentais; sua incapacidade de aplicar tais leis para todo e qualquer efeito era uma mera questão de complexidade. O movimento de duas massas pontuais sob a ação de forças mútuas podia ser calculado com precisão.

O de três já era difícil demais para permitir uma solução completa, embora em casos específicos métodos aproximados pudessem ser de alguma valia. O movimento de longo prazo dos cerca de cinqüenta grandes corpos do Sistema Solar não podia ser inteiramente apreendido, mas qualquer característica específica podia ser razoavelmente bem compreendida por meio de um considerável esforço computacional. Ocorre que um miligrama de gás contém cerca de cem trilhões de partículas. Só para *escrever* as equações de movimento correspondentes seria preciso um papel de tamanho comparável ao da área compreendida pela órbita da Lua. Pensar seriamente em resolvê-las é ridículo.

Um método que na teoria resolve tudo, mas na prática é tão eficaz quanto uma teia de aranha para conter uma avalanche, não tende a granjear muitos adeptos, por impecáveis que sejam suas credenciais filosóficas. A ciência, porém, não iria se desesperar só porque era impossível descrever os movimentos individuais de toda e qualquer partícula. Ainda que as minúcias da complexidade de grande número de partículas fossem inimagináveis, era possível avançar tendo em mira metas mais realistas. Os experimentos sugerem que, a despeito da complexidade, os gases se comportam de uma maneira bastante regular. Se é impossível conhecer em detalhe o comportamento de grandes sistemas, não poderíamos descobrir regularidades no comportamento comum, médio? A resposta é "sim", e a matemática necessária para isso é a teoria da probabilidade e sua prima aplicada, a estatística.

GANHOS INCERTOS

A teoria da probabilidade teve origem num terreno eminentemente prático: o jogo. Todos os jogadores têm uma sensibilidade instintiva para "a sorte", "a chance". *Sabem* que ela obedece a padrões regulares — embora nem todas as crenças que alimentam resistam à análise matemática. Girolamo Cardano (figura 15), o erudito jogador, gênio intelectual e trapaceiro incorrigível, foi o primeiro a escrever sobre a probabilidade. Em 1654, o Cavaleiro de Meré perguntou a Blaise Pascal qual seria a melhor maneira de dividir a soma das apostas num jogo de azar que fora interrompido. Os mesmos nomes que afloraram no desenvolvimento da matemática determinística aparecem no da matemática do acaso: Pascal escreveu a Fermat e juntos encontraram uma resposta. Ela foi publicada em 1657, no primeiro livro inteiramente dedicado à teoria da probabilidade: *Sobre o raciocínio em jogos de azar*, de Christian Huygens.

Fig. 15. Girolamo Cardano, o erudito jogador. (Reproduzido com a permissão de John Wiley & Sons Ltd.)

A probabilidade como tema por mérito próprio surgiu em 1812, com a publicação de *Teoria analítica das probabilidades*, de Laplace. Segundo ele, a probabilidade de um evento é o número de vezes em que ele pode ocorrer, dividido pelo número total das coisas que podem acontecer — supondo-se que estas últimas têm chances iguais de se produzir. Por exemplo, a probabilidade de os sete filhos de um casal serem todos meninas é de 1/128, porque das 128 seqüências homem/mulher possíveis, somente uma corresponde a MMMMMMM. (Este raciocínio envolve o pressuposto de que nascem tantos meninos quanto meninas; de fato a probabilidade do nascimento de meninos é ligeiramente maior, mas não é difícil levar isto em conta.)

O HOMEM MÉDIO

O lado prático da teoria da probabilidade é a estatística. O traço mais notável no desenvolvimento desta última área é que tanto as ciências exatas quanto as sociais desempenharam papéis decisivos nele, intercambiando muitas vezes importantes idéias e métodos. Nas próximas páginas, vamos acompanhar um exemplo típico. Grande parte da estatística gira em torno da chamada *distribuição normal* (figura 16). Esta é uma curva em forma de sino que reproduz com muita preci-

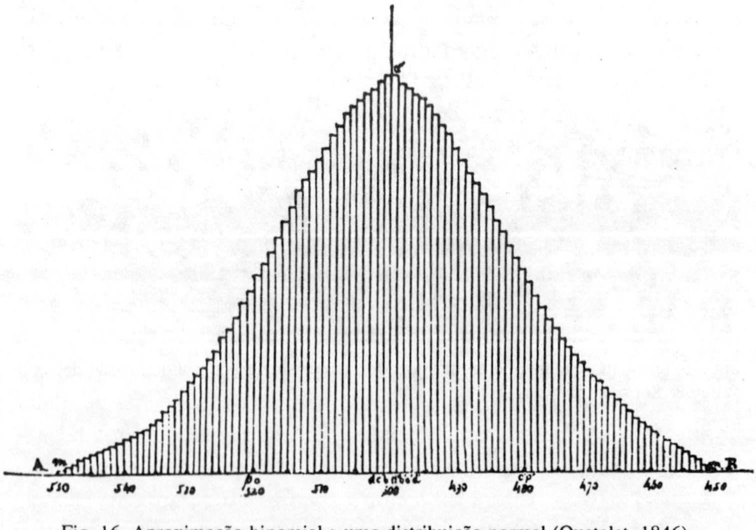

Fig. 16. Aproximação binomial a uma distribuição normal (Quetelet, 1846).

são as proporções de uma população que têm determinada característica. Por exemplo, se tomarmos aleatoriamente mil homens da população da Mongólia Exterior, e traçarmos um gráfico que indique quantos deles têm determinada altura em centímetros, este se assemelhará muito à curva em forma de sino da distribuição normal. A mesma coisa acontecerá se tomarmos a envergadura das asas de uma população de patos, a capacidade de escavar de uma população de toupeiras, os tamanhos dos dentes do tubarão ou o número de pintas dos leopardos.

A distribuição normal, que foi de início chamada a *lei do erro*, surgiu do trabalho de astrônomos e matemáticos do século XVIII que, ao tentar calcular as órbitas de corpos celestes, eram obrigados a considerar o efeito do erro de observação. A lei do erro mostra como valores observados se agrupam em torno de sua média, e fornece estimativas para as probabilidades de um erro de determinada monta. Ela foi importada para as ciências sociais por Adolphe Quetelet (figura 17), que aplicou o método a tudo em que pôde pensar: medidas do corpo humano, crime, casamento, suicídio. Seu livro *Mecânica social* recebeu este título num paralelo deliberado com a *Mecânica celeste* de Laplace. Quetelet não tardou a extrair conclusões gerais da suposta constância dos valores médios das variáveis sociais, e introduziu a tantalizante noção de "homem médio". Não se contentava em pensar a condição humana com uma espécie de dinâmica social: queria lidar com ela como um engenheiro controla sistemas: regulá-la, estabilizá-la, atenuar oscilações. Para ele, o "homem médio" não era apenas uma abstração matemática, mas uma idéia moral.

Gênio Hereditário

As ciências sociais diferem das ciências físicas sob muitos aspectos, entre os quais se destaca o fato de que, nas primeiras, os experimentos controlados raras vezes são possíveis. Se um físico deseja examinar o efeito do calor sobre uma barra de metal, pode aquecê-la a várias temperaturas e comparar os resultados. Se um economista deseja examinar o efeito de uma política fiscal sobre a economia de um país, pode experimentá-la ou não; mas não pode se dar ao luxo de tentar vários regimes de taxação diferentes sobre a *mesma* economia, nas mesmas condições. Por volta de 1880, as ciências sociais começaram a implementar um substituto para o experimento controlado, derivado dos primeiros trabalhos de Quetelet. Os maiores avanços foram

Fig. 17. Adolphe Quetelet (retrato de J. Odevaere, 1822).

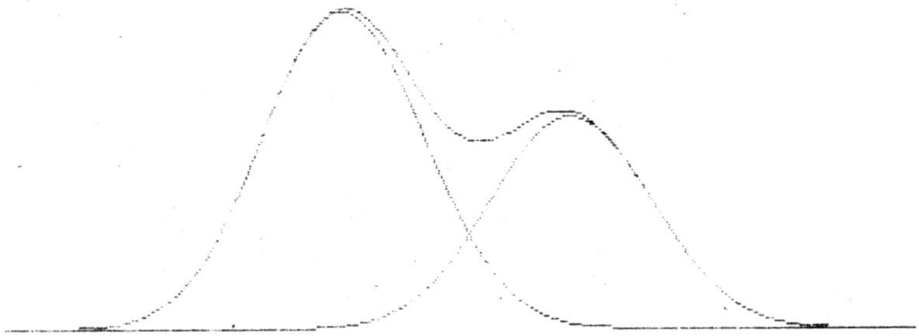

Fig. 18. A superposição de duas distribuições normais pode produzir uma curva com dois picos.

feitos por três homens: Francis Galton, Ysidro Edgeworth e Karl Pearson. Cada um deles era preeminente num campo tradicional: Galton na antropologia, Edgeworth na economia, Pearson na filosofia. Juntos, converteram a estatística de uma ideologia controvertida numa ciência mais ou menos exata. Acompanharemos apenas alguns detalhes da carreira de Galton.

Francis Galton (1822–1911) estudou medicina, mas veio a abandoná-la após receber uma herança e partiu para conhecer o mundo. Em 1860, voltou sua atenção para a meteorologia e, por métodos gráficos, inferiu a existência de anticiclones com base numa massa de dados irregulares. Envolveu-se com psicologia, educação, sociologia e dactiloscopia, mas em 1865 seu principal interesse se definiu: hereditariedade. Galton queria compreender como características herdadas são transmitidas ao longo de sucessivas gerações. Em 1863, tendo deparado com os escritos de Quetelet, imbuiu-se instantaneamente da idéia da ubiqüidade da distribuição normal. O modo como a utilizou, contudo, foi muito diferente do que Quetelet defendia. Galton viu a distribuição normal não como um imperativo moral, mas como um método de classificar dados em grupos de diferentes origens. Por exemplo, considere uma população mista de pigmeus e gigantes. As alturas dos pigmeus conformam-se a uma distribuição normal e as alturas dos gigantes também. Essas duas curvas são contudo muito diferentes; em particular, seus picos estarão em lugares diferentes. As alturas da população *combinada* não poderão formar uma distribuição normal, pela razão matemática de que a superposição de duas distribuições normais independentes em geral não produz uma outra. Em vez disso, produz uma curva de dois picos (figura 18). Galton concluiu que a distribuição normal se aplica somente a populações "puras"; que falharia numa população mista, e que esta poderia ser decomposta em seus constituintes puros pela análise dessa falha. Um pico para gigantes, outro para pigmeus.

Mas esse mesmo quadro deu a Galton grandes dores de cabeça quando passou a pensar sobre a hereditariedade. Suponha que a primeira geração de uma população pura tem suas alturas normalmente distribuídas. Cada indivíduo tem sua prole, cujas alturas presumivelmente também se distribuem segundo a curva normal. Entretanto, a altura máxima da prole depende da do pai — caso contrário, como poderia a característica "altura" ser herdada? Assim, as alturas das sucessivas gerações são descritas pela superposição de muitas distribuições normais. Como acabamos de ver, porém, a superposição de distribuições normais não leva em geral a uma distribuição normal. Conclusão: *quando uma população pura produz uma geração seguinte, a população resultante já não é pura.* Mas isto é absurdo: antes de mais nada, a população "pura" original é ela própria sucessora de uma geração prévia!

Só em 1877 Galton conseguiu resolver o paradoxo. Nessa época, coletara grande quantidade de dados sobre ervilhas-de-cheiro, que mostravam que sucessivas gerações de fato se conformavam à distribuição normal; possuía também um curioso aparelho experimental conhecido como "quincunx", que simulava a matemática, permitindo que chumbinhos de espingarda passassem por um arranjo de pinos de metal e saltassem aleatoriamente para a direita ou para a esquerda. Sua solução do paradoxo foi a seguinte. Pelo fato de que os pais provêm de uma população pura, as distribuições normais separadas para seus descendentes *não são independentes.* Por isso seu comportamento, quando superpostas, é especial. De fato, produz-se um minimilagre matemático: elas se relacionam de tal maneira que a superposição de todas resulta novamente numa distribuição normal.

Impressionado com a precisão desse resultado, foi por ele conduzido à idéia de *regressão.* Os filhos de pais altos são, em média, mais baixos; os filhos de pais baixos são, em média, mais altos. Isto não impede que os filhos de pais altos sejam mais altos que os filhos dos mais baixos — a altura da prole é apenas ligeiramente deslocada em direção à média.

Em 1855 Galton traçou um diagrama que representava as alturas de 928 filhos já crescidos comparadas às dos pais (figura 19). No diagrama, os números no cruzamento de determinadas fila e coluna mostram quantos filhos na amostra têm pais com a altura média indicada na extremidade esquerda daquela linha; as diferenças entre suas alturas e as dos pais são indicadas pelos montantes registrados no topo da coluna.

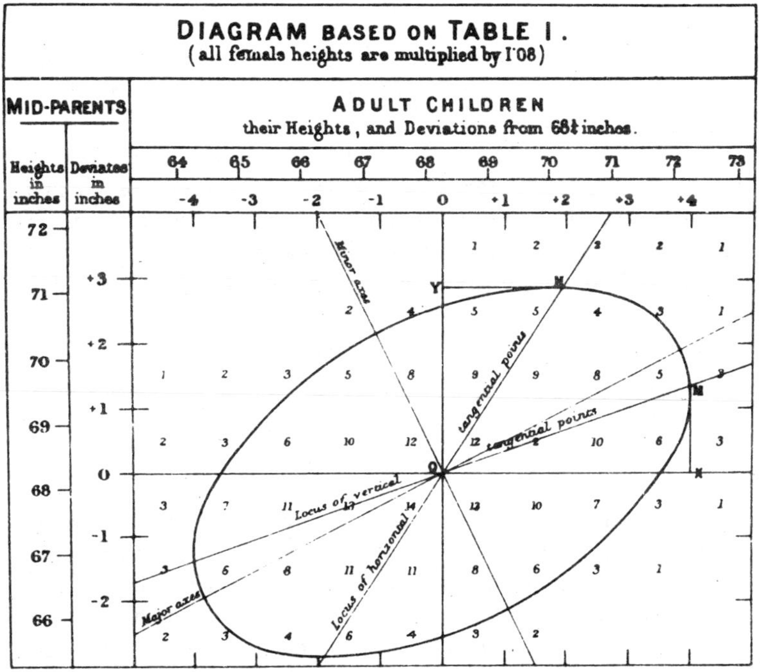

Fig. 19. O diagrama de Francis Galton da relação entre as alturas dos filhos e as de seus pais, mostrando um padrão de elipses concêntricas.

Galton percebeu que os números em certo domínio, digamos 3–5 ou 6–8, se dispõem na forma aproximada de elipses centradas na altura média do conjunto da população. Desse quadro, que se adequava perfeitamente à sua teoria da regressão, nasceu o método da *análise regressiva*, capaz de deduzir tendências subjacentes a partir de dados aleatórios.

Galton não expressou suas idéias em termos matemáticos precisos, preferindo basear-se em descrições gráficas e demonstrações com seu quincunx. O embasamento matemático foi fornecido por Edgeworth, que generalizou as idéias e lhes conferiu aplicações muito mais amplas. Pearson, matemático competente mas matematicamente menos talentoso que Edgeworth, foi um divulgador dotado da energia e da ambição necessárias para fazer com que o mundo aceitasse os métodos. Visionário, técnico, vendedor: a estatística precisou dessas três características para exercer seu impacto.

TRANSFERÊNCIA DE TECNOLOGIA

A estatística, como já observei, é notável pelo modo como suas idéias fluem e refluem entre as ciências físicas e sociais. A partir da análise do erro da astronomia, os cientistas sociais desenvolveram instrumentos matemáticos para discernir padrões em dados aleatórios. Agora era a vez das ciências exatas tomarem de volta esses instrumentos, com um objetivo muito diferente em vista: os tratamentos matemáticos de sistemas físicos tão complexos que pareciam aleatórios.

Em 1873 o notável físico James Clerk Maxwell propôs o uso de métodos estatísticos num encontro da Associação Britânica para o Progresso da Ciência:

> A menor porção de matéria que podemos submeter a experimentos consiste em milhões de moléculas, nenhuma das quais jamais se torna individualmente perceptível para nós. Não podemos, portanto, determinar o movimento real de nenhuma dessas moléculas; assim, somos obrigados a abandonar o método histórico estrito e a adotar o método estatístico de lidar com grandes grupos de moléculas. Os dados do método estatístico tal como aplicados à ciência molecular são as somas de grandes números de quantidades moleculares. Ao estudar as relações entre quantidades desse tipo, encontramos um novo tipo de regularidade, a regularidade das médias, em que podemos nos basear com bastante segurança para todas as finalidades práticas, embora não possam de maneira alguma reivindicar aquele caráter de precisão absoluta que pertence às leis da dinâmica abstrata.

Os físicos muitas vezes mencionaram o sucesso dos métodos estatísticos nas ciências sociais para justificar sua adoção de procedimentos probabilísticos. Mas em suas mãos, o método estatístico floresceu, e a teoria cinética dos gases transformou-se numa grande — e fundamental — área de atividade científica. E a analogia entre moléculas e indivíduos de uma população nada tinha de frouxa: existiam estreitas correspondências matemáticas entre uma coisa e outra. Em particular, Maxwell enfrentou uma questão básica: qual é a distribuição estatística da velocidade de uma molécula, que varia aleatoriamente? Partiu de dois pressupostos físicos plausíveis:

- O componente da velocidade em qualquer direção dada é independente do componente em qualquer direção perpendicular.
- A distribuição é esfericamente simétrica, isto é, trata igualmente todas as direções.

Com base apenas nesses princípios abstratos, sem recorrer jamais às leis da dinâmica, Maxwell apresentou um argumento exclusivamente matemático para provar que a distribuição deve ser o análogo tridimensional da lei do erro de Quetelet.

Caos Holandês

A palavra "gás" foi usada pela primeira vez pelo químico holandês J. B. Van Helmont em sua obra *Ortus Medicinae*, de 1632, numa alusão deliberada à palavra grega "caos". Foi uma escolha muito perspicaz.

Foi na física dos gases que a aleatoriedade e a determinação se colocaram face a face pela primeira vez. Em princípio, porém, um gás é um agregado puramente determinístico de moléculas em movimento que obedecem a leis dinâmicas precisas. De onde provém a aleatoriedade?

A resposta — a única que qualquer cientista que se prezasse daria automaticamente até a década de 1970, e que a maioria deles ainda daria no início dos anos 80 — era *complexidade*. O movimento detalhado de um gás seria tão-somente complexo demais para que o pudéssemos captar.

Suponha que você tem um instrumento capaz de rastrear o movimento de um número razoável de moléculas individuais de gás. Ainda não existe nenhum instrumento semelhante; mesmo que existisse, seria preciso um computador para tornar o movimento mais lento em muitas ordens de magnitude para você poder ver o que estava acontecendo. Mesmo assim, faça essa suposição. O que você veria? Concentre sua atenção num pequeno grupo de moléculas. Elas seguem trajetórias retilíneas por um curto tempo, depois começam a se chocar umas com as outras de uma maneira que era possível prever a partir da geometria anterior das trajetórias. Quando você mal está começando a ver o padrão do movimento, porém, eis que surge uma nova molécula, que vem zunindo de fora e se choca com seu grupo tão bem organizado, rompendo o padrão. E antes que você possa apreender o novo padrão, surge uma outra molécula, e outra, e mais outra...

Quando tudo o que se está vendo é uma parte mínima de um movimento imensamente complicado, ele *parecerá* randômico, *parecerá* desestruturado.

Em certo sentido, é esse mesmo mecanismo que torna a ciência social tão difícil. Não é possível estudar uma economia real, ou uma nação, ou uma mente, pelo isolamento de uma pequena parte. O subsistema experimental será constantemente perturbado por influências externas inesperadas. Mesmo nas ciências físicas, a maior parte do esforço cotidiano na explicação de métodos experimentais tem por fim a eliminação de influências externas. Os cartazes de néon da Broadway são ótimos para atrair os boêmios e o submundo para inferninhos e bares, mas atrapalham o telescópio de um astrônomo. Um sismômetro sensível registrará não apenas tremores de terra, mas também os passos da copeira que empurra seu carrinho de chá pelo corredor. Os físicos tomam medidas extremas para eliminar esses efeitos indesejáveis. Em vez de instalar seus telescópios no alto dos edifícios de Manhattan, levam-nos para o topo das montanhas; em vez de colocar contadores de neutrinos em seus gabinetes, enterram-nos a profundidades de milhares de metros. O cientista social, porém, a quem nem mesmo esse luxo é permitido, precisa lançar mão do modelo estatístico para modelar, ou filtrar, esses efeitos externos. O método estatístico é como uma bateia que permite chegar a uma ordem preciosa a partir do cascalho da complexidade.

Os cientistas de cem anos atrás tinham plena consciência de que um sistema determinístico pode se comportar de maneira aparentemente randômica. Sabiam, porém, que não era *realmente* randômica; apenas *parecia* ser, em decorrência de falhas de informação. Sabiam também que essa falsa aleatoriedade só ocorria em sistemas muito amplos e complexos — sistemas com muitíssimos graus de liberdade, muitíssimas variáveis distintas, muitíssimas partes componentes. Sistemas cujo comportamento detalhado permaneceria para sempre além da capacidade da mente humana.

POUPAR UM PARADIGMA?

Por volta do fim do século XIX, a ciência conquistara dois paradigmas muito diferentes para a modelagem matemática. O primeiro e mais antigo era a análise de alta precisão por meio de equações diferenciais; em princípio isso permitia determinar toda a evolução do universo, mas na prática só era aplicável a problemas relativamente simples e bem estruturados. O segundo, um ramo recém-surgido, era a análise estatística de quantidades médias, que representava os traços gerais do movimento de sistemas altamente complexos.

Não havia virtualmente qualquer contato, num nível matemático, entre ambos. As leis estatísticas não eram calculadas como conseqüências matemáticas das leis da dinâmica: eram uma camada extra de estrutura que se superpunha aos modelos matemáticos empregados na física e se fundava em intuição física. Ainda hoje, a dedução rigorosa do comportamento de matéria agregada a partir das leis da dinâmica continua sendo um desafio para os físicos matemáticos: só recentemente alguém se aproximou de uma prova de que (num sistema adequadamente definido) os gases existem. Cristais, líquidos e sólidos amorfos permanecem claramente inatingíveis.

No curso do século XX, a metodologia estatística conquistou seu lugar em pé de igualdade com a modelagem determinística. Uma nova palavra foi cunhada para refletir a descoberta de que até o acaso tem suas leis: *estocástica*. (A palavra grega *stochastikos* significa "hábil na mira", transmitindo a idéia do uso das leis do acaso em benefício próprio.) A matemática dos processos estocásticos — seqüências de eventos determinados pela influência do acaso — floresceu ao lado da matemática dos processos determinísticos.

A ordem já não era sinônimo de lei, nem a desordem de ausência de lei. Tanto uma quanto a outra tinham leis. Mas estas eram dois códigos de comportamento distintos. Uma lei para o ordenado, outra para o desordenado. Dois paradigmas, duas técnicas. Duas maneiras de ver o mundo. Duas ideologias matemáticas, cada uma se aplicando apenas à própria esfera de influência. Determinismo para sistemas simples, com poucos graus de liberdade; estatística para sistemas complexos, com muitos graus de liberdade. Um sistema era randômico ou não. Se fosse, os cientistas buscavam algo estocástico; se não fosse, aprimoravam suas equações determinísticas.

Os dois paradigmas eram parceiros de igual nível — igualmente aceitos no mundo científico, igualmente úteis, igualmente importantes, igualmente matemáticos. Iguais. Mas diferentes. Completamente, irreconciliavelmente diferentes. Os cientistas *sabiam* que eram diferentes e sabiam a razão disso: sistemas simples se comportam de maneiras simples, sistemas complexos se comportam de maneiras complexas. Simplicidade e complexidade nada tinham em comum.

O que uma geração de cientistas *sabe*, porém, aquilo que para ela não é passível de qualquer dúvida, formando um conhecimento que se converte na própria estrutura de seu mundo, é precisamente o que a geração seguinte vai contestar e subverter. Quem *sabe* alguma coisa com tamanha certeza não a questiona. Se não a questiona, está se pautando na fé, não na ciência.

Mas esta é uma questão muito difícil. Pode um sistema determinístico simples comportar-se como um sistema randômico? É uma pergunta que contraria o senso comum. Todo o progresso da ciência baseou-se na crença de que a forma de buscar simplicidade na natureza consiste em encontrar equações simples para descrevê-la. Que pergunta tola!

No ponto da história a que chegamos agora, uma única voz dissidente podia ser ouvida, e mesmo assim apenas de maneira débil, hesitante, nada mais que um vago sinal de perturbação futura. Uma voz que se elevou apenas uma vez e depois silenciou; uma voz que — se é que foi ouvida — foi ignorada. Tratava-se da voz de um homem que foi comprovadamente um dos maiores matemáticos de seu tempo, mais um revolucionário da turbulenta ciência da dinâmica, que criou todo um novo campo da matemática como subproduto. A voz de um homem que havia tocado o caos...

E se aterrorizara com ele.

4

O Último Universalista

> "Quarenta missões, isto é tudo o que o Vigésimo Sétimo Quartel-General da Força Aérea exige que você voe."
>
> Yossarian ficou radiante: "Então posso ir para casa agora mesmo? Já fiz quarenta e oito vôos."
>
> "Não, não pode", objetou o ex-cabo Witergreen. "Está maluco?"
>
> "Por que não?"
>
> "Ardil 22."
>
> Joseph Heller, *Ardil 22*

Sem se dar conta, os matemáticos se debateram nas garras do ardil 22, ou *catch-22* — um dilema sem saída.

Se uma equação pode ser resolvida por meio de uma fórmula, suas soluções se comportarão *ipso facto* de maneira regular e analisável. É o que as fórmulas garantem. E quem pensa que a dinâmica é uma questão de encontrar fórmulas para a solução de equações diferenciais, terá uma matemática capaz de estudar apenas o comportamento regular. Sairá em busca de problemas a que seus métodos possam se adequar e ignorará o resto. Nem mesmo os varrerá para debaixo do tapete: para tal seria preciso ao menos reconhecer sua existência. Passa a viver numa felicidade ilusória, ou passaria, se não fosse esperto demais para viver de ilusão.

É necessário que se produza uma conjunção muito especial de circunstâncias para se poder escapar dessa armadilha. O tempo, o lugar, o povo e a cultura — tudo deve estar certo.

Não havia nada de errado com o lugar: a França estava na primeira linha entre as nações matemáticas. Até hoje está.

A pessoa tinha o olhar doce, perplexo, de um professor distraído, mas era um gigante intelectual. Com um pé no século XIX e outro no século XX, superou uma questão essencial na história da matemática, quando esta começou seu caso de amor com a generalidade e a abstração — um caso que muitos, apaixonados pelo concreto, não compreenderam nem aprovaram, e ainda não o fazem. Seu nome era Henri Poincaré (figura 20), talvez o último matemático capaz de transitar livremente por todos os cantos e recantos de sua disciplina. Depois de Poincaré vieram os especialistas — e a explosão da matemática que os tornou necessários se deveu em boa parte à sua inspiração e à profundidade de sua percepção matemática. Entre suas inúmeras descobertas e invenções, Poincaré fundou a moderna teoria qualitativa dos sistemas dinâmicos.

O lugar, a pessoa. Mas o tempo não estava certo o bastante, e muito menos a cultura. Quando, pela primeira vez, os cientistas começaram a perscrutar as profundezas do oceano, o que suas redes apanharam foram os remanescentes de monstros estranhos, de cores baças, horripilantes. Somente quando câmaras de mergulho tripuladas e equipadas com holofotes puderam explorar as profundezas do mar em seus recônditos é que a beleza e o colorido tantas vezes delicado dessas regiões remotas se manifestaram. É difícil avaliar a beleza a partir de um cadáver. O mesmo se deu com Poincaré: encarou o precipício do caos, discerniu algumas formas que nele se ocultavam; mas o precipício ainda estava escuro, e ele tomou por monstruosidades algumas das mais belas propriedades da matemática. Poincaré teve acesso à profundidade, mas lhe faltavam os recursos de iluminação. Foi preciso uma outra época, equipada com a teoria qualitativa das equações diferenciais criada pelo próprio Poincaré, além de computadores e outros auxílios tecnológicos, para lançar alguma luz sobre as profundezas caóticas e revelar essa beleza.

Nunca poderiam tê-lo feito, porém, se Poincaré não houvesse desbravado o caminho até a beira do abismo.

O SONHADOR DISTRAÍDO

Henri Poincaré nasceu no dia 29 de abril de 1854 em Nancy, no nordeste da França. Seu pai era médico; sobre sua mãe, sabe-se surpreendentemente pouco. Henri foi uma criança de inteligência excepcional, mas com pouca coordenação motora. Uma grave difteria sofrida aos cinco anos só agravou o problema e, durante toda a vida, sua coordenação foi deficiente. Começou por mostrar acentuada inclinação pela matemática, aos quinze anos. Em 1871 submeteu-se aos exames para a obtenção do seu primeiro grau universitário, ocasião em que, confundindo-se com uma pergunta simples sobre séries geométricas, escapou

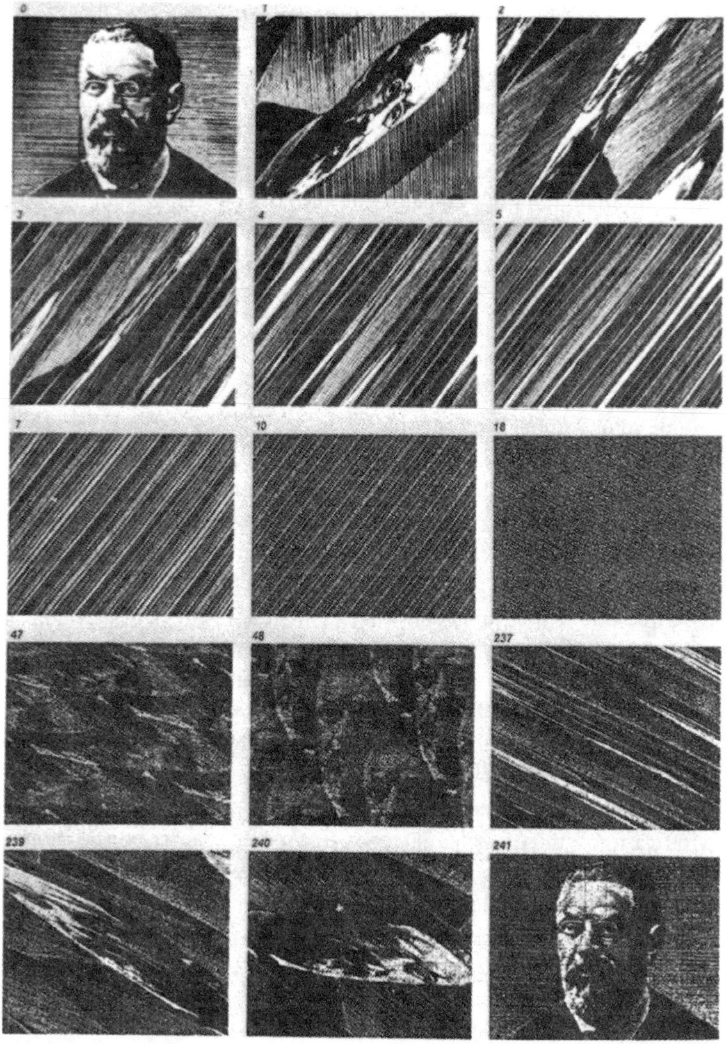

Fig. 20. Retrato de Henri Poincaré, ilustrando sua descoberta da "recorrência de Poincaré". Se uma transformação é aplicada repetidamente a um sistema matemático que não possa sair de uma região limitada, este deverá retornar um número infinito de vezes a estados próximos ao seu estado original.

por pouco de uma reprovação em matemática. Logo, porém, pôs as coisas no devido lugar: obteve o primeiro lugar nos exames da Escola de Administração Florestal, sem ter feito nenhuma anotação nas aulas. Transferiu-se para a Escola Politécnica, o viveiro da matemática francesa, onde ficou conhecido como um gênio precoce da matemática. Várias tentativas de derrubá-lo, propondo-lhe problemas matemáticos intricados, malograram: Poincaré resolvia todos eles sem maior esforço.

Em 1875 ingressou na Escola de Minas, com a intenção de se fazer engenheiro. Nas horas vagas, fez algumas descobertas no campo das equações diferenciais e, três anos depois, apresentou-as à Universidade de Paris como tese de doutorado. Dessa forma conseguiu a sua nomeação como professor de análise matemática em Caen, em 1879. Por volta de 1881, já se firmara como professor na Universidade de Paris, de onde reinou como líder inconteste da matemática francesa — senão do mundo.

O estereótipo tradicional do matemático é o do sonhador distraído — de barba e de óculos, sempre à procura dos tais óculos, sem se dar conta de que os tem sobre o nariz. Se poucos dos grandes matemáticos (ou dos comuns) correspondem de fato a esse estereótipo, não há dúvida de que Poincaré correspondia. Mais de uma vez, por distração, pôs na mala a roupa de cama do hotel, ao partir.

Poincaré foi um unificador, um matemático em busca de princípios gerais, o último dos tradicionalistas e o primeiro dos modernos. Explorou virtualmente toda a matemática de seu tempo: equações diferenciais, teoria dos números, análise complexa, mecânica, astronomia, física matemática. Suas obras completas compreendem mais de 400 livros e artigos, muitos deles extensos. Sua maior criação foi a topologia: o estudo geral da continuidade. Chamou-a de *analysis situs* — a análise da posição. Veio a aplicá-la a um dos mais difíceis problemas que se colocavam nas fronteiras da dinâmica.

Um Oscar para a Matemática

Em 1887 o rei Oscar II da Suécia ofereceu um prêmio de 2.500 coroas para a resposta a uma questão básica da astronomia: *o Sistema Solar é estável?* Hoje sabemos que este era um problema crucial para o desenvolvimento da física matemática.

Um estado de repouso ou de movimento é estável se não sofre grande alteração sob o efeito de pequenas perturbações. Um prego deitado é estável (figura 21). Na teoria, um prego pode equilibrar-se

Fig. 21. Um prego equilibrado na ponta é instável e na prática cairá. Deitado de lado, é estável.

sobre sua ponta, na prática, porém, cairá ao simples bater de asas de um percevejo no cômodo vizinho. Em princípio, cairá até se um monstro de olhos esbugalhados agitar as asas numa galáxia vizinha; mas pode levar algum tempo até que o efeito seja percebido porque o prego começa a cair de modo infinitamente lento e, antes que vá muito longe, alguma perturbação muito mais próxima mascarará a atração gravitacional das asas escamosas de réptil de Worsel de Velantia.

Para verificar se determinado estado de repouso ou de movimento *existe* ou não, basta olhar para ele. Se um prego está perfeitamente equilibrado na vertical, a força de seu peso, para baixo, passa exatamente pelo ponto de apoio e é cancelada pela reação ascendente nesse ponto — a qual, pela terceira lei de Newton, deve ser igual e oposta. Isto é tudo que é preciso saber. Mas para deduzir se o estado é estável é preciso analisar também estados *próximos*. Incline ligeiramente o prego: o centro da massa se desloca um pouco para um lado e agora a reação e o peso formam um par em que, embora iguais em magnitude, já não são exatamente opostos. Isso faz com que o prego continue a girar na direção em que foi inclinado. O deslocamento inicial é ampliado; a posição é instável.

A estabilidade é portanto uma questão mais complicada do que a da existência. A estabilidade é também extremamente importante. Um avião jumbo não deve apenas voar; seu vôo deve ser estável, ou despencará no chão. Quando um carro faz uma curva, não deve capotar de lado: deve permanecer estável sobre a estrada. Teoricamente, estados estáveis e instáveis são soluções para as mesmas equações dinâmicas básicas: o matemático determina uns e outros com igual facilidade. Experimentalmente, porém, um estado instável de repouso simplesmente nunca pode ser observado, porque influências externas mínimas o destroem. Um estado instável de movimento *pode* ser observado, mas apenas como um fenômeno *transiente* — enquanto o sistema está de passagem entre seu estado instável original e aquele a que chegará, seja ele qual for: o movimento de uma bicicleta entre o momento em que você lhe dá um empurrão e aquele em que ela finalmente tomba numa vala qualquer, num estado de repouso estável, final e amassado.

Na verdade, há uma outra maneira de observar um estado instável: empreender uma ação especial para estabilizá-lo, detectando e corrigindo qualquer movimento que se afaste dele. É assim que os equilibristas desafiam a gravidade, na corda bamba. Mas estas considerações pertencem mais à teoria do controle que à dinâmica.

O Sistema Solar é um caso muito complexo de dinâmica. Seu movimento certamente *existe*, e pela natureza determinística das leis de Newton, é único (a menos que ocorram colisões — as três bolas que estão no penhor — ou outros tipos de comportamento singular cujas possibilidades ignoramos aqui). O Sistema Solar faz o que lhe é próprio, mas, uma vez tendo começado, só pode fazer uma *única* coisa. Mas será essa coisa estável? Continuarão todos os planetas a se mover basicamente em suas órbitas atuais, ou a Terra corre o risco de se desgarrar rumo ao frio e às trevas, ou Plutão de colidir com o Sol? O Sistema Solar manterá a sua rota ou pode derrapar e desabar estrondosamente na vala cósmica?

Embora a questão seja inegavelmente intrigante, sua relevância prática é discutível. Na mecânica celeste, as instabilidades muitas vezes levam um longo tempo para se manifestar, como na história do homem que, ao ficar sabendo que o universo acabaria dentro de cem bilhões de anos, exclamou: "Por um momento você me assustou... pensei que tinha dito cem *milhões*!"

Seja como for, provavelmente o Sol explodirá antes disso.

No tempo do rei Oscar, grande parte dessa camada adicional de complexidade física permanecia insuspeita, e a estabilidade do Sistema Solar se apresentava como um problema prático da maior gravidade. Hoje já não é basicamente importante em si mesmo: mas, como ocorre com todos os bons problemas físicos, sua matemática continua vivendo muito tempo depois da morte de sua física. Ele engloba, de uma forma concreta, um problema geral de amplas conseqüências: como lidar com questões de estabilidade em sistemas dinâmicos complexos?

A Dinâmica da Folha de Borracha

Poincaré foi chamado de o "último universalista", o último dos grandes matemáticos a ser capaz de trabalhar em todas as áreas da disciplina. Foi o último porque a matéria tornou-se ampla demais, não porque seus praticantes ficaram mais estúpidos ou especializados. Hoje há indícios de uma nova unificação na matemática: os dias do universalista ainda podem voltar. Naturalmente, Poincaré se aplicou ao problema do rei Oscar. Não pôde resolvê-lo — isso ocorreu muito mais tarde, e a solução não se assemelhava ao que de início se esperava —, mas avançou tanto no encaminhamento da questão que, mesmo assim, ganhou o prêmio. Para isso, inventou um novo tipo de matemática: a *topologia*.

A topologia já foi definida com a "geometria da folha de borracha". Mais propriamente, é a matemática da continuidade. A continuidade vem a ser o estudo de mudanças suaves, graduais — a ciência do ininterrupto. As descontinuidades são repentinas, drásticas: locais onde uma minúscula mudança na causa produz uma enorme mudança no efeito. Um ceramista, ao moldar um bocado de argila em suas mãos, deforma-a de maneira contínua; quando arranca um fragmento, porém, a deformação se torna descontínua. A continuidade é uma das mais fundamentais de todas as propriedades matemáticas, um conceito tão natural que seu papel básico só ficou claro há cerca de cem anos, um conceito tão poderoso que está transformando a matemática e a física, tão impalpável que mesmo a resposta às mais simples questões demandou décadas.

A topologia é um tipo de geometria, porém uma geometria em que comprimentos, ângulos e formas são infinitamente mutáveis. Um quadrado pode ser deformado continuamente, até se converter em círculo (figura 22), um círculo num triângulo, um triângulo num paralelogramo. Para o topólogo, todas as formas geométricas que nos ensinaram com tanta insistência quando éramos crianças são uma só. A topologia estuda somente aquelas propriedades das formas que não se alteram sob transformações contínuas reversíveis. Por "reversíveis" quero dizer que a anulação da transformação deve também ser contínua. O acréscimo de mais argila é uma transformação contínua; mas o inverso — a supressão de uma parte — não é. Assim, para um topologista, duas porções de argila não são o mesmo que uma: algumas coisas que normalmente consideramos diferentes permanecem diferentes.

Quais são as propriedades topológicas arquetípicas? Para um ouvido não-educado, elas soam nebulosas, abstratas, confusas. A conexidade, a que acabamos de aludir, é um exemplo. Uma porção ou duas?

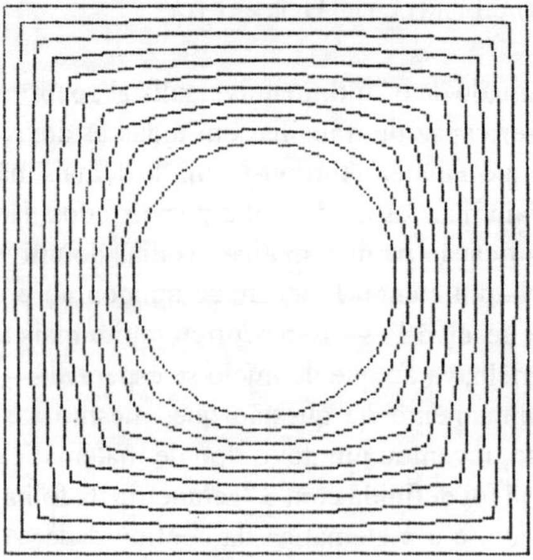

Fig. 22. Para um topologista, quadrados e círculos são a mesma coisa, uma vez que um pode ser continuamente deformado até se converter no outro.

Outro é o emaranhamento: um nó é um laço que não pode ser desfeito, *não importa o quanto seja deformado*. Dito assim, isto até *soa* topológico. Buracos são objetos topológicos: não é possível se livrar de um buraco por meio de uma deformação contínua. Para um topólogo, uma rosquinha e uma xícara de café são a mesma coisa: ambas têm um buraco. (É claro que esta comparação foi feita por um americano: as rosquinhas inglesas não têm buraco; têm — desde que você evite certos supermercados — geléia.)

Não é possível, porém, desenvolver a topologia, como uma ferramenta técnica, nesse tipo de linguagem. O buraco no *interior* da rosquinha de fato a envolve, e a rosquinha envolve o buraco: buraco e rosquinha estão ligados. Há muito o que repensar. Isso exige novos conceitos, conceitos que não fazem parte da experiência cotidiana, conceitos para os quais não existem palavras. Assim os matemáticos inventam novas palavras, ou retomam velhas, atribuindo-lhes significados com uma lógica adequadamente sutil — assim como minha insistência na reversibilidade —, e constroem um mundo novo. Se você pegar um manual de topologia, poderá encontrar referências a rosquinhas ou a folhas de borracha na introdução, mas quando entrar no assunto propriamente dito, verá que a terminologia se torna menos amigável. Mapeamento contínuo. Espaço compacto. Múltiplo. Triangulação. Grupo de homologia. Axioma da excisão. E todo esse portentoso edifício, *a* maior criação da matemática do século XX, é, em última análise, um fruto da imaginação de Henri Poincaré.

À primeira vista, a topologia parece extremamente abstrata. Como um filhote de javali: encantador para os poucos que o amam, mas sem qualquer interesse para mais ninguém. Poincaré foi capaz, porém, de ver a beleza de espírito que se escondia sob o pêlo do animal. A largueza de pensamento que a experiência matemática, tanto pura quanto aplicada, lhe conferia tornava-o capaz de ver o potencial de uma teoria rigorosa do contínuo. Por vezes é preciso um universalista para discernir o que é realmente importante: ninguém mais detém todas as peças. Em todas as direções para as quais se voltou, Poincaré deparou com questões que somente a topologia podia resolver. Em seu trabalho sobre a teoria do número. Na análise complexa. Nas equações diferenciais. E no problema do rei Oscar.

LOUCAMENTE EM TODAS AS DIREÇÕES

Poincaré dedicou vários anos de sua vida à topologia, tendo criado a maior parte de seus teoremas centrais. Outros retomaram seu trabalho: mais definições, mais teoremas, mais jargão, mais abstração. Menos contato com a natureza. Por volta da década de 1950, a topologia, bem como grande parte da corrente principal da matemática, imitando o herói de Stephen Leacock, corria loucamente em todas as direções: para muitos que a observavam de fora, parecia ter perdido o contato com a realidade. Em seu livro *Caos*, James Gleick reproduziu as palavras com que Ralph Abraham, um matemático de Santa Cruz, descrevera a própria experiência:

> O romance entre matemáticos e físicos acabara em divórcio nos anos 30. Ambos já não se falavam mais. Não sentiam senão desprezo um pelo outro. Os físicos matemáticos não autorizavam seus alunos de graduação a cursar matérias dadas por matemáticos. *Aprenda matemática conosco. Nós lhe ensinaremos o que você precisa saber. Os matemáticos embarcaram numa espécie de terrível* ego trip *e destruirão sua cabeça.* Isto foi dito em 1960. Por volta de 1968 a situação sofreu uma completa reviravolta.

Sofreu tamanha reviravolta porque Poincaré — bem como o batalhão de matemáticos que o seguia — tinha de fato percebido o alcance de uma idéia fundamental. Era porém uma idéia tão difícil de pôr efetivamente em prática, e isso demorou tanto, e o caminho avançou tanto rumo aos desertos da abstração, que mesmo muitos matemáticos, esquecendo que Poincaré começara com um problema de física, se apaixonaram de tal modo pelo novo tipo de matemática que ele passou a lhes bastar, num esplêndido isolamento intelectual.

Foi como uma expedição para cruzar uma cadeia de montanhas inescalável. Do ponto de partida, podia-se ver o pico a ser conquistado, porém não havia meios de se chegar até ele. Assim a expedição desviou-se para o deserto, numa tentativa de contornar a montanha e evitar o pico. Ocorre que as técnicas necessárias para sobreviver no deserto não são as mesmas que permitem as escaladas. No fim, o que se tinha eram especialistas em cactos, em aranhas e cascavéis, no movimento das dunas de areia sob a ação do vento, nas causas das tempestades repentinas, e já ninguém pensava em neve, cordas, ganchos ou martelos para cravar pinos. De tal modo que, se o especialista em dunas, interrogado por um alpinista sobre as razões que o levavam a tal estudo, respondesse "estudo isto para transpor a montanha", encontraria uma completa incredulidade. Pior ainda seria se desse uma resposta do gênero: "Não tenho o menor interesse por montanhas — dunas de areia são muito mais divertidas."

A montanha, porém, continuava lá, e o deserto continuava a circundá-la. E se os "desertólogos" fizessem seu trabalho com a devida competência, *mesmo que a tivessem esquecido*, a montanha um dia deixaria de ser uma barreira.

Em meados dos anos 60, sob a liderança de dois grupos de matemáticos, um norte-americano e outro russo, a matemática finalmente transpôs o Deserto da Topologia. Os principais problemas da topologia se encaixaram e tudo se juntou. Muitos matemáticos e físicos — embora não todos — tinham esquecido que a topologia surgira da física. A matemática e a física, não.

O Eterno Triângulo

Isto nos traz de volta ao rei Oscar. Assim como, no plano pessoal, dois é companhia e três é divórcio, na mecânica celeste a interação de dois corpos comporta-se bem, mas a de três é desastrosa (figura 23). Quanto aos doze ou mais corpos maiores do Sistema Solar... bem, quem estivesse interessado nas coroas do rei Oscar teria que trabalhar muito.

O ensaio premiado de Poincaré intitulava-se *Sobre o problema dos três corpos e as equações da dinâmica*. Foi publicado em 1890 e tinha 270 páginas na edição original. A primeira parte define as propriedades das equações dinâmicas; a segunda aplica os resultados ao

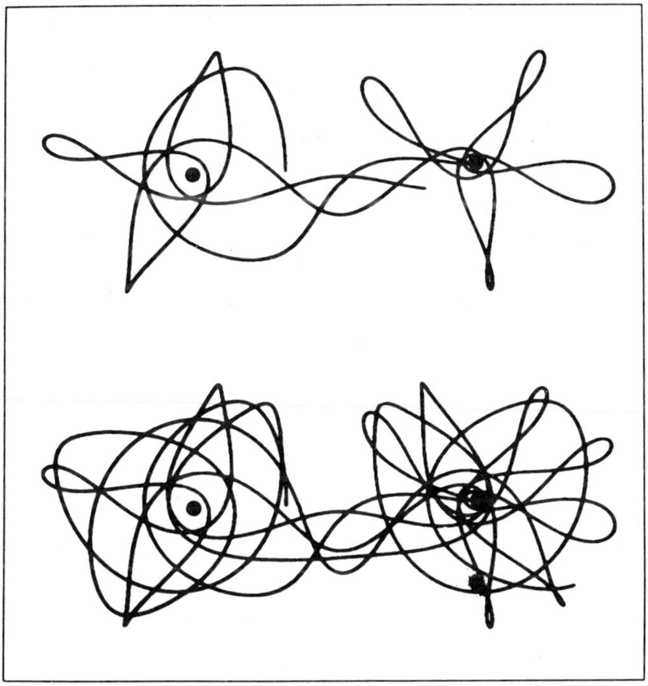

Fig. 23. As complexidades do movimento de três corpos: aqui uma partícula de poeira se move na órbita de dois planetas fixos de massas iguais.

problema de um número arbitrário de corpos movendo-se sob a gravitação newtoniana.

O movimento de dois corpos — um universo que consistisse, digamos, apenas do Sol e da Terra — é periódico: repete-se indefinidamente. Por uma tradição sagrada, o período — tempo necessário para que o movimento se repita — é de um ano. Isto prova de imediato que a Terra não pode colidir com o Sol ou desgarrar-se rumo a outras paragens do infinito; se o fizesse, teria que se chocar com o Sol todo ano, ou se desgarrar para o infinito todo ano. Estas não são, contudo, coisas que possam ser feitas mais de uma vez, e, como não aconteceram no ano passado, nunca acontecerão. Em outras palavras, a periodicidade permite um controle bastante útil sobre a estabilidade. Num universo real outros corpos podem destruir esse lindo cenário, mas a periodicidade — ou conceitos relacionados — continua sendo aplicável.

No terceiro capítulo de seu ensaio, Poincaré enfrenta a questão da existência de soluções periódicas para equações diferenciais. Começando à maneira clássica, mostra como obter tais soluções pela expansão da variável em questão numa série infinita, cujos termos seriam, cada um, uma função periódica do tempo. "Disto resulta", diz ele, "que existem séries cujos coeficientes são periódicos e que formalmente satisfazem as equações."

Poincaré usa a palavra "formalmente" por uma boa razão. O procedimento *parecia* sensato, mas ele sabia que as aparências enganam. Uma série infinita só tem uma soma significativa quando a soma de grandes números de termos tende para um único valor — comportamento chamado de *convergência*. Poincaré tinha perfeita consciência disto, e declarou: "Resta demonstrar a convergência desta série." Nesse ponto, porém, a Análise — caprichosa como sempre — o abandonou. Afirmou sua crença de que essa demonstração *poderia* ser feita diretamente, mas não se propôs a empreender tal cálculo — ou por saber que se meteria numa completa embrulhada, ou porque de fato ignorava como fazê-lo. "Seja como for", afirmou, "não vou fazê-lo, porque, reconsiderando a questão de um outro ponto de vista, demonstrarei rigorosamente a existência de soluções periódicas, o que implica a convergência da série."

UMA QUESTÃO PARA A TOPOLOGIA

Eis a idéia de Poincaré. Suponha que, num momento determinado, o sistema está em algum estado particular e que, num momento posterior, está novamente no mesmo estado. Todas as posições e velocidades são exatamente as mesmas de antes, simultaneamente. A unicidade das soluções para equações diferenciais significa portanto que o sistema deve repetir, indefinidamente, o movimento que o tirou desse estado e o reconduziu a ele. Isto é, *o movimento é periódico.*

Imagine que o estado do sistema é descrito pelas coordenadas de um ponto em algum *espaço de fase*. À medida que o sistema evolui no tempo, esse ponto se move, traçando uma curva. Para sair de um estado e retornar a ele mesmo, essa curva deve perfazer uma volta completa (figura 24). "Quando uma curva perfaz uma volta completa?" A pergunta não envolve nada relacionado à forma, ao tamanho ou à posição do circuito: é uma questão para a topologia. A existência de soluções periódicas depende de propriedades topológicas da relação entre a posição de um ponto *agora* e sua posição num período posterior.

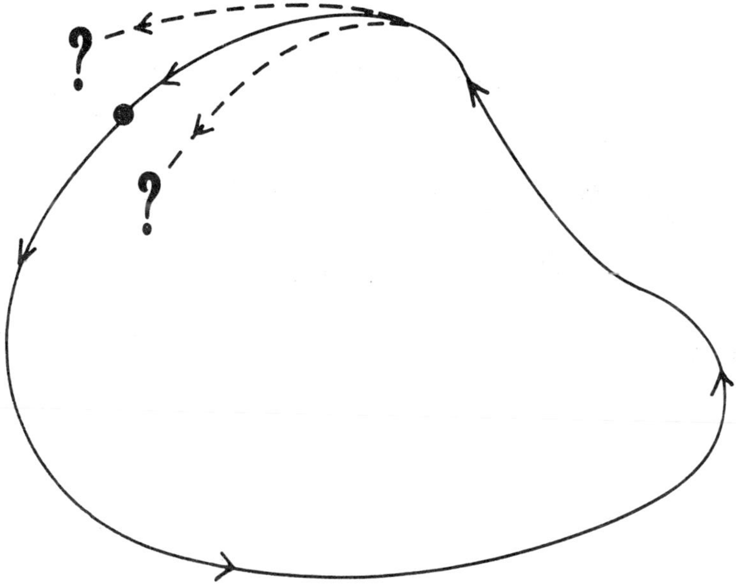

Fig. 24. Se um ponto em espaço de fase traça um ciclo fechado, ele repetirá periodicamente o mesmo movimento para sempre.

Poincaré não formulou isso exatamente nesses termos, mas essa é a idéia geométrica subjacente ao que disse; e em outros textos diz o equivalente. Claro que é mais fácil formular um problema sob uma nova forma do que resolver aquilo em que ele assim se transforma, mas Poincaré chegou até a ter uma idéia de como se poderia encontrar esses ciclos fechados. Permita-me descrevê-la de uma maneira fantasiosa. Você é um engenheiro espacial russo que acaba de pôr mais um satélite espião da série *Cosmos* na órbita da Terra e quer saber se essa órbita é periódica. Em vez de rastrear o satélite ao longo de todo o seu percurso, você assesta seu telescópio de modo que, apontado diretamente do centro da Terra, ele explore um plano que vá de norte a sul, de horizonte a horizonte. De quando em quando o satélite cruzará esse plano. Registre o ponto onde o atinge primeiro, a rapidez com que se move, e em que direção. Continue observando, mas apenas quando o satélite cruzar o plano. Se seu movimento for periódico, ele chegará de novo ao plano no mesmo ponto, com a mesma velocidade e rumando na mesma direção que você registrou no seu bloco de anotações.

Em outras palavras, em vez de observar todos os estados iniciais, você pode observar apenas alguns. Imagine toda uma superfície de

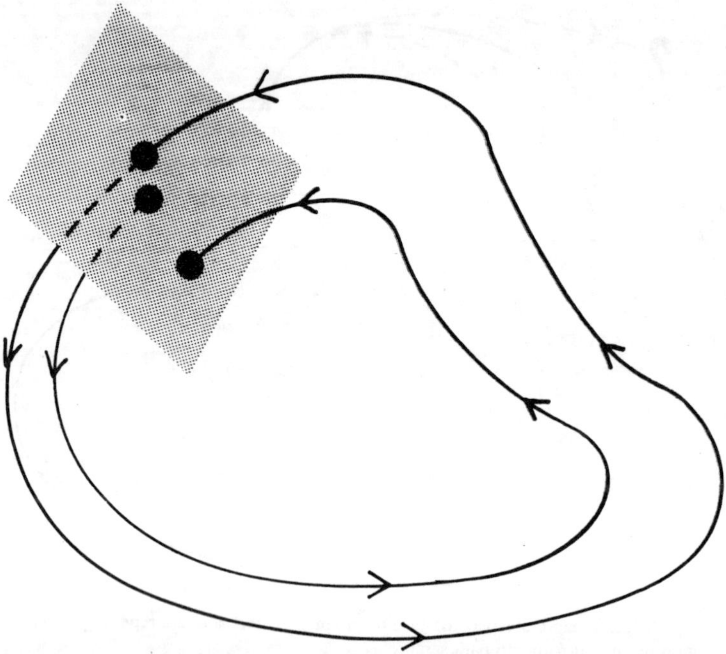

Fig. 25. Detecção de um movimento periódico por meio da seção de Poincaré. Para haver periodicidade, a curva deve retornar à seção exatamente no ponto de partida.

estados iniciais e acompanhe a evolução de cada um até que retorne (se é que o fará), atingindo novamente a superfície (figura 25). Se conseguir encontrar um estado que retorne exatamente ao mesmo ponto de que partiu, você terá pilhado uma solução periódica.

Hoje, uma superfície como esta é chamada de *seção de Poincaré*. Seu grande mérito é dispensar toda uma parafernália que causava grande confusão, simplificando o problema da observação da dinâmica. E este é um jogo em que, quanto maior a simplificação, melhor. Por exemplo, a mera *existência* de uma seção de Poincaré pode por vezes forçar, por razões topológicas, a ocorrência de uma solução periódica.

CAOS CELESTE

Era uma idéia tão poderosa que abriu os olhos de Poincaré para um tipo totalmente novo de comportamento. Ninguém jamais pensara em algo semelhante. De fato, é preciso pensar topologicamente, ou pelo menos geometricamente, para se ter alguma chance de captá-lo: é impossível chegar a ele a partir de uma fórmula.

Poincaré estava considerando um problema idealizado dos três corpos, chamado *modelo reduzido de Hill*. Este se aplica quando um dos três corpos tem uma massa tão pequena que não afeta os outros dois — embora, paradoxalmente, estes o afetem. Imagine um universo que só contivesse Netuno, Plutão e um grão de poeira interestelar. Netuno e Plutão estão na mais absoluta ignorância quanto à partícula de poeira. Como você pode imaginar, ela não chega a alterar seus movimentos, e por isso ambos pensam que estão num universo de dois corpos. "Ah!", diz Netuno, brandindo seu tridente, "Newton tinha toda razão: eu me movimento numa elipse!" Plutão concorda, sacudindo a cauda, e os dois giram majestosamente em torno de seu mútuo centro de gravidade.

A partícula de poeira, por outro lado, tem plena consciência da atração gravitacional exercida tanto por Netuno quanto por Plutão, porque eles a arrastam para todo lado. Ela se movimenta no campo gravitacional giratório mútuo dos dois planetas. Não se imagina como membro de um sistema de três corpos, mas como uma minúscula bola que rola num cenário giratório, mas fixo.

Este é o modelo reduzido de Hill.

Poincaré resolveu aplicar seu método da *superfície de seção* a esse modelo, em busca de movimentos periódicos da partícula de poeira. O que descobriu foi admiravelmente resumido por Otto Rössler. Transcrevo apenas um resumo rápido de suas palavras para eliminar algumas tecnicalidades.

> Quando trajetórias se intersectam num sistema dinâmico bidimensional, fazem-no em pontos singulares. Esses pontos tinham sido classificados por Poincaré como por exemplo a "sela" e o "nó". Quando a "mesma" coisa acontece numa seção transversal bidimensional, em que as trajetórias correspondem a folhas, então a interseção pode sem dúvida ser de novo uma sela, um nó etc. Agora, porém, há uma segunda possibilidade: interseção num ponto não singular. A trajetória por esse ponto, como por qualquer outro ponto não singular, atingirá obrigatoriamente a seção transversal em algum outro ponto da vez seguinte. Ocorre que, neste caso, há duas folhas. Ambas portanto devem se cruzar uma à outra indefinidamente. Forma-se assim uma "rede" de pontos de interseção infinitamente numerosos (figura 26). Tudo isto, como Poincaré observou, é bastante complicado e contrário à intuição.

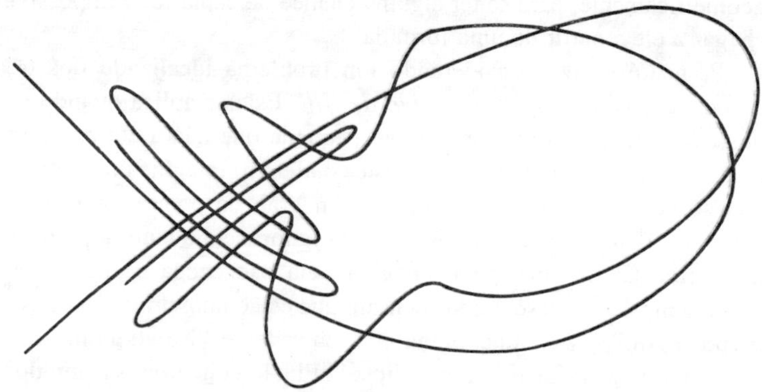

Fig. 26. Pegadas do caos na poeira dos tempos... Emaranhados homoclínicos no problema dos três corpos. Poincaré ficou aterrorizado.

De fato, o comportamento pareceu a Poincaré tão complexo e contrário à intuição que, como disse no terceiro volume de seu livro *Novos métodos de mecânica celeste*, não fez qualquer tentativa de representá-lo:

> Quando se tenta representar a figura formada por essas duas curvas e sua infinidade de interseções, cada uma das quais corresponde a uma solução duplamente assimptótica, essas interseções formam um tipo de rede ou trama, de malha infinitamente apertada; nenhuma das duas curvas pode jamais se cruzar a si mesma, mas deve se dobrar em direção a si mesma de uma maneira muito complexa, de modo a cruzar os fios da rede um número infinito de vezes. A complexidade de tal figura é tão assustadora que sequer tentarei traçá-la. Nada pode dar uma idéia melhor da complexidade do problema dos três corpos.

A descoberta de Poincaré significa que essa complicadíssima dinâmica pode de fato ocorrer em algo tão simplificado quanto o modelo reduzido de Hill. Um sistema que se inicia num ponto de interseção da rede traça uma curva tal que, ao retornar à seção de Poincaré, atinge a rede num outro ponto de interseção, depois em outro, depois em mais outro. Mas a rede está esticada e dobrada de maneira tão complicada que, efetivamente, o sistema atravessa a seção de Poincaré numa seqüência aleatória de pontos. É um pouco como um ônibus que percorresse uma cidade, passando sempre pela praça principal, mas escolhesse a cada vez em que ponto — entre um milhão deles existentes na própria praça

— iria parar. Você pode ver o ônibus voltando a cada vez, sabe que ele vai parar na praça — mas não tem a menor idéia do ponto em que deve esperá-lo.

Em sua rede de folhas intersectadas, atualmente chamadas de *emaranhados homoclínicos*, Poincaré estava encarando as pegadas do caos. Como Robinson Crusoé, ao olhar atônito para os cinco dedos nitidamente impressos na areia, sabia da importância do que vira. Como Robinson Crusoé, não ficou exatamente alegre com o que se anunciava.

5

Pêndulo de Mão Única

PROMOTOR	Qual foi a principal razão que o levou a fazer isso?
SR. G.	Eu estava com a corda no pescoço na época, senhor.
	(*O juiz arregala os olhos.*)
PROMOTOR	Com a corda no pescoço. Poderia dizer a este tribunal, Sr. Groomkirkby, da maneira mais clara possível, com suas próprias palavras, como era essa corda?
SR. G.	Completamente gasta, senhor.
JUIZ	(*intervindo*): Completamente gasta. Isto não nos diz muito. Ela balançava, solta? Sacudia?
SR. G.	Estava praticamente parada, meritíssimo.

N. F. Simpson, *One way pendulum*

A farsa de N. F. Simpson, *One way pendulum*, foi encenada pela primeira vez no Teatro Real, em Brighton, no dia 14 de dezembro de 1959. Se nunca a viu, não deixe de fazê-lo. É hilariante.

Menciono-a aqui porque o pêndulo, também pendurado numa ponta solta, foi um pivô na história da mecânica. Já vimos como inspirou a Galileu. O número de boas idéias que tiveram origem nesse tão humilde mecanismo é espantoso. Um fio leve, um corpo pesado na ponta e um gancho onde pendurar isso: a própria simplicidade. Mas a melhor matemática é sempre simples, desde que você seja capaz de vê-la da maneira correta. Para entender o caos, devemos olhar mais de perto o modo como os topologistas consideram a dinâmica mais regular. O pêndulo é um bom começo.

O personagem principal da peça de N.F. Simpson, Kirkby Groomkirkby, se recusa a jantar até que alguém faça tilintar uma caixa registradora; a casa tem balanças por toda parte, e o Sr. Gantry se posta no jardim, junto aos parquímetros — e, "a partir do momento em que coloca lá sua moedinha, não se pode perturbá-lo até que seu tempo se esgote." Sylvia, a filha da casa, está transtornada porque seus braços se recusam a chegar até os joelhos, a menos que ela se curve; diante do que, a mãe lhe sugere comprar um par de glândulas de macaco. Um pêndulo de *mão única*? Simpson deve ter achado isso extremamente engraçado, para tê-lo usado como título, em vista do que de fato está *na* peça. Talvez pensasse que, se um pêndulo de duas mãos se move para lá e para cá, um de mão única deve se mover só para cá.

Mas, como você sabe, pêndulos podem ter mão única. Já viu um garotinho fazendo uma castanha rodopiar vezes sem fim na ponta de um barbante?* Isso é um pêndulo de mão única. E é uma parte do que faz um pêndulo balançar, tanto quanto a crença de Galileu de que a lâmpada da igreja balançava com o mesmo período, qualquer que fosse o arco que percorresse. Mas, como o título de Simpson demonstra, esse é um aspecto do pêndulo que tendemos a esquecer.

Quero contrastar a visão qualitativa que Poincaré teve da dinâmica com a abordagem tradicional do tente-uma-fórmula, e o pêndulo — tanto em mão única como em mão dupla — é um tópico ideal. Em conformidade com o desejo de simplicidade, apresso-me a acrescentar que falarei de um pêndulo despojado, matematicamente ideal, concebido para captar a essência da "pendularidade" de modo tão econômico quanto possível. Nosso pêndulo ideal oscilará não no espaço tridimensional, mas num plano vertical. Não haverá atrito no pivô, nem resistência do ar. O fio será substituído por uma haste perfeitamente rígida de massa zero. A gravidade atuará verticalmente, para baixo, e será constante. Você não encontrará um pêndulo como esse em nenhum laboratório, mas a ciência muitas vezes avançou estudando meras abstrações, quando modelos realísticos eram demasiadamente complicados e desnorteantes. Um passo de cada vez; engatinhar antes de deslizar nas rampas celestes.

Se Não Puder Ganhar, Trapaceie

O tratamento tradicional da questão do pêndulo é mais ou menos o seguinte. O estado do pêndulo é adequadamente descrito se conhecemos o ângulo em que ele pende num dado tempo. Escreva a lei de

* Alusão a uma brincadeira que as crianças fazem na Grã-Bretanha com castanhas-da-índia. (N. da T.)

Newton para o movimento do sistema pendular. Esta é uma equação diferencial que envolve a segunda derivada — a taxa de variação da taxa de variação — desse ângulo, além de algumas outras variáveis, como o comprimento do cordão e a aceleração devida à gravidade.

Passo seguinte: resolver a equação. Talvez você fique surpreso ao saber que isso é terrivelmente difícil, envolvendo truques chamados funções elípticas. Poucos cursos de graduação em mecânica abordam de fato essa questão. Agora se torna claro o que Euler queria dizer com as palavras "a análise nos abandonou". A jogada consagrada pelo uso, a essa altura, é trapacear.

Tais equações são assim tão difíceis de resolver porque a força que age sobre o pêndulo é quase, mas não *inteiramente*, proporcional ao ângulo que ele forma com a vertical. Se fosse *exatamente* proporcional, tudo poderia ser resolvido com um pouco de trigonometria, e você estaria são e salvo. Mas não é (e assim o pêndulo fica pendurado, como as uvas verdes da história, para ser colhido no tempo certo).

Ocorre que a matemática é, reconhecidamente, uma ciência exata. "Não inteiramente proporcional" *não* é o mesmo que "proporcional", por menor que seja a discrepância. Que pena! Vamos então baixar nossos padrões de rigor em benefício do progresso, e fingir que a minúscula discrepância simplesmente não existe. (*"É uma trapaça!"*, costumávamos gritar na aula de física, quando nos apresentavam essa manobra.) Bem, uma vez que não podemos resolver as equações para nosso pêndulo já idealizado, passemos a analisar as equações para um pêndulo falso, que, para ângulos pequenos, sofre a atuação de forças muito próximas das que atuam sobre o modelo ideal. Nesse pêndulo falso — a que se deu o nome de *oscilador harmônico simples*, na esperança de lhe conferir maior respeitabilidade — a força é exatamente proporcional ao ângulo.

Agora podemos resolver a equação. Imagine que, num tempo zero, empurremos o pêndulo para o lado, de modo que ele faça um ângulo A com a vertical, e então o soltemos. O resultado é que o ângulo no tempo t é

$$A \cos(\sqrt{g/L} . t)$$

onde:

t = tempo
g = aceleração devida à gravidade
L = comprimento do pêndulo
A = deslocamento inicial

A massa do pêndulo não é considerada, pela mesmíssima razão que Galileu observou: corpos leves e pesados caem com igual velocidade.

Sabemos o que a curva co-seno faz: serpenteia entre 1 e –1 e se repete a cada 2π radianos (360°). Da mesma maneira, o pêndulo serpenteia entre A e $-A$. Os ângulos negativos significam "para a esquerda da vertical" e os positivos "para a direita", de tal modo que o pêndulo oscila periodicamente da esquerda para a direita, entre os ângulos A e $-A$, repetindo o mesmo movimento, indefinidamente. Quanto tempo leva para repetir? Da fórmula podemos extrair o período, que é

$$2\pi \sqrt{L/g}$$

Você pode aprender muito com essa fórmula. Pêndulos mais longos levam mais tempo para oscilar: para um comprimento quatro vezes maior, o período de oscilação duplica, para um nove vezes maior, triplica, e assim por diante. Pode também aplicá-la em experimentos para avaliar a força da gravidade: basta medir o comprimento e o período e resolver a fórmula para g. Se você estivesse em Júpiter, poderia medir a gravidade do planeta e usar o resultado para fazer deduções sobre sua composição química, calculando sua densidade média.

Essa análise do pêndulo é, portanto, boa física; ocorre que, em sua forma usual, não é boa matemática. Belos romances podem se basear numa mentira, mas em geral ficam insossos quando confrontados com a verdade nua e crua. Do mesmo modo, uma matemática aparentemente bela pode se fundar numa mentira; e provavelmente também ficará insossa quando confrontada com a dura realidade.

Há várias maneiras de converter o problema do pêndulo em boa matemática. Uma delas é a maneira fácil mencionada acima: introduzir uma forma idealizada de movimento, o "movimento harmônico simples", em que a força propulsora é proporcional ao deslocamento. Nesse caso, será preciso dar alguns passes habilidosos para explicar o que isso pode ter a ver com pêndulos. Uma abordagem mais honesta é enunciar, e provar, um teorema que explique em que sentido preciso essa solução exata para um problema aproximado pode ser vista como uma solução aproximada para um problema exato. (Não, Cândida, as duas coisas *não* são iguais: não existe Papai Noel na matemática.) Isso pode ser feito: o teorema necessário foi demonstrado, em 1895, pelo grande especialista em dinâmica Aleksandr Mikhaylovitch Liapunov. Grande parte da matemática de rara beleza teve origem no seu Teorema do Centro — e toda ela teria sido perdida se os matemáticos se contentassem em supor, em vez de provar, que pequenas oscilações de um pêndulo se aproximam do movimento harmônico simples.

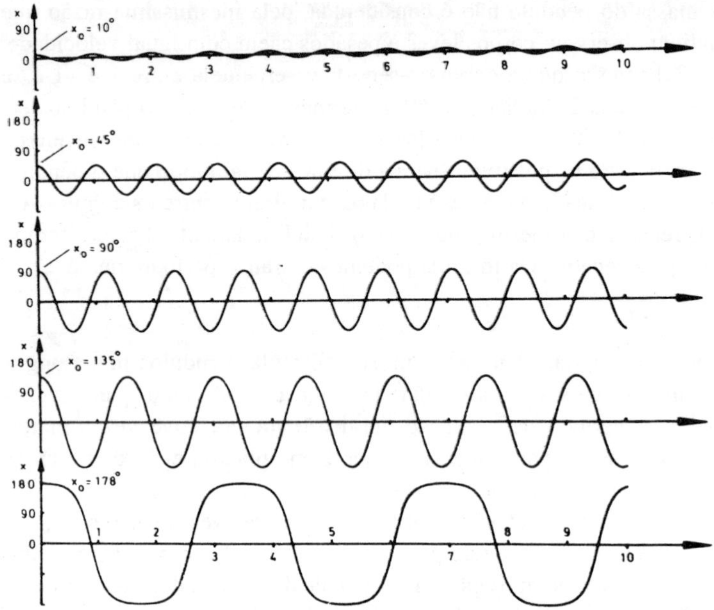

Fig. 27. Soluções ondulatórias de um pêndulo não-linear. Somente oscilações de tamanho muito pequeno.são senoidais. (Reproduzido com permissão de John Wiley & Sons Ltd.)

Por outro lado, não fique se lamuriando por não poder medir a aceleração devida à gravidade, só porque até hoje ninguém provou o teorema. A ciência é uma criatura complicada, seus motivos se enredam, e um pouco de desonestidade criativa no momento certo funciona bem.

Vamos supor, porém, que seu interesse não é tanto usar o pêndulo para medir a gravidade, mas compreender o que ele faz efetivamente (figura 27). "Pequenas oscilações? Tolice! Quero saber sobre grandes oscilações! Pra lá e pra cá? Ora, posso fazer aquilo rodopiar, zunir, como uma hélice de avião! E cada vez mais depressa, à medida que lhe imprimo mais energia. *Como é mesmo aquela história de que o período é sempre o mesmo?*"

Há uma resposta clássica para isso; e, como já disse, ela envolve funções elípticas e uma boa dose de matemática avançada e complicada.

Mas há também uma linda resposta geométrica, que vai direto ao problema principal com espantosa facilidade, e tem a vantagem de permitir uma real apreensão da dinâmica. É dela que falaremos.

GEOMETRIA NA SUPERFÍCIE DE ENERGIA

Para saber o que um pêndulo está fazendo, é preciso estar de posse de duas quantidades: sua posição e sua velocidade. Chame-as de x e v. Certamente você quer saber como elas variam com o tempo. Para representar isto, pegue uma folha de papel milimetrado e trace x na horizontal e v na vertical. Agora imagine que o pêndulo é impelido no tempo zero. A cada centésimo de segundo, meça x e v, e marque um ponto no papel nessa posição. O que você verá? Bem, haverá um punhado de pontos muito próximos uns dos outros; e eles traçarão uma *curva* no plano (x, v). Esta é a *trajetória* correspondente à posição e à velocidade iniciais escolhidas. É também chamada de *órbita*, em analogia com o movimento dos planetas.

Comece com condições iniciais diferentes, e obterá uma trajetória diferente. As trajetórias formam uma família de curvas que recobrem todo o plano. Para o pêndulo "falso", o oscilador harmônico simples, essas curvas são círculos concêntricos (figura 28).

Para um pêndulo "genuíno", a representação é mais complexa: lembra um olho que tivesse sobrancelhas tanto em cima como embaixo (figura 29). Rugas resultantes de excesso de oscilação, talvez. Você pode confirmar essa representação por meio de experimentos — um

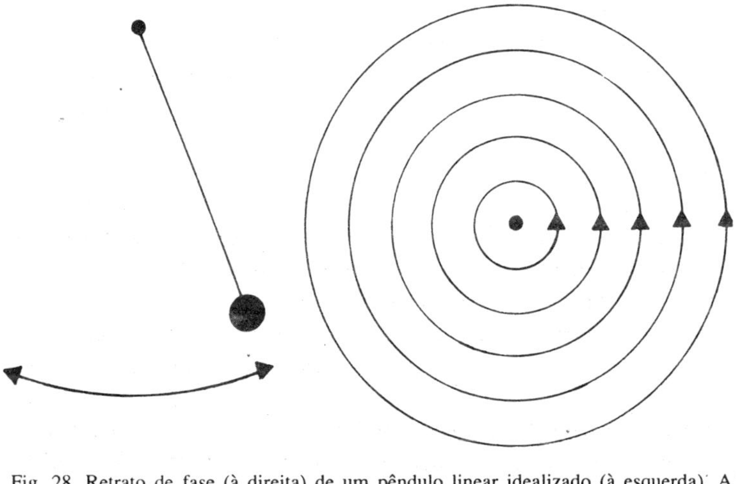

Fig. 28. Retrato de fase (à direita) de um pêndulo linear idealizado (à esquerda). A coordenada horizontal é sua posição, a vertical, sua velocidade. À medida que o tempo flui, o estado do pêndulo descreve um círculo. Qual será ele, depende das condições iniciais.

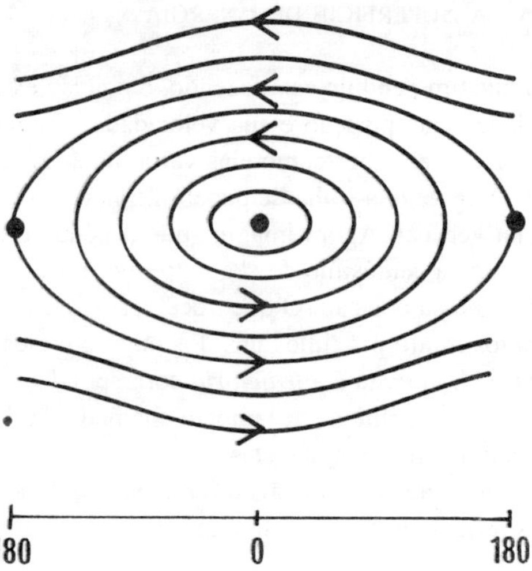

Fig. 29. Retrato de fase de um pêndulo não-linear "genuíno".

laser para medir a posição e a velocidade, um microcomputador para processar os dados, um plotador para traçar o gráfico — umas 10.000 libras seriam mais do que suficientes. Mas com cerca de 5 *pence* de papel, uma calculadora científica de 12 libras e meia hora de reflexão, você poderá obter a mesma figura a partir das equações dinâmicas do pêndulo, *sem sequer chegar a resolvê-las completamente.*

Vou lhe mostrar como. Uma conseqüência matemática das leis do movimento de Newton (que você pode comprovar a partir das equações de Hamilton, em poucas linhas) é a Lei da Conservação da Energia. A energia total — cinética mais potencial — permanece a mesma ao longo do movimento. (É aqui que supomos a ausência de atrito.) Escolhendo unidades que tornem a massa igual a 1, a energia cinética para um pêndulo é $(1/2)v^2$, e a energia potencial é sen x. Assim, a Lei da Conservação da Energia nos diz que, ao longo de qualquer trajetória,

$$(1/2)v^2 + \text{sen } x = \text{constante}$$

Resolvendo para a velocidade v, temos

$$v = \pm \sqrt{(\text{constante} - 2 \text{ sen } x)}$$

(Não é a *mesma* constante: é duas vezes maior, mas isto não importa muito, porque, afinal, estamos considerando todas as constantes possíveis).

Agora, com a ajuda da sua calculadora de bolso, ou de tabelas trigonométricas, você pode traçar v como uma função de x, usando a seguinte fórmula: tome um valor para a constante, digamos 1,5, e calcule $\sqrt{(1{,}5 - 2 \text{ sen } x)}$ para valores de x entre 0° a 360°. Se o termo sob a raiz quadrada ficar negativo, ignore-o; caso contrário, trace dois pontos na linha vertical através de x: um em $\sqrt{(1{,}5 - 2 \text{ sen } x)}$ e outro em $-\sqrt{(1{,}5 - 2 \text{ sen } x)}$.

Neste caso específico, você obterá uma forma oval. Descobrirá que, se a constante for menor que –2, não haverá ponto algum; se for –2, haverá um único ponto; com uma constante igual a +2, a forma oval ganha cantos marcados nas pontas; e se ela for maior que 2, terá duas curvas separadas. Em seu conjunto, o sistema forma exatamente a figura do "olho" para as trajetórias do pêndulo. O ponto isolado é a pupila, as ovais são a íris, a oval com cantos marcados é o contorno dos olhos, e as linhas separadas são as sobrancelhas (em cima) e as rugas (embaixo).

Você pode também interpretar as várias partes da figura em termos da dinâmica do pêndulo. O ponto único isolado, por exemplo, representa o estado em que o pêndulo pende verticalmente, sem se mover. Tanto a posição x como a velocidade v são constantes, é por isso que você obtém um só ponto. A energia, –2, é a mais baixa energia possível do sistema. (A energia potencial pode ser negativa, depende do ponto a partir do qual você a mede.)

As ovais fechadas são as oscilações comuns do pêndulo — aquelas em que N.F. Simpson supunha que seu público estava pensando; as mesmas que fazem tique-taque no relógio de parede do vovô. Para verificar isso, imagine começar na parte inferior de uma oval. A posição x é zero: o pêndulo pende verticalmente para baixo, no meio de uma oscilação. A velocidade é negativa: está oscilando para a esquerda (*tique!*). Mais adiante, ao longo da oval, x é negativo, portanto o pêndulo oscilou para a esquerda, mas v ainda não é zero. No ponto mais extremo de sua oscilação, em que o pêndulo volta, para seguir na direção oposta, sua velocidade instantânea é zero. (O mesmo se aplica a uma bola atirada ao ar: no topo da trajetória sua velocidade é zero.) Agora v se torna positivo, e o pêndulo se move para a direita (*taque!*), até que x passe pelo zero e a velocidade atinja seu máximo. O pêndulo oscila de volta para a direita. Agora a posição atinge sua maior distância rumo à direita e sua velocidade cai a zero: o pêndulo chegou ao limite direito de sua oscilação. Ele retorna à posição original, e *todo o ciclo se repete, interminavelmente*. A volta completa corresponde a um estado periódico.

Considere agora uma das sobrancelhas. Aqui v é sempre positivo, ao passo que x vai de –180° (isto é, 180° para a direita) a +180°, uma revolução completa. Esta é a trajetória da hélice, que gira sempre na mesma direção. As sobrancelhas debaixo são movimentos similares, mas no sentido dos ponteiros do relógio, e não ao contrário.

E as bordas dos olhos, a oval com cantos? Esta é a trajetória em que o pêndulo deixa de oscilar de um lado para outro e passa a girar como uma hélice. Como isso pode acontecer? Suponha que a oscilação comece a aumentar, pouco a pouco. De início o pêndulo permanecerá próximo à parte mais baixa, lentamente, porém, a oscilação se amplia — como um balanço tripulado por uma criança num *playground* —, ficando cada vez mais forte. Logo, para susto de todos os adultos presentes, o movimento se torna muito violento; em seu ponto mais alto a criança, em sua volta no ar, fica em cima da barra em que o balanço está pendurado. *Se ela balançar com mais força vai*... O quê? *Passar além da barra*. Do pêndulo à hélice.

A borda do olho é o trajeto que o pêndulo seguiria se fosse segurado na vertical, e então solto. Bem, não é exatamente assim. Se você fizesse isso, ele permaneceria, em total equilíbrio, num único ponto (o canto do olho). Mas, como um prego equilibrado numa ponta, ou uma aprendiz de balé *sur les pointes*, estaria num estado instável. A menor perturbação o faria tombar. De início tombaria de modo infinitamente lento, mas acabaria por ganhar velocidade, passaria zunindo pela base, chegando cada vez mais alto na lateral, de modo a se aproximar cada vez mais novamente do topo. Teoricamente, o movimento total demanda um tempo infinitamente longo; na prática, requer mesmo um longo tempo.

Está vendo como a figura corresponde à nossa intuição sobre o modo como um pêndulo verdadeiro se move?

Mas pagamos um preço por isso. Se você observar o modo como traçamos as curvas, verá que de fato usamos uma fórmula — *mas não resolvemos as equações*. Resolver as equações significa especificar o valor de x e de v para cada tempo t. Mas t nunca aparece!

Quando se quer manter as coisas simples, há sempre um preço a pagar. Nesse caso, o preço é deixar de lado a dependência precisa do tempo. A figura não nos dá absolutamente qualquer informação sobre os tamanhos dos períodos. Em compensação, fornece sem dúvida uma descrição qualitativa coerente e convincente de *todos os movimentos possíveis* de um pêndulo genuíno, ainda que idealizado.

NÃO-PAQUIDERMOLOGIA

Quanto palavrório por causa de um pêndulo, você estará pensando. Mas há uma mensagem mais profunda.

No verão passado, um colega meu se casou no norte do País de Gales, e, no fim de semana, andei passeando com minha família pela região. Numa área de floresta, encontramos um lago, com cerca de cem metros de largura, absolutamente tranqüilo. Os meninos, que não negam a raça, lançaram uma pedra na água, e ficamos olhando à medida que as ondulações se alargavam em círculos perfeitos, até tomar quase toda a superfície do lago. A essa altura, mais pedras voaram, e muitos outros padrões circulares se superpuseram aos primeiros.

Esta observação de campo demonstra o princípio físico da *interferência* (figura 30). Onde o pico se sobrepõe ao pico, ou a depressão se sobrepõe à depressão, as ondulações são reforçadas. Onde o pico encontra a depressão, eles se cancelam.

Demonstra também uma propriedade matemática de equações diferenciais conhecida como *linearidade*. Uma equação é linear se a soma de duas soluções for igualmente uma solução. O movimento de ondas baixas numa superfície líquida é descrito com bastante adequação pela equação de onda, que — como a maioria das equações clássicas — é linear. A solução para uma perturbação provocada por duas pedras nada mais é do que a soma das soluções para uma perturbação provocada por uma pedra, centradas em pontos apropriados.

Fig. 30. Franjas de interferência formadas pela superposição de duas ondas.

Como esta afirmação sugere, equações lineares são em geral muito mais fáceis de resolver do que as não-lineares. Basta você descobrir uma ou duas soluções, e terá muitas outras de graça. A equação para o oscilador harmônico simples é linear; a verdadeira equação para o pêndulo, não. O procedimento clássico é *linearizar* o não-linear, descartando os termos incômodos da equação. No caso do pêndulo isso dá lugar a uma teoria aproximada, que pressupõe que as oscilações são muito pequenas.

Pressupõe-se tacitamente que, uma vez que os termos não considerados da equação são pequenos — o que é verdade —, a diferença entre a solução da equação linearizada e a da verdadeira equação será igualmente pequena — o que fica por demonstrar. No caso do pêndulo, como disse, há um teorema que afirma que o procedimento funciona. Por outro lado, podemos obter uma representação muito mais satisfatória enfrentando as equações completas, mesmo que com isso tenhamos que abrir mão do luxo de ter uma fórmula como resposta.

Fórmula? Quem está interessado em fórmulas? Elas são a superfície da matemática, não a essência!

Na época clássica, à falta de técnicas para fazer face a não-linearidades, o processo de linearização foi levado a tais extremos que muitas vezes tinha lugar *enquanto as equações estavam sendo formuladas*: a equação clássica do calor é linear, antes mesmo que se tente resolvê-la. Acontece que o fluxo de calor real não o é, e, segundo pelo menos um especialista, Clifford Truesdell, por maior que tenha sido o bem que fez para a matemática, a equação clássica do calor só causou prejuízo à física do calor.

Poucos refletiam sobre qual seria o futuro, a longo prazo, de um método que — para falar com franqueza — *resolve a equação errada.* "Dê-me uma resposta!", é este o pedido; e a teoria linear atende, torcendo para que ninguém perceba quando a resposta estiver *errada*.

A ciência atual mostra que a natureza é infatigavelmente não-linear. Assim, seja qual for a ocupação de Deus, não é com fórmulas explícitas que lida. Ele tem um computador analógico tão versátil quanto todo o universo — de fato, *é* o universo inteiro —, e não se entusiasma com fórmulas feitas para papel e lápis. Ou, numa linguagem menos blasfematória: não espanta que a natureza seja não-linear. Se você traçar uma curva "ao acaso", não terá uma linha reta, assim como, se tentar a sorte na barraca das equações diferenciais, terá uma probabilidade infinita de *não* pescar uma equação linear.

A matemática clássica concentrou-se em equações lineares por uma razão prática ponderável: não era capaz de resolver nenhuma outra coisa. Em contraste com o bando de moleques desregrados e arruaceiros de uma equação diferencial típica, as lineares são um punhado de meninos de coro. (Será por coincidência que regra e régua têm a mesma origem?)* As equações lineares se mostravam tão dóceis que os matemáticos clássicos aceitavam de bom grado comprometer sua física para obtê-las. E assim a teoria clássica trata de ondas *rasas*, vibrações de *baixa* amplitude, *pequenos* gradientes de temperatura.

O hábito linear ficou tão entranhado que, por volta das décadas de 1940 e 1950, muitos cientistas e engenheiros não sabiam fazer praticamente mais nada. "Deus não seria tão injusto", disse um preeminente engenheiro, "a ponto de fazer equações para a natureza não-lineares". Mais uma vez Deus levava a culpa pela obtusidade do gênero humano. Na verdade, o engenheiro não sabia resolver equações não-lineares, mas não era honesto o bastante para admiti-lo.

A linearidade é uma armadilha. O comportamento das equações lineares — como também, aliás, o dos meninos de coro — está longe de ser típico. Quando se decide, contudo, que só as equações lineares são dignas de consideração, a autocensura se implanta. Os triunfos da análise linear enchem os manuais, enquanto seus fracassos são profundamente enterrados, sem inscrições, e até sem lápides que os tragam à memória. Assim como no século XVIII se acreditava num mundo regulado como um relógio, assim em meados no século XX se acreditava num mundo linear.

E, para ser justo, há situações em que a "teoria linear" leva você bem longe. Na maior parte dessas ocasiões, contudo, o sucesso tem pouco a ver com triunfos miraculosos da intuição física, ou com a notável relevância das regras de uma dinâmica desajeitada — decorre da existência de teoremas decentes que explicam exatamente por que a teoria linear funciona, e quando.

Em algumas áreas, porém, isso não acontece. Ela não funcionou na mecânica celeste, o que impeliu Poincaré para o caos. Também não o fez em outros problemas da mecânica, como o do movimento geral de um corpo livre em três dimensões. Não funcionou num caso tão simples quanto o do pêndulo. Cada vez mais, físicos e engenheiros estão descobrindo que, no nível da pesquisa, a chave dos problemas está em fenômenos não-lineares. A lei de Ohm fornece um exemplo simples. Ela afirma que a corrente que flui ao longo de um circuito é igual à voltagem aplicada dividida pela resistência do circuito. Esta é a relação

* No original, é a polissemia da palavra *rule* — que é tanto lei e regra como régua — que é evocada. (N. da T.)

linear: segundo a lei de Ohm, acrescentando-se duas voltagens, "superpondo" assim dois circuitos, as correntes correspondentes também se somarão para dar a corrente do circuito combinado. Ora, os transistores *não* obedecem à lei de Ohm, e é por isso que funcionam.

De fato, toda a linguagem em que a discussão se trava é equivocada. Chamar uma equação diferencial geral de não-linear é mais ou menos como chamar a zoologia de "não-paquidermologia". Mas, como você vê, vivemos num mundo que agiu durante séculos como se o único animal existente fosse o elefante, que atribuía os furinhos que apareciam nos rodapés à ação de elefantes minúsculos, que via a águia em seu vôo como um Dumbo agitando as orelhas, o tigre como um elefante listrado e de tromba bem curta, e cujos taxonomistas recorriam à cirurgia corretiva para assegurar que a coleção do museu zoológico fosse integrada apenas por paquidermes cinzentos e pesadões.

Portanto, é "não-linear".

PARA ENROLAR...

Voltemos ao pêndulo. Podemos fazer alguns jogos matemáticos com a representação gráfica do pêndulo para descobrir outras características. Ao discutir o movimento de hélice, eu disse que o movimento de –180° a +180° perfaz um círculo completo, e de fato o faz: esses valores representam uma idêntica posição do pêndulo. Tal como apresentada, porém, a figura não mostra isso muito claramente: a borda direita, a +180°, parece muito distante da esquerda, a –180°. Que podemos fazer para que –180° e +180° pareçam estar no mesmo lugar?

O problema aqui não é com o pêndulo; é com nosso sistema de coordenadas. O pêndulo sabe que –180° = +180°, e prova isto ao fazer toda a sua trajetória girando suavemente, em vez de pular loucamente para transpor esse abismo imaginário cada vez que retorna ao topo. Somos vítimas de uma peculiaridade da nossa maneira de medir os ângulos. Estamos tentando representar um *ângulo*, que vive num círculo, por um *número*, que vive numa linha reta. Fazemos isto enrolando (conceitualmente) a linha em volta do círculo, de tal modo que, quando chegamos a 360°, estamos de volta ao ponto de partida, 0°. Isto significa que acrescentado 360° — e, portanto, qualquer múltiplo seu — à medida numérica de um ângulo, tem-se o mesmo *ângulo*. Uma vez que –180° + 360° = +180°, esses dois ângulos são o mesmo.

Um detalhe: você não pode dividir por 180 e deduzir que –1° = +1°. O porquê disto é um bom tema de reflexão.

Como um círculo geométrico “sabe” que –180° = +180°? Porque se enrola e se encontra a si mesmo. Isto dá ao círculo uma topologia muito diferente da que tem a linha, e explica a razão de nossas dificuldades: tentamos usar números, que vivem numa linha, para representar um objeto que tem a topologia errada. Não admira que tenhamos que nos contorcer um pouco.

Para chegar a uma representação mais confiável do movimento do pêndulo — uma cuja geometria reflita acuradamente a realidade — podemos fazer a mesma coisa. *Enrolamos toda a figura* na horizontal, de modo a juntar as bordas da esquerda e da direita, e forçar fisicamente a coincidência de –180° com +180°. Em outras palavras, enrolamos a folha de papel, formando um cilindro (figura 31).

Devo acrescentar que a velocidade do pêndulo não apresenta problema semelhante. Uma velocidade angular de 180° por segundo *não* é o mesmo que uma velocidade angular de –180° por segundo. A

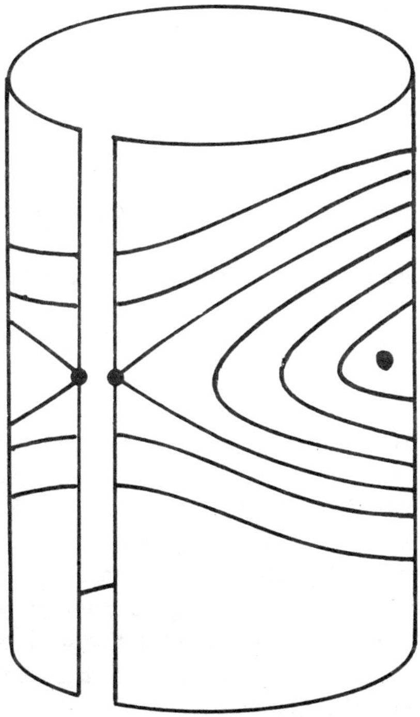

Fig. 31. Enrolando-se o plano de fase de um pêndulo, de modo a formar um cilindro, obtém-se uma representação mais aproximada de sua posição, que é um ângulo.

primeira representa uma hélice que se move para a esquerda; a segunda, uma que se move para a direita. Se você meditar com vagar e afinco sobre essa curiosa diferença entre *posição* angular e *velocidade* angular, muitos mistérios lhe serão revelados, inclusive — se tiver a perspicácia de um Euler ou de um Hamilton —, toda a moderna abordagem topológica à dinâmica de Hamilton como "estrutura simpléctica no fibrado co-tangente". Trata-se de um tópico raramente abordado antes da pós-graduação; mas, num sentido muito real, está inteiramente contido no pêndulo. Na matemática, grandes teorias brotam de pequenos exemplos. Mas não se preocupe com isso — o que importa é lembrar que posição e velocidade têm propriedades matemáticas muito diferentes.

Ótimo. Agora, portanto, a dinâmica do pêndulo vive num cilindro, e movimentos periódicos *parecem* realmente periódicos. Que mais podemos fazer?

Alguns movimentos são mais energéticos do que outros. Por enquanto, porém, é difícil ver os "níveis de energia". A figura deveria deixar claro que a pupila do olho é o movimento com a menor energia, e que, à medida que a energia aumenta, o pêndulo passa pela íris, pelo contorno do olho, e sobe em direção às sobrancelhas e rugas. Ora, dinamicamente, as oscilações aumentam até que ele vá além do topo e comece a rodopiar.

A solução é encurvar o cilindro, fazendo um tubo em forma de U (figura 32). Se você fizer isso da maneira correta, obterá uma figura que mostra, de imediato, os movimentos do pêndulo e os níveis de energia correspondentes. Se fizer um corte horizontal no tubo num dado nível de energia, a curva resultante representará o movimento correspondente.

Torna-se possível ver também porque, se a energia for suficientemente elevada, há *dois* tipos distintos de movimento periódico (para a direita e para a esquerda), ao passo que, a baixas energias, há apenas um (de vaivém). Não se pode distinguir entre um movimento "de vaivém para a direita" e um movimento "de vaivém para a esquerda". Um tubo em forma de U tem *duas* hastes no topo, mas na base elas se juntam. Caso contrário, aliás, não seria um tubo em U. Seria um tubo em II.

Você deve estar indagando a que vem toda essa maquinação. Ela ilustra que, virtualmente, todas as características dinâmicas qualitativas de um pêndulo — não só nas proximidades de seu estado de repouso, mas globalmente, em todo lugar, com alta ou baixa energia — podem ser captadas numa única figura geométrica.

Essa figura pode ser formalizada, devidamente expressa em linguagem matemática, e utilizada para o estudo não apenas do pêndu-

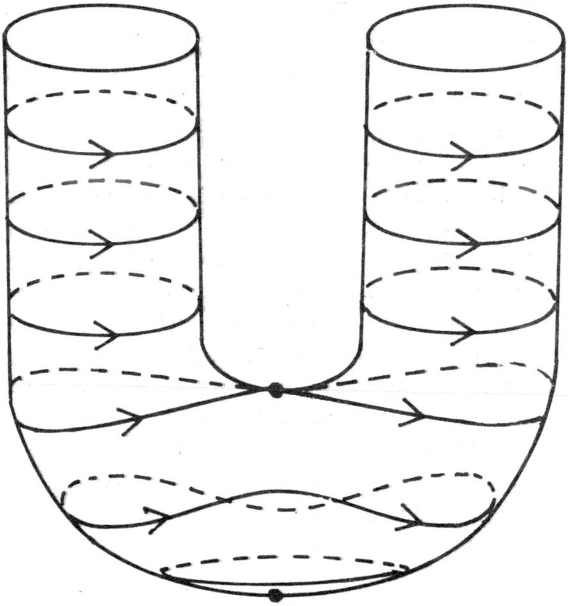

Fig. 32. Representação geométrica da conservação da energia. Se o espaço de fase cilíndrico de pêndulo for encurvado, na forma de um tubo em U, as trajetórias permanecem em alturas constantes.

lo, mas (pelo menos em princípio) de qualquer sistema dinâmico, por mais complexo que seja. A geometria e a topologia são técnicas tão poderosas que você pode usar uma figura como essa para obter informações sobre dinâmica totalmente inacessíveis a partir da abordagem clássica do tente-uma-fórmula. Porque por vezes não *existe* uma fórmula. A geometria porém, como a pobreza, está sempre conosco.

Mais Estranho que o Atrito

O poder dessa abordagem geométrica se revela se perguntarmos agora: "que acontece se houver um pouquinho de atrito?" Suponho que você *poderia* chegar a uma resposta pelo cálculo das funções elípticas. Nunca vi tal coisa ser feita — seria um verdadeiro *tour de force*, ou talvez um *tour de farce*, porque é completamente descabido. Já com a geometria, nada mais simples.

Qual é o efeito do atrito? Ele causa perda de energia. Na prática, a energia se transforma em calor, o que dá uma sacudida na Lei da Conservação da Energia. É por isso que esfregamos as mãos para nos mantermos aquecidos.

Em nossa figura em forma de U, perda de energia corresponde à descida a um nível inferior. Imagine que você começa com um movimento de hélice em alta velocidade: o ponto em movimento sobre o cilindro, que representa o movimento do pêndulo, gira muito rapidamente por uma das hastes do U acima. Acrescente um pouco de atrito para forçar uma lenta descida, e ele começa a baixar pelo tubo, em sua trajetória espiralada (figura 33). Isto mostra que as revoluções do pêndulo se tornam gradativamente mais lentas, mas sua rotação prossegue na mesma direção, porque ainda está na mesma haste do tubo.

Mas a espiral acaba por chegar à dobra do tubo, e passa para a região inferior de movimento de vaivém, espiralando para baixo. Dinamicamente, a rotação do pêndulo se torna cada vez mais lenta, até que ele simplesmente já não consegue chegar até o topo, hesita e

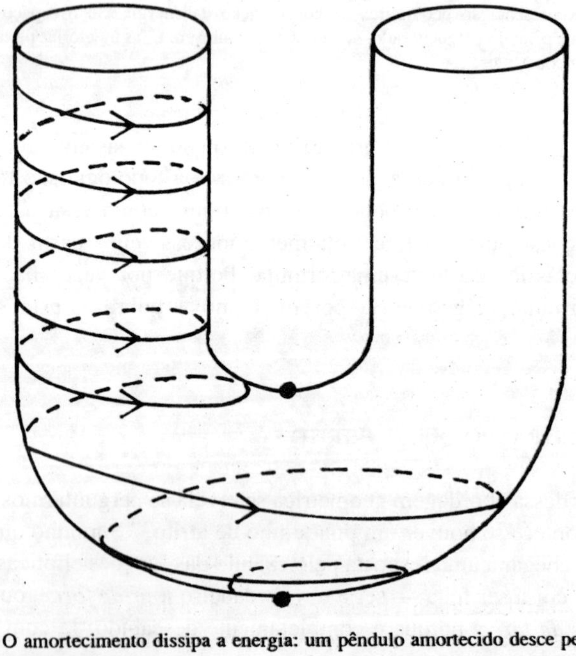

Fig. 33. O amortecimento dissipa a energia: um pêndulo amortecido desce pela espiral dos níveis de energia.

cai de volta. Girando agora na direção oposta, chega perto do topo pelo outro lado, mas não consegue atingi-lo, ficando a uma distância ligeiramente maior. Passa então a oscilar para cá e para lá, o tamanho do balanço decrescendo lentamente, e finalmente entra em repouso, embaixo.

Tudo isto é fisicamente intuitivo, e emerge naturalmente da figura do tubo em U. Mas, como já disse, é terrivelmente difícil extrair esse comportamento das equações dinâmicas verdadeiras. Temos aqui, portanto, um caso simples em que a solução das equações por fórmula não é uma perspectiva promissora, mas em que podemos obter a resposta da geometria, praticamente sem nenhum esforço.

Romance de Muitas Dimensões

Em 1884, um clérigo inglês chamado Edwin A. Abbott publicou a segunda edição de um livro delicioso: *Flatland: a Romance of Many Dimensions*. A dedicatória é a seguinte:

Aos
Habitantes do Espaço em Geral
E a H.C. em Particular
Esta obra é Dedicada
Por um Humilde Nativo de Flatland
Na Esperança de que
Assim como ele foi Iniciado nos Mistérios
Das Três Dimensões
Tendo antes sido familiar
De Apenas Duas
Assim também possam os cidadãos desta
Celeste Região aspirar cada vez mais alto
Aos Segredos de Quatro Cinco ou até Seis Dimensões
Deste modo contribuindo
Para o alargamento da Imaginação
E o possível Desenvolvimento
Desse raro e excelso dom da Modéstia
Entre as Raças Superiores
Da Sólida Humanidade.

O herói, "Um Quadrado", habita um espaço de duas dimensões. Esclarecido por uma esfera do espaço cósmico, que foi visitá-lo, sobre a existência de uma terceira dimensão, levou sua hóspede ao desespero especulando sobre dimensões ainda maiores, e acabou trancafiado na prisão pelos compatriotas, por heresia.

Em nossos dias, a noção de espaço multidimensional está tão difundida nas ciências matemáticas que é considerada uma obviedade. Heresia é negar sua existência, não afirmá-la. Hoje os físicos especulam que o espaço-tempo talvez tenha de fato dez dimensões: três de espaço, uma de tempo e outras seis tão fortemente enroscadas umas nas outras que não podemos vê-las. Nem por isso, porém, essas seis dimensões extras deixam de vibrar, donde todas as complexidades da física das partículas.

O conceito de um espaço multidimensional desempenha um papel crucial — ainda que de bastidor — no desenvolvimento da dinâmica topológica e na descoberta do caos. A idéia é simples; as representações mentais envolvidas, talvez nem tanto.

Tudo se baseia numa generalização natural da geometria de coordenadas. Comece com uma dimensão: uma linha. Cada ponto numa linha pode ser indicado por um número x: pela distância que o separa de um ponto fixo dado. De maneira similar, cada ponto no plano pode ser indicado por suas duas coordenadas x e y, relativas a um par de eixos fixos. Cada ponto num espaço tridimensional, por sua vez, pode ser indicado por três coordenadas, x, y e z.

Mas por que parar aí?

De fato *é* o fim do alfabeto, mas por alguma razão este não parece ser o verdadeiro obstáculo. Que tal pontos indicados por *quatro* coordenadas, digamos w, x, y, z? Pode-se presumir que correspondem a algum tipo de espaço de quatro dimensões. As coordenadas v, w, x, y, z produziriam um espaço de cinco dimensões, e assim por diante.

Em certo sentido, é isso mesmo. Não há mais nada a dizer. Acabamos de definir o que entendemos por um espaço de cinco dimensões. *Finis*.

É claro que há alguns pequenos detalhes que exigem atenção. Admitamos que há algo de não exatamente espacial nesses novos "espaços". Não vivemos — ao que tudo indica — em nenhum deles: vivemos no bom e velho espaço de três dimensões. (De quatro, se incluirmos o tempo: veja adiante.) *Porque* nosso espaço físico se limita a si mesmo dessa maneira é um mistério. Mas isso faz com que nossas mentes tenham uma dificuldade em *visualizar* espaços com quatro ou mais dimensões.

Até certo ponto, é aí que o problema reside. Nosso sistema visual é exercitado para reconhecer objetos em três dimensões espaciais. Desse ponto de vista, não é bem de *visualizar* que se trata. O que devemos fazer é desenvolver um novo tipo de intuição geométrica. E foi isto que, ao longo de várias décadas, os matemáticos fizeram. Para começar, brincaram com pequenos jogos de analogia. Como:

- Um segmento de linha é limitado por 2 pontos,
- Um quadrado tem 4 cantos,
- Um cubo tem 8 cantos.

O que vem depois de 2, 4, 8...? Ah-ah! *Portanto*

- Um hipercubo de quatro dimensões tem 16 cantos,
- Um supercubo de cinco dimensões tem 32 cantos,
- Um super-hipercubo de seis dimensões tem 64 cantos,

e assim por diante. Era uma maravilhosa brincadeira de "faz de conta", que acabou por encontrar sustentação em definições precisas e cálculos com sistemas de coordenadas, como (u, v, w, x, y, z) para o espaço de seis dimensões. Tinha coerência interna e, o que é mais importante, *encaixava-se na geometria*. Por exemplo, no espaço de três dimensões, ou espaço-3, há cinco sólidos regulares (tetraedro, cubo, octaedro, dodecaedro, icosaedro). É possível provar que, no espaço-4, há *seis* hipersólidos regulares! Nos espaços 5, 6 e 7, há apenas três. Não é curioso? Esses espaços têm suas próprias identidades individuais. Talvez haja aqui alguma coisa digna de ser explorada.

Pouco a pouco, a noção de um espaço multidimensional tornou-se respeitável, sobretudo quando começou a sugerir uma matemática muito atraente. O principal artífice de tudo isto foi o matemático inglês Arthur Cayley. Quando a Royal Society em 1874 introduziu em sua galeria um retrato do grande homem, James Clerk Maxwell fez um discurso que se encerrava com um poema:

March on, symbolic host! With step sublime,
Up to the flaming bounds of Space and Time!
There pause, until by Dickenson depicted,
In two dimensions, we form may trace
Of him whose soul, too large for vulgar space
In n *dimensions flourished unrestricted.**

* Avante, hoste simbólica! Numa marcha sublime,/Até as flamejantes fronteiras do Espaço e do Tempo!/Ali, aguarda, até que, por Dickenson pintada,/Em duas dimensões, possamos nós traçar a sua forma,/Dele cuja alma, demasiado grande para o espaço vulgar/Em *n* dimensões, incontida, floresceu. (N. da T.)

Tais idéias poderiam ter permanecido como meras curiosidades, mas a comunidade matemática começou a acordar para o fato de que passara séculos a fio estudando espaços multidimensionais, sem se dar conta disso — como o herói de Molière, M. Jourdain, que ficou espantadíssimo ao descobrir que falara em prosa durante toda a sua vida. Considere, por exemplo, o problema dos três corpos. O que se quer calcular nele? As posições e as velocidades dos três corpos. Ora, cada corpo tem três coordenadas de posição (vive num espaço comum de três dimensões) e três coordenadas de velocidade (*idem*). Você está diante, portanto, de um problema que envolve 18 quantidades distintas. Logo, está pensando em espaço-18.

Uma bicicleta tem (numa estimativa conservadora) cinco partes moventes principais: guidom, roda dianteira, o conjunto corrente-roda traseira e dois pedais (figura 34). A representação de cada uma exige

Fig. 34. Uma bicicleta tem (no mínimo) cinco graus de liberdade: o guidom, o pedal esquerdo, o pedal direito, a roda dianteira e o conjunto roda traseira-corrente. Matematicamente, são necessárias dez dimensões para representar seu movimento: cinco de posição e cinco de velocidade.

uma coordenada de posição e uma coordenada de velocidade: um engenheiro falaria de um movimento com "dez graus de liberdade". Para andar de bicicleta, é preciso intuir o movimento de um ponto num espaço-10! Talvez por isso seja tão difícil aprender. Ah, e isso se *não* forem incluídas as variáveis referentes ao local por onde ela passa, na estrada.

Lindas reformulações, porém, de pouco valem. Em sua maioria são lindamente inúteis.

Esta não é. Ela fornece uma bela estrutura geométrica que torna muito, muito mais fácil "ver" o que se passa na dinâmica. É preciso um tempo para aprendê-la, e na prática ninguém realmente faz idéia do que seja um espaço de 10 dimensões; não há dúvida, porém, de que isso ajuda. Um topologista, por exemplo, desenhará dois círculos grosseiros num quadro-negro e dirá "considere duas esferas-7 num espaço-10", sem ver nada de peculiar acontecendo; como tampouco sua audiência.

Albert Einstein — e seus predecessores — deram respeitabilidade à idéia do tempo com uma quarta dimensão. (Não "a" quarta; quartas dimensões também são uma idéia barata. Só numa bicicleta você tem sete, para escolher quais são as três primeiras.) Mas ela vai muito além disso. Em qualquer problema, seja físico ou psicológico, cada quantidade distinta de interesse pode ser tratada, e visualizada, como uma nova dimensão no problema. Os economistas costumam buscar maximizar os lucros de uma companhia fazendo malabarismos com centenas de variáveis. *Eles estão trabalhando num espaço de centenas de dimensões.* (É uma das razões por que a economia é tão difícil, e estou falando sério.) O último avanço notável nessas questões, um método chamado algoritmo de Karmarkar (figura 35), resultou exatamente dessa maneira de ver o problema: fala de "elipsóides de *n* dimensões" sem pestanejar.

DINÂMICA EM ESPAÇO *N*-DIMENSIONAL

O que decide a questão, entretanto, é o modo como a idéia de espaços multidimensionais se encaixa. É como uma mão de 999 dimensões numa luva de 999 dimensões.

A representação da dinâmica de um pêndulo a que chegamos acima, por exemplo, pode ser generalizada para espaços multidimensionais. Um sistema com *n* graus de liberdade — *n* variáveis diferentes — pode ser pensado como vivendo num espaço de *n* dimensões, um espaço-*n*. As *n* coordenadas de um único ponto num espaço-*n* definem todas as *n*

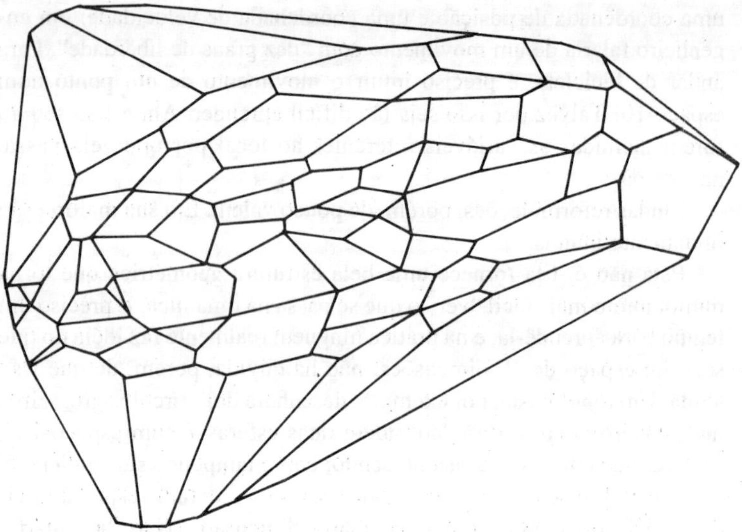

Fig. 35. Projeção tridimensional de um poliedro multidimensional que ocorre numa aplicação do algoritmo de Karmarkar. (Reproduzido com a permissão de A T & T Bell Laboratories Record, © 1986 AT&T.)

variáveis simultaneamente. O que é mais fácil de pensar: um ponto em movimento num espaço-10 nocional, ou toda a complexidade dinâmica de uma bicicleta, cambaleando pelo caminho, guidom gingando para cá e para lá, pedais girando para cima e para baixo?

Está certo: esqueça o espaço-10, pense só no ponto. Está melhor agora? Ótimo.

Como as leis do movimento se encaixam nesse quadro? Elas nos dizem de que modo um dado ponto inicial se move no seu espaço multidimensional. Ele traça uma curva — que Einstein chama de "linha de universo". Agora você pode imaginar um punhado de pontos iniciais movendo-se ao longo dessas curvas. São como partículas de algum fluido, fluindo por elas.

Um movimento específico de uma bicicleta corresponde ao de um ponto num espaço-10 fictício. Todos os movimentos possíveis de uma bicicleta correspondem ao fluxo de um fluido fictício nesse fictício espaço-10.

Teorema *Se o sistema for hamiltoniano (ausência de atrito), o fluido será incompressível.*

Espero que isto o traga de volta à terra com o mesmo impacto que eu sempre sinto. Não se trata de um jogo abstrato! Isto é real!

O que quero dizer é: algo de muito profundo deve estar ocorrendo se a representação geométrica não só desvia a dinâmica na direção do movimento de um fluido maluco qualquer num espaço absurdo qualquer, mas o torna incompreensível. (Isto é, o análogo em 10 dimensões do "volume" *permanece o mesmo* à medida que o fluido flui.) O teorema da incompressibilidade foi descoberto por Joseph Liouville no século XIX, e suas conseqüências foram espetaculares.

Se o sistema não for hamiltoniano — isto é, se houver atrito, por exemplo — ainda se pode pensar num fluido, mas já não será incompressível. Você pode ter uma idéia disto comparando as figuras 32 e 33. Imagine que uma gota de um fluido bidimensional enche o pequeno círculo na base do tubo em U na figura 32. (*Não* imagine o fluido preenchendo o "interior" do tubo: só a superfície dele corresponde à realidade física!) À medida que o tempo passa, essa gota de fluido tem apenas um movimento de rotação, presa no pequeno círculo. Sua área não muda. Entretanto, uma gota comparável na figura 33 tem que descer pela espiral dos níveis de energia, rumo à base do tubo, e portanto deve encolher. Esta é a diferença básica entre um sistema hamiltoniano e um sistema não-hamiltoniano, ou dissipativo.

A incompressibilidade é uma noção tão natural que o teorema não pode ser uma coincidência. A menos que você concorde com Kurt Vonnegut, que diz, em *Cat's Cradle*, que Deus fez o universo como uma elaborada zombaria.

6

Atratores Estranhos

> Têm limites estranhos e é preciso aprender a observá-los. É essa sua aparente simplicidade que constitui uma armadilha para o estranho. A primeira impressão que se tem é de que são inteiramente brandos. Deparamos então de chofre com algo de muito duro, e ficamos sabendo que atingimos o limite e temos que nos adaptar ao fato.
>
> Sir Arthur Conan Doyle, *His Last Bow*

Parece haver dois tipos principais de matemáticos. A maioria trabalha com base em imagens visuais e representações mentais; uma minoria pensa em termos de fórmulas. O tipo de pensamento usado nem sempre depende da matéria. Há algebristas e lógicos que pensam por meio de figuras, e sei que pelo menos um eminente topologista tem grande dificuldade em visualizar objetos de três dimensões. Johannes Müller, biólogo de renome, disse certa feita que sua imagem mental de um cachorro era assim:

CACHORRO

A moda também existe na representação matemática. Por décadas a fio, todo mundo desenha figuras e mais figuras. De repente, elas deixam de ser *de rigueur*, e o estilo se torna extremamente formal. Laplace gabava-se de que sua *Mecânica analítica* não continha figura alguma, só análise. Em tempos mais próximos da era moderna (a década de 1950), encontramos muito poucos diagramas nos trabalhos de Nicolas Bourbaki, o pseudônimo usado por um grupo de matemáticos (em sua maioria franceses) que tentaram formalizar a estrutura da matemática. Em geral, o desapreço pelos diagramas surge de alguma crise da lógica gerada por excesso de pensamento desleixado e de incursões improvisadas em algum novo território matemático. Entretanto, à medida que as fórmulas vão se tornando cada vez mais impenetráveis, as imagens visuais voltam à tona do subconsciente coletivo matemático.

A grande contribuição de Poincaré foi reconduzir a geometria à mecânica, desfazer a ênfase dada por Laplace aos métodos analíticos e aos cálculos. Mais um ciclo histórico, mais uma volta em torno da escada em espiral. Por geometria, não me refiro ao empolado teorema-demonstração-c.q.d. que costumava ser infligido a crianças inocentes em nome de Euclides: refiro-me a *figuras*. Poincaré libertou a imaginação visual da prisão da análise e deixou-a perambular livremente de novo. Tendo retornado ao formalismo com Bourbaki, em seu movimento cíclico, a matemática atual está sendo forçada a voltar ao giro geométrico da espiral, tão rápido quanto suas pernas o permitam.

Examinemos algumas das idéias de Poincaré. Modernizei a linguagem, mas a concepção continua sendo a dele.

O TEMPO VOA COMO UMA FLECHA

Começaremos com um sistema com dois graus de liberdade, isto é, cujas figuras podem ser traçadas no plano. Diferentemente do pêndulo, que também vive no plano (ou, pelo menos, num cilindro, o que dá no mesmo), este sistema não será hamiltoniano. Na verdade, não corresponderá a qualquer modelo físico particular. Será um construto puramente matemático, destinado a ilustrar o comportamento típico que um sistema com dois graus de liberdade tende a exibir.

Você deve estar lembrado de que, dada uma única equação diferencial, podemos visualizar o movimento de todos os pontos iniciais possíveis se imaginarmos o fluxo de um fluido imaginário ao longo das trajetórias da equação. Uma vez escolhido um ponto de partida, isto é, um conjunto de condições iniciais para a equação, as coordenadas de seu movimento subseqüente são as soluções para a equação diferencial com aquela condição inicial.

A representação do modo como essas linhas de fluxo se ajustam é chamada de *retrato de fase* da equação (figura 36). "Retrato" parece bastante claro, e é uma palavra mais imaginativa do que muitos termos matemáticos. A curiosa palavra "fase" parece ser proveniente da engenharia elétrica. Ondas em oscilação têm uma *amplitude* — que expressa seu tamanho — e uma *fase*, que indica em que parte do ciclo estão. Se você representar as duas graficamente, obterá uma figura no plano. Bem, seja como for, esta é a minha teoria.

O fluxo é indicado por linhas curvas, que correspondem à evolução no tempo de coordenadas com vários pontos iniciais. As setas indicam a direção do movimento com a passagem do tempo. Já vimos antes dois

Fig. 36. Retrato de fase de um fluxo no plano, mostrando (da esquerda para a direita) um sumidouro, uma sela, um ciclo-limite e uma fonte.

retratos de fase: do oscilador harmônico simples e do pêndulo, nas figuras 28 e 29.

Observe como o fluxo se ajusta: as setas em curvas vizinhas estão muito proximamente alinhadas. Isto significa que o fluido nocional, cujo fluxo é representado pelas linhas, não se rompe: o movimento é *contínuo*.

Há quatro características desse fluxo específico para as quais gostaria de chamar a sua atenção.

Primeiro, no lado esquerdo há um ponto para o qual todas as linhas de fluxo próximas se orientam, em espirais que se estreitam. Isto é chamado de *sumidouro*. Lembra muito um escoadouro, pelo qual o fluido escoa, e talvez o nome venha daí.

No lado direito, há um escoadouro ao inverso: um ponto a partir do qual o fluido se espraia em espirais. A isto se chama de *fonte*. Pense num fluido brotando de uma nascente.

Entre uma coisa e a outra, há um lugar onde as linhas de fluxo parecem se cruzar. A isto se dá o nome de *sela*. Na realidade, as linhas não se cruzam; acontece algo de mais interessante, que descreverei adiante. Quando dois jatos de um fluido real se dirigem um em direção ao outro, o que você vê são selas.

Finalmente, em torno da fonte, à direita, há uma volta fechada, única. É um *ciclo-limite*. Assemelha-se a um redemoinho, em que o fluido gira incessantemente. Um turbilhão.

Algumas páginas adiante veremos que, grosseiramente falando, fluxos no plano possuem essas características (todas, ou parte delas), e, tipicamente, nada mais. Uma mesma característica pode estar presente várias vezes, mas você não encontrará nada de mais complicado. Explicarei também por que estou usando aqui a palavra "tipicamente". Antes, porém, tratemos de conhecer mais de perto essas quatro características fundamentais de fluxos no plano — equações diferenciais com dois graus de liberdade.

SUMIDOUROS

Um sumidouro (figura 37) é um lugar onde uma linha de fluxo degenera, tornando-se um único ponto para o qual todos os pontos vizinhos fluem. Se você iniciar o sistema no ponto central de um sumidouro, nada acontecerá. Ele simplesmente permanecerá lá. Assim, o próprio sumidouro representa um estado estacionário do sistema. Assim como uma porção de pasta pode permanecer em repouso no fundo de uma tigela.

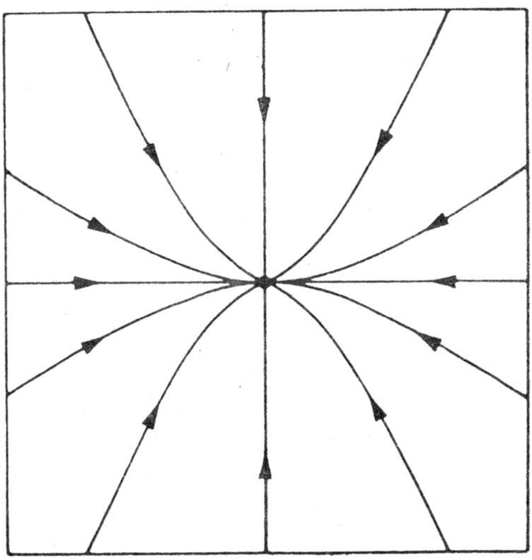

Fig. 37. Um sumidouro.

Entretanto, se você der início ao sistema em algum ponto próximo ao sumidouro, ele se moverá em direção a ele. Se você puser sua porção de pasta um pouco acima, na borda da tigela, ela escorrerá viscosamente até chegar ao fundo e ali parará. (Estou pondo em jogo uma pasta viscosa, para introduzir o atrito; se a mesma coisa fosse feita com uma bola de gude, que não tem atrito, teríamos um sistema hamiltoniano e aconteceria algo bastante diferente.)

Isso significa que o estado estacionário num sumidouro é *estável*. Se você tomar o ponto que representa o estado do sistema e deslocá-lo um pouco, ele simplesmente retornará, num movimento em espiral, ao ponto onde começou. Se você deslocar a pasta um pouco para o lado da tigela, ela escorrerá de volta para o fundo.

Os sumidouros são, portanto, estados estacionários estáveis.

FONTES

As fontes (figura 38) também são estados estacionários. Neste caso, entretanto, pontos vizinhos se afastam. É algo como uma porção de pasta colocada sobre uma tigela emborcada. Se for muito cuidadoso, você poderá conseguir fazer com que ela se equilibre no topo, mas com

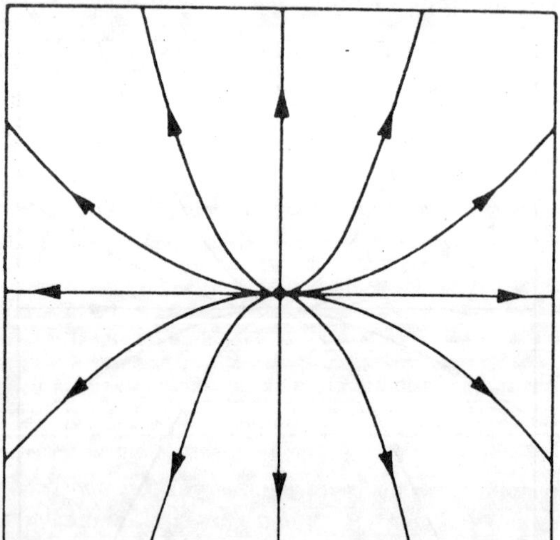

Fig. 38. Uma fonte.

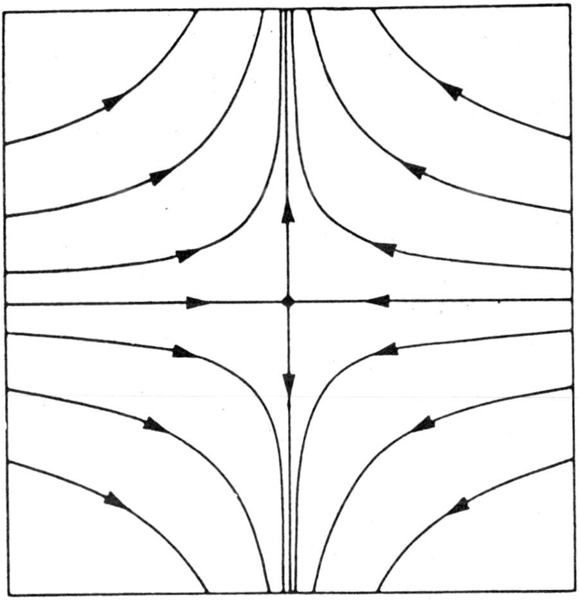

Fig. 39. Uma sela: as linhas que se cruzam no centro são suas separatrizes.

um pequeno empurrão, escorrerá pelos lados e cairá. Isto é, o estado estacionário é instável.

Estamos falando de uma pasta só ligeiramente viscosa, que não vai aderir a uma borda inclinada. E a tigela deve ser de fundo arredondado, não achatado. Talvez obtenhamos uma analogia melhor tentando fazer um seixo rolado equilibrar-se sobre outro. Você pode conseguir isso, com cuidado, mas um sopro de vento e ele cairá.

SELAS

As selas (figura 39) são ainda mais interessantes. São também o tipo de coisa em que somente um matemático pensaria — não tivesse a Mãe Natureza uma imaginação ainda mais fértil. Num certo sentido, são estados estacionários estáveis em algumas direções e instáveis em outras.

Imagine um cavaleiro experiente montando um cavalo numa sela que acaba de ser engraxada. Se ele se mover para frente ou para trás na sela, simplesmente escorregará de volta à posição central. Se começar a escorregar para o lado, porém, o tombo é certo. Sua posição é estável com relação a deslocamentos para frente e para trás; instável com relação a deslocamentos laterais. É esse tipo de imagem que dá o nome de "sela" a esses pontos.

O ponto no meio da "cruz", o ponto de sela propriamente dito, é — como todas as trajetórias que se reduzem a pontos únicos — um estado estacionário. Duas linhas de fluxo são chamadas de separatrizes da sela. Têm esse nome porque separam o caminho pelo qual fluem pontos próximos. Imagine-se seguindo uma separatriz a partir da esquerda da figura. Se você começar um pouco acima dela, fará uma curva acentuada para a esquerda à medida que se aproximar do ponto de sela; se começar abaixo, fará uma curva para a direita.

É como se o fluxo fosse puxado para fora de seu curso num ponto de sela. Mas não é, como disse acima. Isto ocorre porque as separatrizes não correm realmente em direção ao ponto de sela, no seguinte sentido: se você se dirigir para a sela acompanhando suas separatrizes, levará um tempo infinitamente longo para alcançá-la. Quanto mais perto fica a sela, mais infinitamente lento se torna o fluxo. O fluido é esticado para os lados, mas não puxado.

Talvez você imagine que selas são menos comuns que fontes e sumidouros. Na verdade, não são. Aqui está outra analogia, que ajuda a entender por quê. Imagine uma paisagem montanhosa e pense em lugares em que o solo (ou pelo menos o plano tangente) é horizontal. Há picos, pontos a partir dos quais todas as direções são baixas, como nas fontes. Há depressões, inteiramente cercadas por pontos mais altos, análogas aos sumidouros.

E há também *passos*, cercados tanto por elevações como por descidas, em diferentes direções. São os análogos das selas.

Passos são tão comuns quanto picos e depressões, em regiões montanhosas. Basta dar uma olhada num mapa dos Alpes suíços. Da mesma maneira, selas são tão comuns quanto fontes e sumidouros. Você pode vê-las, por exemplo, nas isobáricas dos mapas meteorológicos, assim como voltas fechadas com as inscrições BAIXA ou ALTA que aparecem em torno de fontes e sumidouros de pressão. As isobáricas são traçadas a pressões convenientes — múltiplas de dez milibares. Raras vezes, portanto, você verá as próprias separatrizes, com sua forma de "cruz" característica; mas poderá reconhecer sua presença pelas quatro curvas que se "dão as costas" nas proximidades delas.

CICLOS-LIMITE

Os ciclos-limite são realmente interessantes. Se você começar a acompanhar um deles (figura 40), ingressará num movimento giratório sem fim, repetindo incessantemente o mesmo movimento. Trata-se de um movimento periódico.

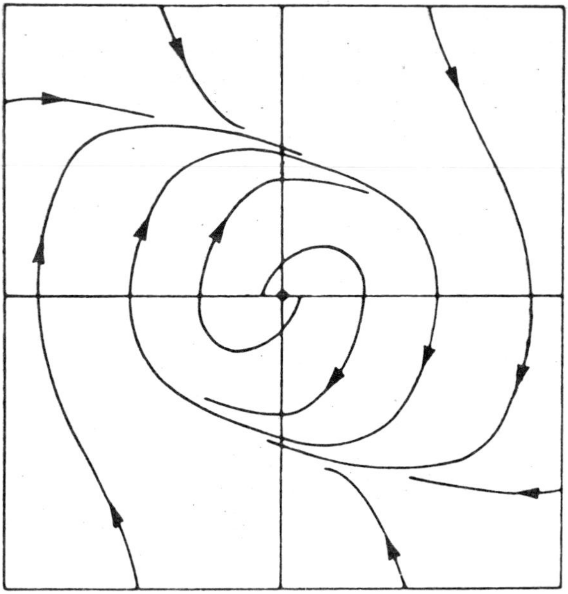

Fig. 40. Um ciclo-limite estável é uma volta fechada para a qual as trajetórias próximas convergem.

Há dois tipos básicos de ciclo-limite. O que a figura mostra é um ciclo-limite estável: pontos próximos se movem em direção a ele. Há também um ciclo-limite instável: pontos próximos se afastam. (Para representar um, inverta as setas na figura.)

Os ciclos-limite diferem das fontes, sumidouros e selas na medida em que não se pode detectá-los simplesmente olhando para as proximidades de um ponto. É preciso olhar toda uma região. Isso torna a detecção dos movimentos periódicos mais difícil do que a dos estados estacionários. Por outro lado, porém, torna-os muito mais interessantes do ponto de vista matemático.

Em 1927, um engenheiro elétrico holandês chamado Balthasar van der Pol descobriu um ciclo-limite extremamente importante. Ele ocorre num modelo matemático de uma válvula eletrônica. Válvulas desse tipo eram usadas nos rádios, até a invenção dos transistores em 1947, por William Shockley, John Bardeen e Walter Brattrain, nos Bell Telephone Laboratories. Uma análise matemática similar aplica-se também aos transistores. O ciclo-limite de van der Pol corresponde a uma válvula que está oscilando: emitindo uma onda que sobe e desce, repetidamente. Soa como um assobio, ou um ganido.

Ondas de rádio oscilantes são a base da radiotransmissão. A idéia é começar com uma onda regular, que oscile muito rapidamente, e então alterar-lhe a forma de acordo com o som que deve representar. As duas maneiras convencionais de se fazer isso são a modulação da amplitude (AM) e a modulação da freqüência (FM). A primeira altera o tamanho da onda; a segunda, o espaçamento entre elas. Mas antes é preciso ter algo para modular, isto é, oscilador regular. O ciclo-limite no oscilador matemático de van der Pol tem assim importantes conseqüências para a tecnologia.

TIPICAMENTE, EIS A QUESTÃO

Poincaré e um matemático sueco chamado Ivar Bendixson demonstraram, com um teorema, que, "tipicamente", só esses quatro tipos de comportamento ocorrem num sistema de equações diferenciais no plano.

Não é verdade, porém, que *toda* equação diferencial tem apenas essas quatro características. É fácil imaginar coisas mais complicadas: lugares onde três linhas se cruzem, ou ciclos-limite que sejam estáveis no interior e instáveis no exterior.

É aqui que entra a palavra "típico". É possível mostrar, de um modo que pode ser exatamente expresso, que essas exceções são infinitamente raras, mas isso obrigaria ao uso de tecnicalidades como "homeomorfismos épsilon", não adequadas a este livro. Se sumidouros, fontes, selas e ciclos-limite fossem moedas que caíssem exibindo cara ou coroa, as exceções seriam uma moeda que caísse de pé. Não há dúvida de que, na teoria, isso *pode* ocorrer; na prática, porém, não acontece.

Estamos diante de um expediente bastante comum na matemática, e que se alastra pelo terreno da teoria dos sistemas dinâmicos. Quando se tenta listar absolutamente tudo que pode acontecer, acaba-se numa situação complicada e difícil de deslindar. Mas se perguntamos o que é "típico" — ou, se você preferir, o que acontece com probabilidade não-zero — tudo se torna muito mais fácil. Essa situação é tão comum que os teóricos dos sistemas dinâmicos inventaram (ou antes, tomaram emprestado) um termo técnico para isso: *genérico*. Um comportamento é genérico se faz as coisas típicas e evita as coisas infinitamente raras e excepcionais.

Não estou sugerindo que os segredos das exceções devem permanecer misteriosos para sempre: por vezes é possível fazer avanços com relação a sistemas atípicos, não-genéricos. Existe até uma espécie de hierarquia de tipicidade: típico, razoavelmente típico, moderadamente típico, absolutamente não-típico... ufa!

Para fins práticos, para a matemática que trabalha com aplicações, e para a elaboração de teorias satisfatórias e não supercomplexas, o típico, o genérico, é suficiente. Desde que se tenha em mente que *o que é típico depende do que você estiver tratando*. Sistemas hamiltonianos típicos têm um comportamento muito diferente do dos sistemas não-hamiltonianos típicos. Quando você joga uma moeda num charco, tipicamente não vai dar nem cara nem coroa: ela afunda. Se você lançá-la sobre uma mesa coberta com argila úmida, as chances de que ela caia de pé aumentam. Num passeio pelo seu bairro, o animal típico que você encontra não é um dromedário; numa visita ao Jardim Zoológico, pode ser.

Todo sistema que apresenta interesse é em certo sentido típico, num contexto suficientemente limitado; e, quando se quer entender esse sistema, ajuda muito descobrir que contexto é esse. Isso lembra *A revolução dos bichos*, o livro de George Orwell, com a diferença de que, nesse caso, o cartaz afixado no celeiro diria

TODOS OS SISTEMAS SÃO TÍPICOS
MAS UNS SÃO MAIS TÍPICOS DO QUE OS OUTROS

O GIRO DO GATO

Um último tipo de movimento clássico merece atenção: o *quase-periódico*. Aqui, vários movimentos periódicos diferentes, com freqüências independentes, se combinam. (A *freqüência* de um movimento periódico é o número de períodos por segundo; períodos longos correspondem portanto a baixas freqüências, períodos curtos a altas freqüências.) Imagine um astronauta em órbita lunar fazendo um gato girar em volta da própria cabeça, numa cápsula espacial. (Sim, sei que uma cápsula espacial não é o local adequado para se girar gatos; seja compreensivo.) O gato gira periodicamente em torno do astronauta, o

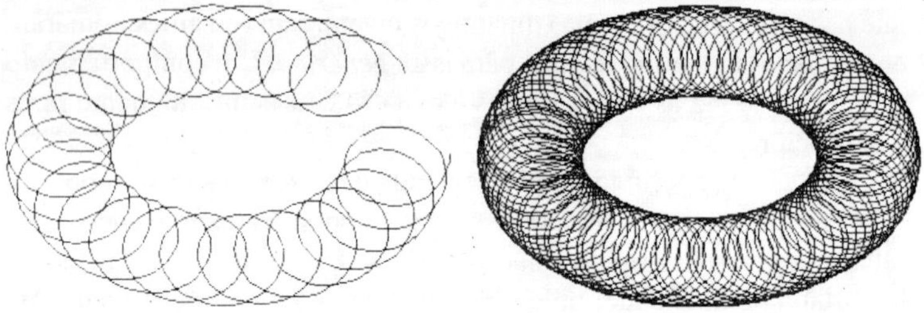

Fig. 41. Topologicamente, movimentos quase-periódicos ocorrem num toro: (à esquerda) combinação de movimentos em pequenos e grandes círculos; (à direita) o toro resultante.

astronauta gira periodicamente em torno da Lua, a Lua gira em torno da Terra, a Terra em torno do Sol, e o Sol faz sua revolução em torno do centro da galáxia. São cinco movimentos periódicos superpostos.

Na representação topológica, um movimento quase-periódico assemelha-se a um movimento em espiral num toro — uma rosquinha (figura 41). É possível vê-lo como uma combinação de dois movimentos periódicos porque há duas direções "em volta" do toro. Uma passa pelo buraco do meio; a outra, que faz ângulos retos com esta, gira em volta do "equador". Se você iniciar um movimento de rotação repetido ao longo do buraco e então acrescentar um pequeno impulso ao longo do cinturão equatorial, terá um movimento em espiral.

Quando dois movimentos periódicos cujos períodos têm uma medida comum — isto é, ambos são múltiplos inteiros da mesma coisa — se combinam, o resultado é de fato *periódico*. Se um movimento tem um período de três segundos e o outro um de cinco segundos, a combinação se repetirá de quinze em quinze segundos.

Se, ao contrário, não houver medida comum — por exemplo, se os períodos forem um segundo e $\sqrt{2}$ segundos — então o movimento *nunca* se repetirá exatamente. Entretanto, poderá "quase se repetir", no sentido de que é possível encontrar estados tão próximos quanto se queira do estado inicial. É por isto que o nome "*quase*-periódico" é usado.

Com dois períodos, o que define se a combinação é periódica é o seguinte critério: a razão dos períodos deve ser um número racional — uma fração exata p/q, onde p e q são números inteiros. Se a razão dos períodos for irracional — não uma fração exata —, eles não terão medida comum e sua combinação jamais se repetirá. "Quase se repete" no caso de múltiplos comuns aproximados do período, isto é, de frações que se aproximam muito da razão dos períodos.

O movimento quase-periódico *não* é típico num sistema dinâmico geral. Não obstante, é freqüentemente encontrado em dinâmica clássica.

Isso se deve sobretudo ao fato de que é inteiramente típico em sistemas hamiltonianos, e a dinâmica clássica se concentra nesse caso. A mecânica celeste está repleta de ciclos superpostos, como o giro do gato o ilustra. Outra razão é que, em qualquer sistema com simetria circular, seja ele hamiltoniano ou não, movimentos com dois períodos são típicos. A simetria "estabiliza" a combinação de dois períodos. E a simetria circular é comum. Uma terceira razão para se estudar a quase-periodicidade é que, embora não seja típico, o movimento quase-periódico é freqüentemente observado durante a transição de um modo típico de movimento para outro. Num certo sentido, trata-se de um tipo de movimento que compreendemos e que pode ser responsável por outros tipos de movimento que não compreendemos. Como tal, pode por vezes constituir um útil ponto de partida para a investigação de novos tipos de movimento — como o caos.

Discernir, Não Enxergar

Poincaré e Bendixson só conseguiram demonstrar teoremas para sistemas com dois graus de liberdade. O plano tem todas as modalidades de características especiais, que eles exploraram exaustivamente; mas o espaço de três dimensões, o espaço-3, apresenta obstáculos. Por exemplo, a que se assemelha o fluxo nas proximidades de um ciclo fechado com um nó? (Sim, equações diferenciais podem ter soluções emaranhadas. A equação de Lorenz, que veremos no próximo capítulo, é um exemplo.) Não há nós no plano, mas no espaço tridimensional há: a matemática precisa enfrentar isso.

No início dos anos 60, um topologista norte-americano, Stephen Smale, retomou a teoria qualitativa das equações diferenciais no ponto em que Poincaré — e seus sucessores, notadamente George Birkhoff — a tinham deixado. A topologia fizera um grande avanço no meio século que se passara: talvez os tempos estivessem maduros para o progresso. E, ao contrário da maioria dos topologistas, Smale não esquecera que a topologia tinha nascido de problemas da física.

Devo dizer desde já que foram feitas muitas contribuições importantes para a dinâmica entre Poincaré e Smale — estou escolhendo um único fio de uma rica tapeçaria. Liapunov introduziu um conjunto de números, que ficaram conhecidos como expoentes de Liapunov, que são atualmente usados para detectar a presença do caos. O trabalho de Aleksandr Andronov, Aleksandr Adol'fovich Vitt, e S.E. Khaikin sobre osciladores não-lineares merece menção, bem como as idéias topológicas básicas de Solomon Lefschetz. A escola russa, fundada por Andrei Kolmogorov, fez muitas descobertas fundamentais, inspiradas pela teoria cinética da dinâmica dos gases. Em particular, tomou a noção de entropia, até então um conceito da termodinâmica, e definiu-a para um sistema dinâmico arbitrário. O critério de Kolmogorov-Sinai, entropia não-zero, é um dos testes mais confiáveis para o caos. Uma importante classe de sistemas caóticos foi introduzida e estudada por D. V. Anosov, e Ya.G. Sinai foi o primeiro a demonstrar um resultado extremamente difícil: que um sistema de partículas elásticas, modelando um gás, comporta-se de fato caoticamente. Vladimir Arnold exerceu enorme influência sobre o desenvolvimento da dinâmica moderna, especialmente em sistemas hamiltonianos; um pouco de seu trabalho será descrito adiante.

Smale tinha uma mente muito original. Em sua tese de doutorado, demonstrou um teorema geral que implica, entre muitas outras coisas, que é possível virar uma esfera pelo avesso. Ela consegue passar através de si mesma, mas tem que permanecer lisa — sem nenhuma ruga em lugar algum, em qualquer etapa. Isso parecia tão improvável que seu orientador não acreditou; mas acabou se provando que Smale estava certo. Só muitos anos mais tarde, porém, alguém descobriu como exatamente isso podia ser feito. Uma das pessoas que o fizeram, o matemático francês Bernard Morin, era cego. Como já disse, a questão não é propriamente "visualizar". Discernir, não enxergar — é o que se precisa para a topologia. Smale esteve na vanguarda dos topologistas de seu tempo, tendo sido responsável por vários outros avanços importantes, entre os quais a primeira prova — em cinco ou mais dimensões — de um problema que Poincaré propusera em 1906 e que todos os demais julgavam ser totalmente impenetrável.

Para enfatizar a nova abordagem, Smale usava a expressão *sistema dinâmico*, em vez de "sistema de equações diferenciais". E pensava os sistemas dinâmicos em termos de sua geometria — a topologia do retrato de fase —, em vez de lançar mão das fórmulas usadas para defini-los. De fato, praticamente nunca escreveu fórmulas. É claro que isso incomodava os teóricos da equação diferencial clássica. Smale chegou mesmo a enfurecê-los, bombardeando-os com conjecturas que eles sabiam de antemão serem falsas. Mas essa era apenas sua maneira de enfrentar o problema real; e, em pouco tempo, passou a bombardeá-los com teoremas verdadeiros, que surpreendiam até os especialistas.

Uma das primeiras questões que ele levantou era bastante natural: qual é o análogo do teorema de Poincaré-Bendixson para três (ou mais) dimensões? Ou seja, qual é a lista dos comportamentos típicos que um sistema de equações diferenciais pode exibir?

Poincaré dera início a isso. Encontrara todas as modalidades típicas possíveis de estado estacionário. São quatro: fontes, sumidouros, e dois tipos diferentes de sela. Uma fonte tem ainda todos os pontos próximos movendo-se para fora, e um sumidouro é o oposto de uma fonte. Uma sela pode ter uma superfície de pontos que se movem para fora e uma linha de pontos que se movem para dentro, ou então uma linha de pontos que se movem para fora e uma superfície de pontos que se movem para dentro.

É claro que é possível encontrar ciclo-limite em espaços de três dimensões, mas nesse caso eles são de três tipos: estáveis, instáveis e semelhantes à sela.

Isso parecia ser tudo. Ninguém jamais descobrira quaisquer outras características típicas dos fluxos.

Estabilidade Estrutural

A primeira coisa que Smale tinha a fazer era decidir sobre um significado preciso para "típico". Não se pode demonstrar bons teoremas quando não se sabe com clareza sobre o que se está falando.

A idéia necessária tinha sido inventada por Aleksandr Andronov e Lev Pontryagin na década de 1930, para sistemas com dois graus de liberdade. Eles usaram a expressão "sistema granulado" (*coarse system*). A idéia é que o comportamento atípico sempre pode ser "decomposto" pela introdução de mudanças mínimas na equação. Por exemplo, um lugar em que três linhas de fluxo se cruzam pode ser decomposto numa configuração de três pontos de sela (figura 42).

Por outro lado, as quatro modalidades típicas de comportamento no plano *não* se alteram se as mudanças feitas na equação forem suficientemente pequenas. Se uma cadeia de montanhas se move *ligeiramente* — alguns metros, digamos — sob a influência de um pequeno tremor de terra, os picos permanecem picos, assim como as depressões e os passos. Todos se movem um pouquinho, mas não se pode destruir por completo um pico com um *diminuto* tremor de terra.

Smale generalizou a idéia de Andronov e Pontryagin para um sistema com muitos graus de liberdade, e cunhou a expressão *estruturalmente estável* para qualificar um fluxo cuja topologia não se modifica se as equações que o descrevem são alteradas num grau suficientemente pequeno. *Temos aqui uma idéia muito diferente da de um estado estável de uma equação dada*. Trata-se de uma solução que é estável para pequenas mudanças nas condições iniciais. Mas a estabilidade estrutural é uma propriedade do *conjunto do sistema*, e é estável com relação a pequenas mudanças em todo o sistema de equações.

Nessa altura, Smale indagou: todo e qualquer sistema dinâmico estruturalmente estável em espaço tridimensional possuirá apenas fontes, sumidouros, os dois tipos de sela e os três tipos de ciclo-limite? De maneira mais geral: será possível fazer afirmações similares para sistemas com um número arbitrário de graus de liberdade?

Parecia não haver exemplo algum que contrariasse essa conjectura: tudo o que já se tinha descoberto de mais complicado que sumidouros, fontes, selas e ciclos-limite, vinha a ser estruturalmente instável, e portanto não-típico. Por outro lado, Smale simplesmente não podia afirmar que eles eram tudo o que havia. O teorema — se é que havia algum — parecia escapar a todas as tentativas de demonstrá-lo.

ATRATORES

Do ponto de vista de Smale, a propriedade mais importante de um sistema dinâmico era seu comportamento a longo prazo. Isto "seleciona" um conjunto muito mais simples de movimentos dentre a totalidade dos que o sistema apresenta.

Por exemplo, no sistema mostrado na figura 36, acima, um ponto inicial desaparece do desenho (alternativa que vamos ignorar), fica onde está (um dos três estados estacionários) ou converge rumo ao ciclo-limite e passa a girar incessantemente. Assim, entre todos os

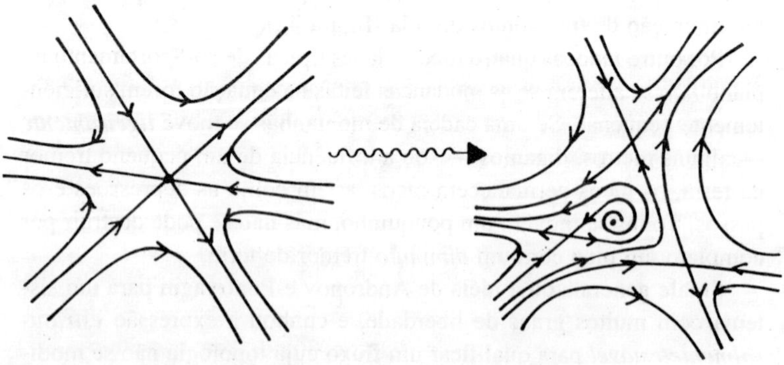

Fig. 42. Instabilidade estrutural: uma sela com três separatrizes se desagrega sob pequenas perturbações, formando três selas separadas e um sumidouro.

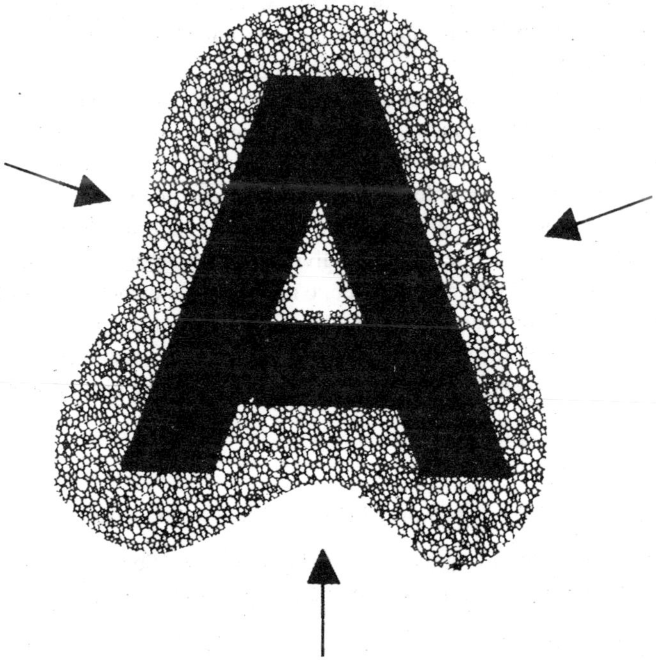

Fig. 43. Representação esquemática de um atrator genérico, mostrado aqui como na forma de um A negro: regiões próximas (sombreadas) se contraem em direção ao atrator à medida que o tempo passa.

movimentos possíveis, o comportamento a longo prazo seleciona precisamente aquelas características que decidimos serem especialmente dignas de atenção.

Os engenheiros têm uma visão parecida. Falam de "transientes" quando o sistema é ligado, em oposição àquilo em que ele tende a se estabilizar após algum tempo. Não estou dizendo que transientes não são importantes para algumas questões: quando você liga um computador, transientes errados podem queimar uma placa de circuitos. Mas quando o que se deseja é uma visão global da natureza geral do sistema, e não um detalhamento apurado, os transientes podem ser ignorados.

Que faz então um sistema dinâmico geral a longo prazo?

Ele se estabiliza num *atrator*. Um atrator é definido como... qualquer coisa em que ele se estabiliza! Nessa altura, não tendo demonstrado nenhum teorema geral como Poincaré-Bendixson, não era possível fornecer uma definição mais minuciosa. Analisando a idéia, porém, descobrimos um modo de explicitar melhor o conceito. A essência de um atrator é ser uma porção do espaço de fase tal que qualquer ponto que se ponha em movimento nas suas proximidades se aproxima cada vez mais dele (figura 43).

Devemos também frisar que um atrator não pode ser decomposto em dois subconjuntos menores que satisfaçam ambos a essa definição. Isto é, o sumidouro e o ciclo-limite de nosso exemplo podem ser atratores, mas a combinação "sumidouro + ciclo-limite" não pode ser considerada um *único* atrator. Este elemento da definição visa estabelecer que os atratores são as "características" individuais da dinâmica, em torno das quais já fizemos tanto estardalhaço, e não misturas disparatadas delas. Em geral podemos esquecer isso, exceto ao demonstrar teoremas.

O teorema Poincaré-Bendixson nos diz que, para sistemas estruturalmente estáveis no plano — sistemas típicos — os únicos atratores são

- pontos singulares
- ciclos-limite estáveis.

Se você quiser, os únicos movimentos de longa duração são

- permanecer em repouso num estado estacionário
- repetir alguma série de movimentos periodicamente.

Ou, mais simplesmente,

- ficar quieto
- girar indefinidamente

Smale perguntou: será isto verdade também em *n* dimensões, e não apenas em duas?

ENROLAR PARA MAPEAR

Havia uma boa razão para que Smale não conseguisse provar que os únicos atratores nos sistemas típicos são pontos e ciclos-limite.

De fato não são.

Ele acabou por se dar conta disto. O primeiro exemplo — que remonta aos matemáticos russos V.V. Nemytskii e V.V. Stepanov em 1949 — tinha quatro graus de liberdade, mas os espaços de três dimensões se comportavam, afinal, do mesmo modo que os de quatro.

Vou começar descrevendo a idéia básica. Para início de conversa, não falarei de um sistema dinâmico *bona fide*. Entretanto, uma vez que tivermos apreendido corretamente a idéia básica, ele poderá ser aprimorado para levar em conta as minúcias.

Num sistema dinâmico genuíno, o tempo flui continuamente de menos infinito para mais infinito, passando por tudo que está entre um e outro. Em nosso modelo despojado, o tempo fluirá em passos instantâneos, 1, 2, 3, ... unidades. *Não haverá nada entre 1 e 2*: nenhum tempo de $1\frac{1}{2}$ unidade, ou 1,22789, ou coisa parecida. Só os números inteiros: um relógio digital, em vez de um analógico. O sistema clicará de um estado para o seguinte a cada tique do seu relógio digital. O termo técnico para isto é *dinâmica discreta*, e veremos adiante que, entre a dinâmica discreta e a dinâmica contínua genuína, há de fato estreitas ligações, que os matemáticos exploram ao máximo.

O sistema será o ponto que se move num círculo. Para simplificar a descrição, escolho unidades tais que a circunferência do círculo seja exatamente uma unidade. Isso me permite indicar onde está o ponto no círculo por um número entre zero e um, sua distância angular nessas unidades em torno do círculo a partir de algum ponto definido como zero.

Na condição — que eu mesmo me outorguei — de Senhor do Universo, decreto agora que o ponto deve obedecer à seguinte lei dinâmica: se num dado instante ele está numa posição x, então no instante seguinte se move para $10x$. Geometricamente, o círculo é esticado, ficando dez vezes maior, e enrolado dez vezes em torno de si mesmo (figura 44). A lei é aplicada a cada instante, sucessivamente, de modo que o ponto se move, iterando o mapeamento.

$$x \rightarrow 10x$$

Um *mapeamento* nada mais é do que uma regra: "x vai para algo especificado em termos de x'", por isso a setinha. Vimos antes o que significa "iterar": *repetir*.

Vou tentar ver por onde esse ponto vai, à medida que esse enrolamento de dez vezes é iterado. Não tentarei, contudo, fazê-lo de modo muito detalhado. Divida a circunferência do círculo em dez setores iguais denominados 0, 1, 2, ..., 9. Por *itinerário* do círculo refiro-me aqui à lista de setores que ele visita à medida que o processo de enrolamento é iterado.

Em termos da unidade angular de medida, o setor 0 é o intervalo de 0 a 0,099999..., o setor 1 vai de 0,1 a 0,199999..., e assim por diante. Posso dizer portanto que um ponto se inicia em 0,25543786. Isto significa que ele vive no setor 2, um pouco além da metade do caminho.

Quando aplico o mapeamento e enrolo o círculo dez vezes em torno dele mesmo, seu comprimento se expande por um fator 10. Portanto, o ponto se move para 2,5543786. Agora vem a jogada esperta. Uma volta

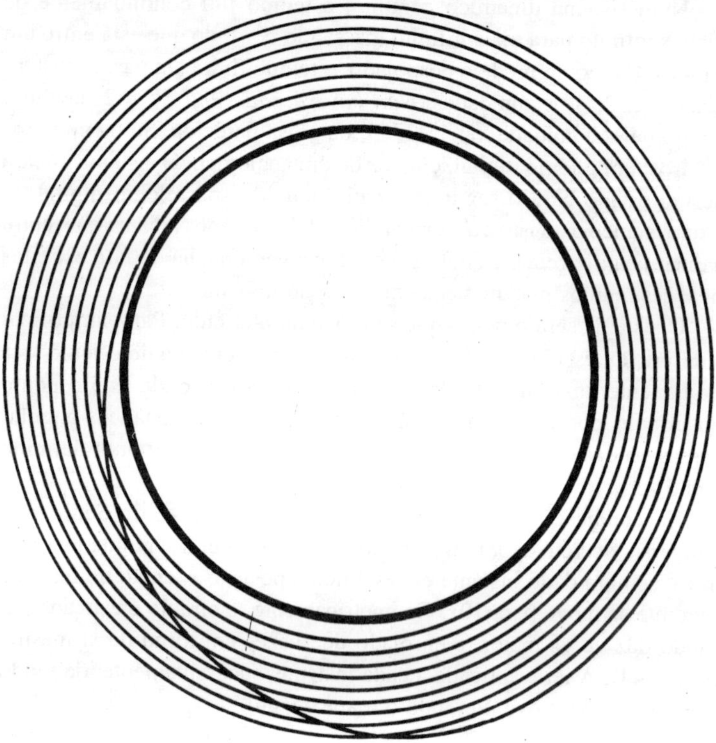

Fig. 44. Um círculo esticado e enrolado dez vezes em torno de si mesmo (representação esquemática).

completa em torno do círculo simplesmente o leva de volta a 0, e o mesmo fazem duas unidades, de tal modo que o resultado é de fato exatamente o mesmo no ângulo 0,5543786. Este está no setor 5. Quando iteramos o mapeamento, o que observamos é o seguinte:

tempo 0	0,25543786		setor 2
tempo 1	2,5543786	= 0,*5*543786	setor 5
tempo 2	5,543786	= 0,*5*43786	setor 5
tempo 3	5,43786	= 0,*4*3786	setor 4
tempo 4	4,3786	= 0,*3*786	setor 3
tempo 5	3,786	= 0,*7*86	setor 7
tempo 6	7,86	= 0,*8*6	setor 8
tempo 7	8,6	= 0,*6*	setor 6
tempo 8	6	= 0,*0*	setor 0

após o que você obtém simplesmente 0, 0, 0, ... Em cada etapa você simplesmente multiplica por 10 e descarta o primeiro algarismo. O itinerário de um ponto como esse visita, sucessivamente, os setores 2, 5, 5, 4, 3, 7, 8, 6, 0, 0, 0, ... Já viu estes números antes?

É claro — são os algarismos decimais do ponto pelo qual começamos.

Não se trata de acaso. Quando você multiplica por dez e corta fora o primeiro algarismo, está simplesmente deslocando a expansão decimal uma casa à esquerda. Assim, o mesmo se aplica a qualquer ponto inicial. Por exemplo, se eu começar em $\pi/10 = 0{,}314159265$ ..., ele visitará em seu itinerário os setores 3, 1, 4, 1, 5, 9, 2, 6, 5, ... sucessivamente. A dinâmica recria os sucessivos algarismos decimais de π!

Seja como for, espero que você concorde que esse sistema dinâmico discreto simplificado nada tem de complicado e é, sem dúvida alguma, determinístico. Não apenas há uma fórmula exata para indicar para onde x se movimenta — a saber $x \rightarrow 10x$ —, como se trata de uma fórmula muito fácil de calcular.

PEGADAS DO CAOS

Primeira curiosidade. Suponha que o ponto de partida tenha uma expansão decimal exatamente igual à de π para o primeiro bilhão de casas decimais; dali por diante, porém, segue... 1212121212... para todo o sempre. Chame este novo número de π'. É muitíssimo próximo de π, a tal ponto que nenhuma mensuração prática poderia distingui-los.

Submetidos à iteração do enrolamento por dez vezes, tanto π quanto π' têm o mesmo itinerário em seus primeiros um bilhão de passos. A partir de então, porém, π' passa a oscilar apenas entre 1 e 2, enquanto π prossegue, para visitar... os algarismos decimais de π que se seguem ao bilionésimo, sejam eles quais forem. Não tenho a menor idéia, mas certamente não são 121212...

Assim duas condições iniciais π e π', extremamente próximas, acabam por fazer coisas totalmente independentes.

Segunda curiosidade. Suponha que eu pegue um dado, com faces marcadas de um a seis, e o lance um número infinito de vezes, aleatoriamente. Ao fim e ao cabo, terei algo mais ou menos assim:

1162541456522124366451432...

e assim por diante. (Cheguei a esses números jogando de fato um dado, trata-se portanto de um espécime perfeitamente típico, embora tenha me faltado tempo para produzir uma seqüência infinita.) Esta é uma seqüência randômica de números.

E existe um ponto no círculo cuja expansão decimal imita esta seqüência, a saber

$$x = 0{,}116254145652212436645 1432\ldots$$

Se eu iterar o mapeamento começando em *x*, gero a seqüência randômica. Portanto um mapeamento determinístico, aplicado a esse ponto inicial específico, gera uma seqüência tão aleatória quanto os lançamentos de um dado.

Terceira curiosidade. "Quase todos" os números no intervalo de 0 a 1 têm expansões decimais aleatórias. Isto foi provado por um matemático norte-americano chamado Gregory Chaitin, que estudou as limitações da computabilidade. Isto é verossímil, se for adequadamente expresso: um número escolhido "randomicamente" terá algarismos randômicos. O sistema dinâmico determinístico que construímos comporta-se, portanto, de maneira aleatória, não só para uns poucos pontos iniciais extravagantes, mas para *quase todos eles*!

Quarta curiosidade. Indaguemos quando o itinerário de um ponto é periódico, isto é, quando se repete exatamente da mesma maneira vezes sem fim. A resposta é: *quando sua expansão decimal se repete*. Há um teorema que diz que esses números são precisamente aqueles que são racionais: são frações exatas p/q em que p e q são números inteiros. Entre zero e um, há uma quantidade infinita de números racionais (como 2/3 ou 199/431), bem como de números irracionais (como $\pi/10$, $\sqrt{2} - 1$). Estão totalmente misturados uns aos outros: entre quaisquer dois números racionais há um irracional; entre quaisquer dois números irracionais, um racional. Os pontos iniciais que levam a movimentos periódicos e aqueles que não o fazem estão, portanto, misturados como o açúcar e a farinha num bolo. Isto significa também que os pontos periódicos são todos instáveis — se você os desloca ligeiramente na direção de um vizinho irracional, deixam de ser periódicos. De fato, *todos* os movimentos possíveis são instáveis!

A propósito, não pense que números racionais e irracionais se alternam de alguma maneira ao longo do intervalo — coisa que, reconheço, a descrição acima pode sugerir. Ao contrário, em sua "maioria", os números no intervalo são irracionais: os racionais são muito, muito raros.

Estranho.

Você pode sem dúvida achar que essa é uma equação completamente idiota. Sistemas dinâmicos reais não fazem esse tipo de coisa.

Para início de conversa, no sistema acima os pontos iniciais distintos 0,42 e 0,52 movem-se ambos para o mesmo ponto 0,2 na primeira etapa; num sistema dinâmico genuíno, ao contrário, pontos diferentes nunca se fundem quando se movimentam. Assim sendo, todo o estranho comportamento que acaba de ser descrito é um artefato, fruto de uma receita de dinâmica ridiculamente artificial. Certo?

Errado.

Seções de Poincaré

Para entender por quê, devemos dar uma outra olhada numa idéia básica de Poincaré. Já a mencionei antes: o modo de detectar soluções periódicas pela observação de um corte transversal.

Considere um sistema no plano que tenha um ciclo-limite estável. Lembre-se de que este é uma volta fechada, e pontos próximos movem-se para ele. Um topologista poderia chamá-lo de um atrator periódico. Trace um pequeno segmento de linha que atravesse o ciclo-limite (figura 45). Siga a rota dinâmica de cada ponto do segmento. Ele acaba por atingir de novo o segmento. Pode estar efetivamente no ciclo-limite; nesse caso, retorna para o lugar onde iniciou. Se não estiver, ao retornar estará mais próximo do ciclo-limite do que estava de início.

Ou seja, a receita "acompanhe a dinâmica até retornar ao segmento pela primeira vez" determina um mapeamento do segmento até ele mesmo, que o comprime para baixo em direção ao ponto em que o ciclo-limite o atinge. Você certamente já ouviu falar de "ponto sem retorno", mas esse é o ponto do *primeiro* retorno. Se você iterar o mapeamento do primeiro retorno, obterá o segundo retorno, depois o terceiro... Você está colhendo amostras da dinâmica completa, a intervalos regulares de tempo. Um engenheiro eletrônico chamaria isto de "amostragem estroboscópica". É desse modo que se pode verificar se o prato de uma vitrola está girando na velocidade correta: a amostragem, nesse caso, é feita por meio de uma luz que acende e apaga na freqüência da fonte de corrente elétrica, iluminando periodicamente locais marcados do prato.

Falemos agora de outro sistema, que pode ter ou não um ciclo-limite. Ainda não sabemos. Suponha que exista um segmento de linha num espaço de fase com a seguinte propriedade: todo ponto inicial no segmento acaba por retornar, atingindo o segmento de novo. Talvez exista, talvez não: vejamos o que aconteceria se existisse.

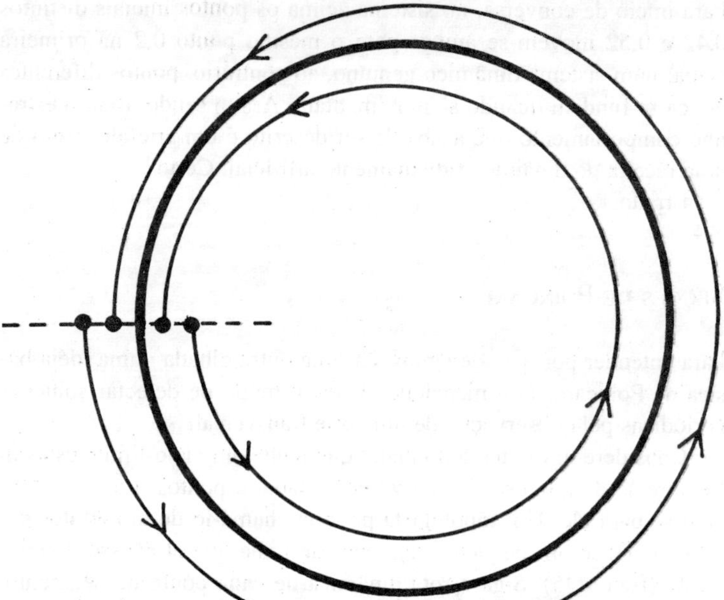

Fig. 45. A seção de Poincaré (linha pontilhada) através de um ciclo-limite (linha cheia): pontos iniciais da seção de Poincaré se contraem em direção ao ponto que representa o ciclo-limite em seu primeiro retorno.

Afirmo que há *necessariamente* pelo menos um ciclo-limite correndo pelo segmento. A razão é um teorema da topologia: todo mapeamento contínuo de um segmento de linha sobre si mesmo tem necessariamente ao menos um *ponto fixo*: um ponto que é mapeado em si mesmo.

A idéia subjacente à prova é algo mais ou menos assim: a extremidade esquerda do segmento é mapeada em algum ponto dele. Se esse ponto inicial for também a extremidade esquerda, temos o nosso ponto fixo. Se não for, a extremidade esquerda desloca-se para a direita. De igual forma, a extremidade direita desloca-se para a esquerda, de modo que todo o segmento se contrai sobre si próprio.

Observe o segmento da esquerda para a direita. Pontos próximos à extremidade esquerda também se movem para a direita; pontos próximos à direita se movem para a esquerda. Em algum lugar, entre uma coisa e outra, o movimento deve mudar de direção, da direita para a esquerda. A única maneira de mudar, continuamente, de um movimento para a direita para um movimento para a esquerda é através do movimento zero. Se estou dirigindo um carro por uma estrada, e de início estou virando para a direita e depois para a esquerda, nesse meio tempo, em algum lugar, devo ter ido por um instante para a frente. (Pode haver mais de um lugar desses: numa estrada cheia de curvas em ziguezague, tenho que retificar minha posição, pelo menos momentaneamente, entre uma curva e a seguinte.)

Recapitulemos. *Se* há um segmento tal que cada ponto que nele se inicia acaba por retornar a ele, *então* há pelo menos uma solução periódica que passa por esse segmento.

Deixando de lado a espinhosa questão de *encontrar* tal segmento, vemos que esse é um teorema bastante notável. *Não depende da dinâmica detalhada.*

Faz uso, no entanto, de uma característica geral da dinâmica: o "fluido" não se interrompe. O fluxo é contínuo. Mas isto é *tudo* que ele usa. O que fizemos é a essência da dinâmica qualitativa. Usamos um fato topológico para deduzir um resultado dinâmico. O fato topológico é: "todo mapeamento contínuo de um intervalo nele mesmo tem um ponto fixo". O fato topológico é a existência, dado um segmento adequado, de um movimento periódico.

Como já mencionei, esse tipo de segmento é chamado de seção de Poincaré. O mapeamento associado é seu *mapeamento de Poincaré*. Há uma idéia similar em três dimensões; neste caso, porém, o segmento deve ser substituído por uma superfície. Tipicamente, ela é um disco topológico — um pequeno retalho de superfície sem nenhum buraco. Mapeamentos de um disco nele mesmo podem ser muito complicados (figura 46). Apesar disto, há um teorema geral em topologia sobre mapeamentos de um disco para ele mesmo: mais uma vez, *deve* haver um ponto fixo. Assim, um fluxo em três dimensões que possui uma seção de Poincaré que é um disco deve ter uma trajetória periódica que passe pelo disco.

De fato, há também uma versão *n*-dimensional do teorema. A seção de Poincaré é um hiperdisco ($n - 1$)-dimensional; e um resultado bastante difícil chamado teorema do ponto-fixo de Brower leva à conclusão de que pelo menos uma trajetória periódica deve passar através dele.

A topologia, como eu disse, é muito poderosa.

Ela opera também um deslocamento de ênfase. Se eu lhe apresento um sistema dinâmico — digamos, o movimento de uma ameixa numa tigela de mingau que está sendo mexido pelo bebê urso, e pergunto: "qual é a solução periódica?", você, em vez de tentar resolver as equações e examinar o resultado buscando a periodicidade, vai acabar procurando seções de Poincaré. "Alguém andou iterando *meu* mapeamento de Poincaré", diria mamãe ursa. Como você pode imaginar, as técnicas envolvidas são muito diferentes.

SOLENÓIDES EM SUSPENSÃO

Que tem isso a ver com a tentativa de transformar o mapeamento que enrola o círculo por dez vezes em dinâmica respeitável? Smale percebeu que era possível fazer uma seção de Poincaré funcionar de trás para a frente. Dada uma certa superfície — um disco topológico, digamos — e um mapeamento da superfície nela mesma, pode-se inventar um sistema dinâmico para o qual existe uma seção de Poincaré e o mapa do "primeiro retorno" é aquele com que se começou.

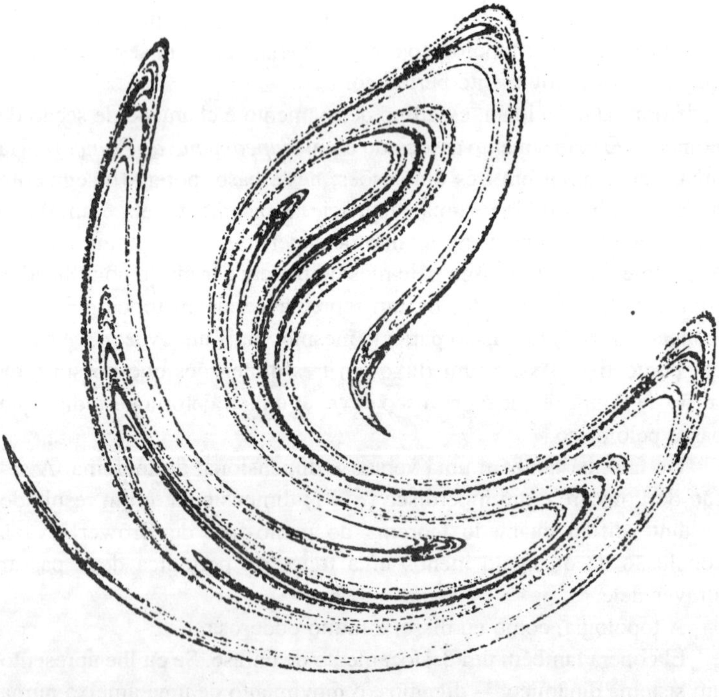

Fig. 46. Em duas dimensões, uma seção de Poincaré pode ser muito complicada. No atrator de Ueda, ilustrado aqui, os pontos fazem um torvelinho, lembrando a superfície do café sendo mexido na xícara. (Reproduzido com a permissão de John Wiley & Sons Ltd.)

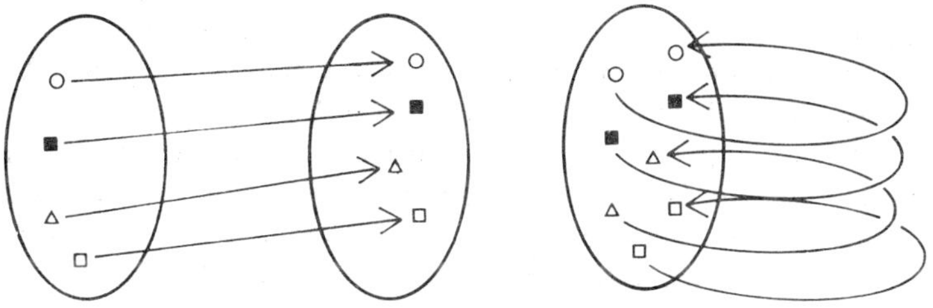

Fig. 47. Suspensão: um truque matemático para transformar um mapeamento (à esquerda) num fluxo num espaço com uma dimensão a mais (à direita).

Para fazer isso, você introduz uma nova "direção", na forma de um círculo, que corta o disco em ângulos retos. Um ponto inicial no disco flui para fora dele, em volta desse círculo, mas de tal modo que, quando atinge de novo o disco, o faz da maneira prescrita pelo mapeamento original do disco nele mesmo. Esse truque foi chamado de *suspensão* (figura 47). Fazer indagações gerais sobre fluxos em espaços *n*-dimensionais é algo natural para os topologistas, mas não ocorreria a um químico que estivesse tentando compreender a dinâmica de uma explosão de nitroglicerina. Não obstante, se fizer questão, você pode escrever uma equação diferencial explícita. Em ciência, normalmente se começa com um problema físico e extrai-se uma equação diferencial. Mas Smale resolveu mudar de ramo, passando a se dedicar à "equação diferencial de *projetista*". Desde então, a questão nunca mais voltou a ser a mesma.

A conclusão a que se chega é de que qualquer coisa que se possa ver num mapeamento de um espaço *n*-dimensional, pode-se ver também num fluxo num espaço $(n + 1)$-dimensional. Inversamente, a maneira de compreender fluxos em um espaço $(n + 1)$-dimensional é observar mapeamentos de espaços *n*-dimensionais. Em particular, fluxos em espaços tridimensionais, não muito bem compreendidos, reduzem-se a mapeamentos em espaços bidimensionais, que são, ao que esperamos, mais fáceis. Similarmente, fluxos em espaços de quatro dimensões (espaço-4), que você teria que suar muito até para imaginar, se reduzem a mapeamentos em espaço-3, que você pode ao menos ter a esperança de poder desenhar.

Assim, em vez de buscar um fluxo em espaço quadridimensional, Smale buscou um mapeamento heterodoxo num espaço tridimensional que teria propriedades similares às de nosso mapeamento do círculo quando iterado. Eis o que descobriu.

Como na seção de Poincaré, tome o *interior de um toro sólido*. Uma rosquinha à americana: com um buraco. Com a massa também — desta vez não estamos falando apenas da superfície do toro. Defina o mapeamento do toro nele mesmo da seguinte maneira: estique-o até que sua circunferência fique dez vezes maior e depois enrole-o apertado; então reponha-o dentro dele mesmo, de tal modo que fique enrolado dez vezes, sem passar por qualquer ponto mais de uma vez (figura 48). (Nesse caso, os matemáticos costumam usar o número dois, em vez de dez, mas para poder ver o que acontece depois é preciso pensar em números binários; retoquei um pouco a história para facilitar a nossa vida.)

Suponha que você repita a transformação da rosquinha. Na aplicação seguinte do procedimento, ela ficará ainda mais fina, e se enrolará cem vezes em torno de si mesma; depois mil, dez mil, e daí por diante.

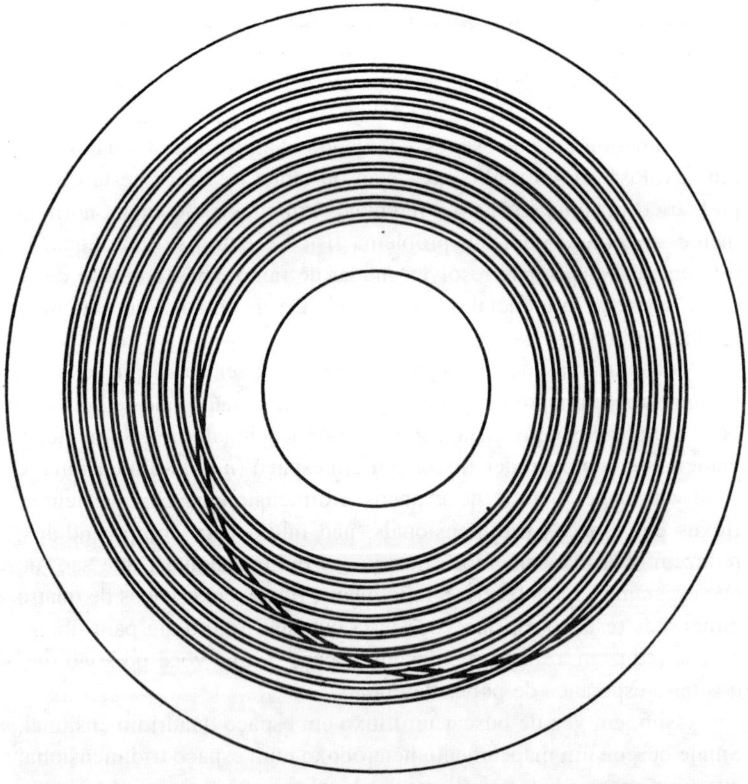

Fig. 48. O enrolamento por dez vezes aplicado a um toro sólido para evitar auto-interseções. Como o toro é tridimensional, há espaço para que uma volta passe sob as outras sem tocá-las.

A que isso leva, a longo prazo? A algo parecido com uma linha infinitamente fina que se enrola um número infinito de vezes em redor do toro. Logo examinaremos tal afirmação, em busca de truques escondidos, mas o sentido geral é esse. Existe um dispositivo elétrico, chamado *solenóide*, em que quilômetros de fio de cobre se enrolam em torno de um núcleo de metal, formando um eletromagneto. Os matemáticos adotaram esse nome para o construto de Smale.

Dois eminentes teóricos de sistemas dinâmicos, colegas meus, estavam discutindo sobre o assunto junto ao balcão de um bar, não muito tempo depois de sua descoberta. Gesticulavam graficamente, fazendo voltas e voltas com as mãos, numa conversa animada. "Ah", disse o *barman*, "devem estar falando sobre *solenóides*!" A intromissão deixou-os pasmos. Seria o *barman* formado em matemática, trabalhando para custear a pós-graduação? Acabaram descobrindo que trabalhara na marinha e estava se referindo a um verdadeiro solenóide elétrico.

A história serve pelo menos para mostrar que "solenóide" é um nome adequado.

Seja como for, temos esse mapeamento maluco de um toro sólido em espaço tridimensional. Agora, vamos tirar o coelho da cartola topológica: se você suspender o mapeamento do solenóide de Smale, terá um fluxo em espaço quadridimensional, com seu mapeamento maluco, como sua seção de Poincaré.

Se não está acostumado a pensar em espaço-4, você imaginará a figura errada a essa altura. Pensará num ponto que comece no meio da massa, e que circule em volta do espaço-3, até finalmente voltar para dentro da massa de novo. Está errado. Ele se move fora também do espaço-3, imediatamente, sem passar pela massa, encurva-se numa dimensão inteiramente nova, e então atinge a massa novamente, em algum outro lugar. Numa analogia, usando o tempo como quarta dimensão: se você viajasse no tempo de *agora* para o futuro, deixaria o espaço-3 atual *imediatamente*.

Se você iterar o mapeamento do toro nele mesmo um grande número de vezes, todos os pontos iniciais vão se mover, aproximando-se cada vez mais do solenóide. Assim, o solenóide é um atrator para a dinâmica na seção de Poincaré. A suspensão do solenóide — o que você obtém quando rodopia na dimensão extra — é portanto um atrator para o fluxo de quatro dimensões completo.

Além disso, ele é estruturalmente estável. Para ver por que, suponha que você faça uma pequena alteração no mapeamento do enrolamento. O resultado continuará parecendo bastante semelhante. Você não pode mudar continuamente de um mapeamento "enrole-dez-vezes" para um "enrole-nove" ou um "enrole-onze". Para mudar continuamente de dez para onze, você tem que passar por dez e meio, mas não há como enrolar um toro dez vezes e meia sem quebrá-lo. Isto significa que a dinâmica, após fazer uma pequena mudança no mapeamento, é topologicamente semelhante ao que era antes; é isto que estabilidade estrutural significa.

Por fim, o solenóide não é um ponto único, e tampouco é um círculo. Não pode, portanto, ser um dos atratores típicos tradicionais. Dois matemáticos, Floris Takens e David Ruelle, cunharam um nome para esse novo tipo de atrator. Um atrator estruturalmente estável que não seja de um dos tipos clássicos, ponto ou círculo, é chamado de *atrator estranho*. O nome é uma declaração de ignorância: sempre que os matemáticos chamam algo de "patológico", "anormal", "estranho", ou coisa parecida, o que isto significa é: "Não entendo que diabo é isto." Mas é também uma bandeira, que transmite uma mensagem: *Posso não entendê-la, mas ela certamente me parece importante.*

O QUEIJO DE CANTOR

O solenóide não é tão maluco como parece. Embora não seja um simpático ponto ou um círculo clássicos, tem um *pedigree* ilustre. Como isto é de extrema relevância para desenvolvimentos posteriores, vou me estender um pouco mais a respeito. O objeto pertinente é conhecido como o *conjunto de Cantor* (figura 49), porque foi descoberto por Henry Smith em 1875. (Em 1883, o fundador da teoria dos conjuntos, Georg Cantor, usou a invenção que Smith fizera. Convenhamos: "conjunto de Smith" não impressiona muito, não é?) O conjunto de Cantor é um intervalo feito por camundongos. Um número infinito de minúsculos camundongos, cada um dando mordidas cada vez menores.

Numa linguagem mais sóbria: para construir um conjunto de Cantor, comece com um intervalo de comprimento 1 e remova a terça parte do meio (mas deixando os pontos de suas extremidades). Restam assim dois intervalos menores, cada um com um terço do comprimento inicial: remova também as terças partes do meio de cada um destes. Repita isto indefinidamente. Você obterá intervalos cada vez menores, até passar ao limite, em que a construção terá sido repetida um número infinito de vezes. Esse é o conjunto de Cantor.

Talvez você pense que não terá sobrado nada. Mas, por exemplo, os pontos 1/3 e 2/3 escapam à remoção, e o mesmo ocorre com 1/9, 2/9,

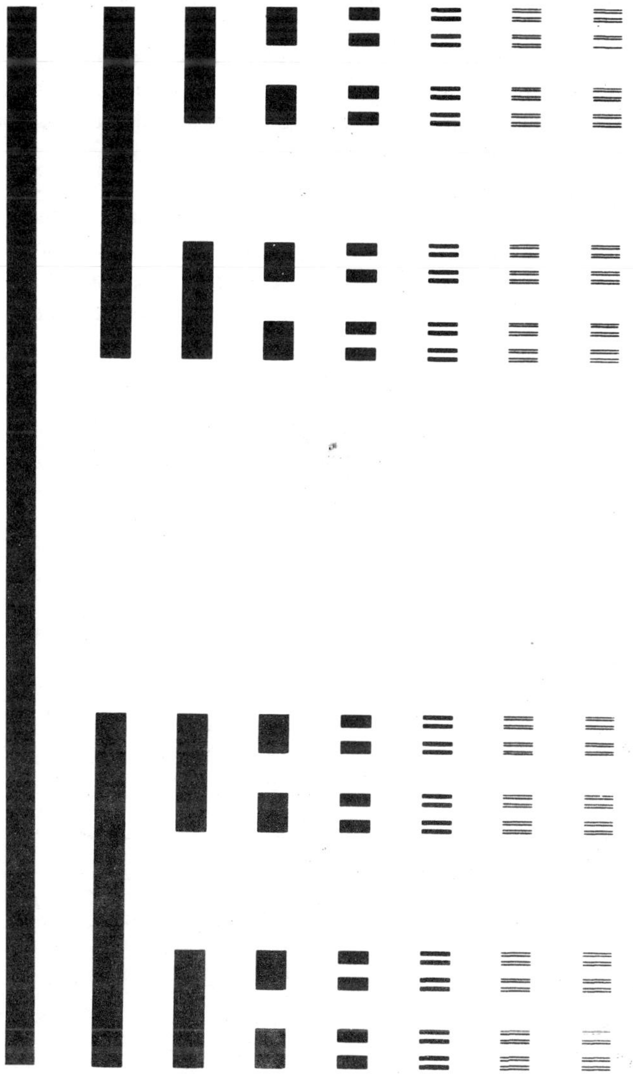

Fig. 49. A construção do conjunto de Cantor pela supressão repetida das terças partes intermediárias. A dimensão vertical foi exagerada para fins de clareza: idealmente, a linha não tem largura.

7/9 e 8/9. Todos os pontos das extremidades dos segmentos removidos permanecem. Bem como boa quantidade de outros pontos, como é possível verificar. A receita envolve expansão na base 3: se você gosta desse tipo de coisa, veja se é capaz de apontar exatamente os pontos que sobrevivem no conjunto de Cantor.

O comprimento total dos intervalos removidos é 1 — o comprimento original do intervalo com que você começou. Assim, de certo modo, o "comprimento" do conjunto de Cantor é zero! Faz sentido: afinal, ele consiste sobretudo de buracos. Mais parece poeira que intervalo.

Há outras construções que levam a algo topologicamente equivalente ao conjunto de Cantor. Uma das mais bonitas é feita a partir de um disco circular do qual se remove tudo, exceto dois discos menores (figura 50). Como se você tivesse um botão com dois furos para a linha passar, só que você fica com os furos e joga fora o botão. Repita esta

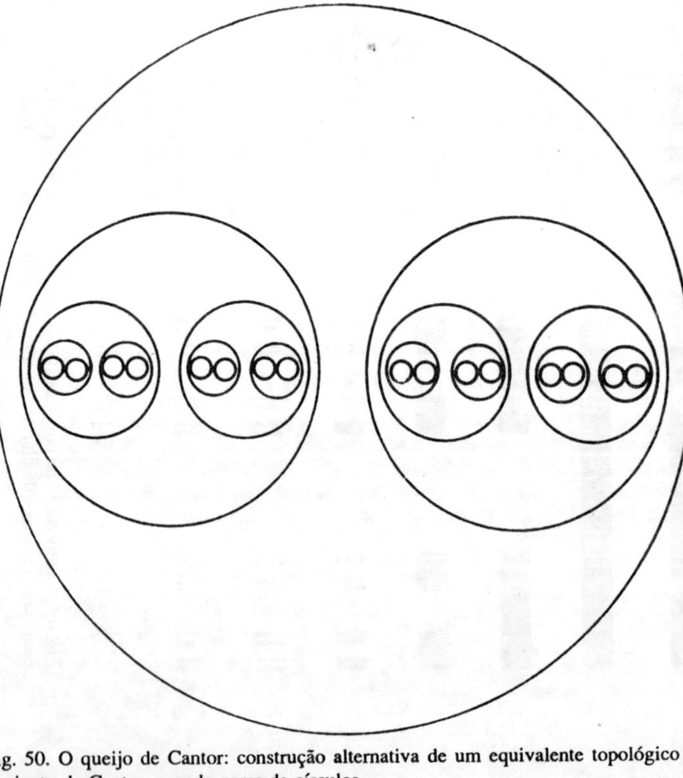

Fig. 50. O queijo de Cantor: construção alternativa de um equivalente topológico do conjunto de Cantor, usando pares de círculos.

construção em cada disco menor, continue a repeti-la indefinidamente, até passar ao limite. Embora possa não ser óbvio, esse conjunto não passa de um disfarce do conjunto de Cantor. Chamo-o de *queijo de Cantor*. Também ele é uma produção de camundongos.

O mesmo ocorre se você fizer três buracos em cada etapa — ou dez. Sim, concordo que é surpreendente que tudo isso redunde, topologicamente, num mesmo resultado. Mas a topologia é algo admiravelmente maleável: deixa muita margem para manobra. Você poderá encontrar demonstrações rigorosas nos textos de topologia — e elas não são nada triviais.

O queijo de Cantor na variedade com dez furos — vive no solenóide. Imagine-se talhando a rosquinha de modo a obter uma fatia circular. Quando enrolamos a rosquinha dez vezes, ela encontra a fatia em dez círculos menores. A etapa seguinte dá cem círculos menores, e assim por diante: exatamente o mesmo procedimento. Assim, o solenóide tem o *queijo de Cantor* como uma seção transversal. Com o que fica cabalmente provado que não é um ponto ou um círculo!

Caos Genuíno

Munidos do solenóide, estamos prontos agora para uma descoberta eletrizante. Não é só o mapeamento do enrole-dez-vezes que tem as quatro curiosas propriedades mencionadas — sensibilidade às condições iniciais, existência de itinerários randômicos, ocorrência comum de itinerários randômicos e mistura completa de periodicidade/aperiodicidade. *Também o solenóide e a equação diferencial correspondente têm essas propriedades.*

Filosoficamente, isto suscita uma grave questão. Suponha que existe um processo físico que é modelado por essas equações. À maneira dos matemáticos clássicos que se dedicam à área aplicada, busco uma solução para o chamado *problema do valor inicial*: dado um ponto de partida, prever para onde ele irá a longo prazo.

A resposta é: "Só posso fazer isso se você me der o ponto de partida com exatidão infinita. Preciso de toda sua expansão decimal, até o infinito. Não só o primeiro bilhão de algarismos; eles são irrelevantes, de qualquer modo, após a bilionésima iteração. *Quero todos.*"

Mas isso, na prática, é impossível. A maioria dos experimentos não alcança sequer uma precisão de dez casas decimais.

Em certo sentido, uma precisão de dez algarismos não nos diz coisa alguma sobre o comportamento de longo prazo. Se você me dá dez algarismos, posso encontrar um ponto inicial que corresponda a esses dez, mas daí em diante ele fará qualquer coisa que você queira. Permanece em 7 para sempre, por exemplo. Imita π. Determina cada quinto algarismo na $\sqrt{2}$. Percorre a seqüência de números primos representados em base 6. Lista todos os preços das ações da bolsa de valores publicados no *Financial Times* desde 25 de abril de 1963 e prossegue indefinidamente. *Se você deseja ganhar muito dinheiro no mercado financeiro, tudo o que tem a fazer é descobrir o ponto inicial correto.*

O modelo prevê, nos limites da precisão experimental, todos os itinerários possíveis, desde que você conheça os dez primeiros. O comportamento de longo prazo permanece completamente indeterminado.

Por outro lado, que modelo poderia ser mais determinístico que "avance uma casa decimal"?

DIÁLOGO INVECTIVO

Se a idéia do caos não o agrada, só há uma esperança.

CÉTICO Olhe, as equações diferenciais de projetista desse tal Smale são ótimas; só que o mundo real não se comporta assim.

CAOSÓFILO Se isso pode acontecer de maneira estruturalmente estável na matemática, pode acontecer de maneira observável na natureza.

CÉTICO Então por que nunca vi nenhuma equação como as dele?

CAOSÓFILO Porque você tem procurado comportamento regular. Nenhum físico que deparasse com equações como essas ousaria divulgá-las.

CÉTICO Bem, mas, nesse caso, por que vocês não fazem experimentos? Assim, na certa vão observar essa espécie de comportamento!

CAOSÓFILO Mas isto é o que vocês já fazem o tempo todo. Porém há um problema: você conhece algum físico experimental capaz de publicar um artigo que declare: "Obtive resultados totalmente aleatórios"?

CÉTICO Hum... nisto você tem razão. Mas a questão permanece. Vocês jamais convencerão cientistas da área aplicada a respeito dessa história de caos, a menos que o mostrem acontecendo na natureza.

CAOSÓFILO Estou de acordo. Estamos trabalhando para isso. Não é fácil, você sabe. Temos de desenvolver um modo de pensar inteiramente novo sobre a dinâmica. É *difícil*. Mas uma coisa como esta, que se manifesta de maneira tão natural na matemática, deve estar por toda parte. Se não a descobrirmos, ficarei surpreso.

CÉTICO Muito mais ficarei eu, se descobrirem!

7

A Fábrica Meteorológica

Let chaos storm!
Let cloud shapes swarm!
I wait for form.*

Robert Frost, *Pertinax*

"Mostre-me a ocorrência disso na natureza."

É o que o cético queria. Para os topologistas da década de 1970, era uma exigência excessiva. Mas essa ocorrência já tinha sido registrada, em 1963 — embora nem os topologistas nem os físicos soubessem disso.

Glorioso Fracasso

Em 1922, Lewis Fry Richardson, um inventor pouco ortodoxo de idéias mal acabadas, cujo nome paira vagamente sobre a história dos sistemas dinâmicos aplicados, publicou *A previsão do tempo por processo numérico*: relato de um glorioso fracasso. Richardson tentara usar a matemática para prever as condições atmosféricas. Quase no final do volume, descreve uma visão fantástica, a "fábrica meteorológica". Imaginou um verdadeiro exército de pessoas, num edifício tão grande quanto o Albert Hall, operando as máquinas de calcular da época. (Para os que são jovens demais para ter visto tais máquinas, informo que mais pareciam caixas registradoras, com uma manivela do lado. Ah, é verdade: talvez você também nunca tenha visto uma caixa registradora. É algo como uma lata com a frente abaulada. Alavancas móveis permitem ao usuário compor os números a serem usados no cálculo. Para

* Deixa tonitruar o caos! / Deixa enxamearem-se as nuvens! / Eu espero a forma. (N. da T.)

somar, gira-se a manivela uma vez e para multiplicar, várias vezes; para subtrair, gira-se a manivela ao contrário e a divisão é feita pela repetição de subtrações.) Um instrutor matemático, instalado numa plataforma central, coordenaria os trabalhos, e todos se comunicariam entre si por telégrafo, *flashes* de luz e tubos pneumáticos. Richardson avaliava que seriam necessárias 64 mil pessoas para prever as mudanças das condições atmosféricas na velocidade em que de fato ocorriam — o "tempo real", como dizemos hoje.

E escreveu o seguinte: "Talvez algum dia, num futuro remoto, seja possível tornar a computação mais rápida do que as mudanças do clima, a um custo menor para a humanidade do que a economia que resultará da informação obtida. Mas isto é um sonho."

Palavras proféticas. O "futuro remoto" estava a menos de trinta anos de distância. Em 1950, o computador norte-americano ENIAC fez os primeiros cálculos bem-sucedidos no campo da previsão meteorológica. Em 1953, o MANIAC, de Princeton, já deixava claro que a rotina da previsão meteorológica era perfeitamente exeqüível.

Mas note bem: prever o tempo é uma coisa. Prever *corretamente* é outra.

Xadrez Climático

O jogo de xadrez envolve certo número de peças e um tabuleiro dividido em quadrados. Os movimentos no jogo ocorrem em intervalos discretos de tempo, em conformidade com as regras.

A previsão meteorológica numérica se assemelha a um jogo de xadrez gigantesco e tridimensional. Imagine uma fina rede de pontos traçados na superfície da Terra, a várias alturas para rastrear os movimentos da atmosfera para cima e para baixo, assim como nas direções norte-sul e leste-oeste. Isto é o tabuleiro. Para determinar as condições do tempo *agora*, atribui-se a cada ponto da rede uma série de valores numéricos: pressão, temperatura, umidade, velocidade do vento. Estas são as peças do xadrez.

O tempo de *amanhã* também corresponde a uma posição no jogo. Mas a disposição das peças é diferente. "Ciclone para Queen's Knight 743." "Tempestade de neve King's Lynn; pancadas de chuva ocasionais para Bishop's Stortford." Podemos avaliar as condições atmosféricas de hoje por meio de estações meteorológicas, navios, balões e imagens fornecidas por satélites. Portanto, sabemos como dispor as peças. A questão principal é: quais as regras do jogo?

As regras são as equações de movimento da atmosfera. Como vimos, elas foram descobertas séculos atrás pelos eminentes Leonhard Euler e Daniel Bernoulli. Deixando-se o tempo fluir em pequenos intervalos discretos — digamos, de um segundo de duração —, as equações podem ser vistas como regras que nos dizem como obter, a partir da posição atual, a posição dentro de um segundo.

Prever o tempo que fará no segundo seguinte pode não parecer uma contribuição muito efetiva para a solução dos problemas que afligem a humanidade, mas este é apenas um lance no jogo. Repita o cálculo, e terá as condições atmosféricas para dois segundos adiante. Depois de 85.400 iterações, você será capaz de dizer como será o tempo nas próximas 24 horas. Depois de 8.640.000, poderá prevê-lo por cem dias. Depois de 8.640.000.000...

E, basicamente, é assim que se faz. Milhares e milhares de cálculos baseados em regras explícitas e determinísticas. Exatamente aquelas em que o computador é craque.

ENTRE O ZERO E O INFINITO

Há uma curiosidade filosófica envolvida em tudo isso. A atmosfera não é um contínuo perfeitamente divisível; assemelha-se a uma quantidade de pequenos átomos bastante sólidos, que arremetem loucamente para todos os lados, colidindo uns com os outros. As equações da mecânica clássica substituem essa realidade física discreta por um fluido ideal contínuo. Para resolver as equações, porém, nós as abordamos novamente por meio de algo discreto. Deixamos que o tempo avance em minúsculos intervalos, em vez de fluir continuamente, e dividimos o espaço numa fina rede. Isto é uma imposição da estrutura dos computadores: eles só conseguem fazer operações aritméticas com um número definido de casas decimais; se forem dez, por exemplo, tudo será um múltiplo inteiro de 0,000000001. Para representar exatamente uma decimal infinita o computador precisaria ter uma memória infinita, o que não é viável.

A questão filosófica é que o modelo discreto condicionado pelo computador, que acabamos por usar, *não* é igual ao modelo gerado pela física atômica. Há uma razão muito prática para isso: o modelo atômico contém um número de variáveis muitíssimo superior ao que o computador é capaz de processar. Ele não tem como rastrear cada átomo individual da atmosfera.

Os computadores só podem trabalhar com um pequeno número de

partículas. A mecânica do contínuo pode trabalhar com um número infinito delas. Zero ou infinito. A Mãe-Natureza desliza com elegância pelo abismo que os separa.

Fazemos, pois, o melhor possível. Os matemáticos torcem para que sua aproximações forneçam respostas que se aproximem da coisa real. Não há provas teóricas substanciais de que assim seja; mas há evidências inegáveis de que a coisa *funciona*. Até que algum gênio elabore novas ferramentas teóricas, aceitamos o milagre e seguimos em frente, de qualquer maneira.

Convém entretanto lembrar que, quando você "põe o problema no computador", o que de fato está fazendo é algo bem diferente: está representando alguma idealização do problema no computador. Esta é uma das razões por que o computador não pode ser uma panacéia universal para os males da ciência e da sociedade. Por enquanto, falta-lhe talento para tanto.

Megaflop

Os cálculos para as previsões meteorológicas precisam ser feitos numa velocidade vertiginosa. A velocidade de um supercomputador é medida em *megaflops* — um *megaflop* corresponde a um milhão de cálculos aritméticos por segundo. O supercomputador Cray X-MP, instalado no Centro Europeu de Previsão Meteorológica de Médio Prazo, em Reading, na Grã-Bretanha, opera a uma velocidade máxima de 800 *megaflops* (figura 51). Em meia hora, pode prever razoavelmente as condições atmosféricas do dia seguinte em todo o hemisfério Norte. A cada dia, faz previsões válidas por dez dias: as condições da atmosfera em metade do mundo com uma semana e meia de antecedência. Em geral, as previsões se mostram bastante exatas no tocante aos primeiros quatro dias; após esse período, tendem a se desviar do que efetivamente ocorre.

Uma outra curiosidade do método é digna de nota. Talvez você pense que para chegar à melhor previsão possível deve-se usar as equações mais precisas que se puder obter. Entretanto, um modelo totalmente exato incluiria não somente movimentos atmosféricos de larga escala, mas ondas de som na atmosfera. Soluções de ondas sonoras para equações pregam peças desagradáveis na aproximação discreta do computador: é a chamada instabilidade numérica. Erros de cálculo (não falhas do computador, mas limitações da exatidão inerentes à aritmética quando você não pode explicitar a diferença entre 0,0000000001 e zero) explodem muito rapidamente e obliteram as verdadeiras condi-

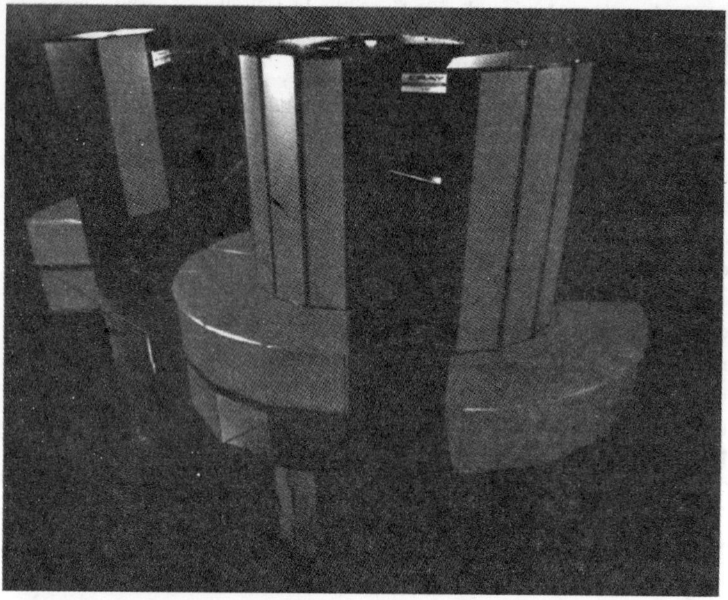

Fig. 51. O supercomputador Cray X-MP, capaz de fazer 800 milhões de cálculos por segundo. (Cortesia de Cray Research Inc.)

ções atmosféricas! A solução sugerida por Jule Charney, do Instituto de Tecnologia de Massachusetts em 1944, é engenhosa e surpreendente. O modelo é deliberadamente *tornado grosseiro*, de modo a filtrar as ondas de som. Você *não* usa as equações mais acuradas que se pode obter: você as torna deliberadamente menos precisas — para detectar as características desejadas.

Não é um assunto dos mais fáceis este em que estamos nos aventurando.

"Com quatro dias de antecedência", eu disse. Existem previsões de longo prazo, mas você ficará mais bem servido baseando-se na suposição de que o tempo neste ano será como foi ano passado. O grande defeito dos métodos atuais de previsão do tempo é não serem muito bons para prever mudanças *súbitas* nos padrões meteorológicos. Quando visitei o Centro Europeu de Previsão Meteorológica de Médio Prazo, disseram-me: "Somos capazes de prever o tempo com exatidão, desde que ele não faça nada de inesperado."

No dia 15 de outubro de 1987, a Grã-Bretanha foi assolada pelo pior temporal que sofreu desde 1703 (figura 52). Só não foi um furacão porque, como todo mundo sabe, nós, na Grã-Bretanha, não temos furacões. Os boletins meteorológicos veiculados pela televisão foram vergonhosamente incapazes de anunciá-lo, mesmo com meras 24 horas de antecedência. Na segunda-feira seguinte, o jornal *The Guardian* publicou o seguinte artigo, de Andrew Rawnsley, sob o título "Computador sujeito a chuvas e trovoadas":

> O culpado pela pior previsão do tempo de que se tem notícia foi localizado na noite de ontem, numa cidadezinha de Berkshire.
>
> Sem dar mostras de vergonha por não ter detectado as piores tempestades ocorridas em 285 anos, continuava a despejar previsões de chuvas fracas, intervalos de tempo bom e ventos moderados, à razão de cerca de uma por minuto.
>
> A resposta a todas essas manchetes em letras garrafais — POR QUE NÃO FOMOS AVISADOS? — se chama Control Data Cyber 205, o mastigador de números do Serviço de Meteorologia, sediado em Bracknell, e, a julgar pelas opiniões colhidas pelos meteorologistas que o utilizam, o mais odiado computador da Grã-Bretanha. Segundo seus operadores, o Cyber é capaz de realizar 400 milhões

Fig. 52. Quando o serviço meteorológico falha... os Kew Gardens devastados pelo "furacão" de 15 de outubro de 1987.

de operações por segundo e consegue produzir previsões para 24 horas, em 15 níveis de altitude, em menos de cinco minutos. Lamentavelmente, deixou escapar as piores tormentas ocorridas desde 1703, situando-as a 80 milhas a leste, no mar do Norte, enquanto o temporal real decidia viajar pelo sul da Grã-Bretanha. "Foi uma pena que as coisas tenham dado errado", admitiu um porta-voz do serviço.

Ninguém parecia saber o porquê. "O computador detectou bem a coisa no início da semana", disse ontem um meteorologista do Centro Meteorológico de Londres. "Ele estava na pista certa da depressão na terça-feira. Aí ela mudou de rumo."

"Depois dos ventos fortes do início da semana, achei que poderíamos ter vendavais na quinta-feira", observou ele, como se estivesse dizendo ao computador: "Não te falei?" "Tínhamos nossas dúvidas, mas devíamos seguir a tendência geral."

Reinava um clima de auto-satisfação igualmente forte no laboratório do maior rival do Cyber, o Cray 1. Usando os mesmos dados fornecidos por satélites, radares em terra, navios da marinha mercante e balões meteorológicos, o Cray previu ventos muito fortes para o Centro Europeu de Previsão Meteorológica de Médio Prazo.

A investigação interna do Serviço de Meteorologia sobre o deplorável desempenho do Cyber tentará descobrir quais foram as falhas. "É difícil saber", disse ontem um dos dez operadores do Cyber. "Pode ser que tenha entrado no computador uma pequena informação que não devia." Do rol dos fracassos pregressos do Cyber 205, consta até uma previsão de neve em julho.

"Há planos para substituí-lo", disse um dos operadores do Cyber. Outros se unem em defesa da máquina. "As depressões têm esse costume de fazer as coisas mais inesperadas", disse um deles. "De vez em quando são muito voluntariosas."

Talvez pesquisas futuras superem essas dificuldades. Mas há duas razões teóricas para se acreditar que há uma limitação inerente à exatidão com que se pode prever o tempo. Quatro ou cinco dias, talvez uma semana — e não mais.

Confira no dicionário:
Mega: grande.
Flop: fracasso.

MATEMÁTICO DE CORAÇÃO

Estou me adiantando à história. Voltemos a 1963. Edward Lorenz, do Instituto de Tecnologia de Massachusetts, publicou um artigo intitulado *Fluxo não-periódico determinístico*. Lorenz sempre desejara ser matemático, mas veio a Segunda Guerra Mundial e, em vez disso, tornou-se meteorologista. Pelo menos era o que ele se considerava; de fato, continuava sendo um matemático de coração. (Matemática é como um vício, ou uma doença: nunca se consegue escapar dela, mesmo quando se quer.) Permitam-me citar o resumo que Lorenz fez dos resultados que obteve:

> É possível conceber sistemas finitos de equações diferenciais não-lineares comuns para representar um fluxo hidrodinâmico dissipativo forçado. As soluções para essas equações podem ser identificadas a trajetórias num espaço de fase. Para aqueles sistemas com soluções limitadas, verifica-se que soluções não-periódicas são em geral pouco estáveis com relação a pequenas mudanças, de tal modo que estados iniciais ligeiramente diferentes podem evoluir para estados consideravelmente diferentes. Demonstra-se que sistemas com soluções limitadas possuem soluções numéricas limitadas.
>
> Um sistema simples que representa uma convecção celular é resolvido numericamente. Mostra-se que todas as soluções são instáveis e quase todas são não-periódicas.
>
> A exeqüibilidade de previsões meteorológicas de prazo muito longo é examinada à luz desses resultados.

Quando li estas palavras senti um calafrio na espinha e fiquei arrepiado. *Ele sabia! Vinte e cinco anos atrás, ele sabia!* E quando as retomo mais detidamente, fico ainda mais impressionado. Em apenas doze páginas, Lorenz antecipou várias idéias-chaves da dinâmica não-linear, antes que qualquer outra pessoa tivesse sequer imaginado a existência de um fenômeno tão novo e desconcertante como o caos.

Lorenz, como já disse, considerava-se um meteorologista. Nada mais natural, portanto, que publicasse seu artigo no *Journal of the Atmospheric Sciences*. Os meteorologistas, não conhecendo matemática, ou conhecendo apenas a tradicional, de fato não sabiam o que fazer com aquilo. Não parecia especialmente importante. Na verdade, as equações de Lorenz eram uma versão tão estropiada, tão capenga da física autêntica, que tudo aquilo provavelmente não passava de disparate.

Várias centenas de revistas científicas são publicadas a cada ano, tendo em média bem mais de mil páginas. Quem lê muito, mal consegue acompanhar as publicações em seu próprio campo. Sim, a probabilidade de que a edição de primavera da *Gazeta do Estrangulador de Bodes* traga uma idéia de crucial importância para a teoria dos sistemas dinâmicos é ínfima, mas o mesmo se aplica a mais de uma centena de publicações obscuras. Mesmo com a maior boa vontade do mundo, o máximo que se consegue é acompanhar as fontes que se conhece. Os topologistas, que teriam calafrios na espinha iguais aos meus se tivessem deparado com a obra seminal de Lorenz, não tinham o costume de folhear o *Journal of the Atmospheric Sciences*.

E assim, durante uma década, o artigo permaneceu na obscuridade. Lorenz sabia que estava às voltas com algo de relevante, mas estava além de seu tempo.

Proponho darmos uma olhada no que ele fez.

A Coragem de suas Convecções

O ar quente sobe.

Esse movimento, conhecido como convecção, é responsável por muitos aspectos importantes das condições atmosféricas (figura 53). Nuvens de tempestade se formam em decorrência da convecção: é por isso que elas são freqüentes em dias úmidos e quentes. A convecção

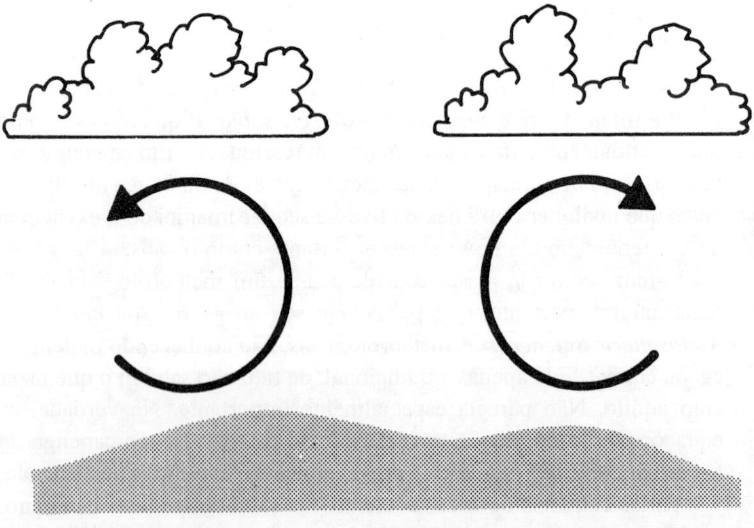

Fig. 53. Células de convecção, causadas pela subida do ar quente.

pode ser estacionária, com o ar mais quente subindo lentamente, de maneira constante; ou não-estacionária, com a atmosfera se movendo de uma maneira muito mais complicada. Convecções não-estacionárias são muito mais interessantes e obviamente mais relevantes para as condições meteorológicas. Uma vez que o comportamento mais simples depois de manter-se estacionário é mudar periodicamente, o tipo mais simples de convecção não-estacionária é uma espécie de efeito de torvelinho periódico.

O estudo da convecção tem uma história ilustre. Por volta de 1900, Henri Bénard fez um experimento fundamental, descobrindo que, quando uma fina camada de fluido é aquecida a partir de baixo, pode formar células de convecção, bastante parecidas com um favo de mel. Lorde Rayleigh derivou daí a teoria básica do início da convecção. Mas havia sempre mais a aprender. Em 1962, B. Saltzman formulou as equações para um tipo simples de convecção. Imagine uma fatia vertical de atmosfera; aqueça o ar na parte de baixo, mantenha-o frio em cima, e observe-o em convecção. O que se espera ver são torvelinhos ocorrendo a espaços regulares, com as células de convecção rodopiando de maneira periódica. Segundo o procedimento típico da matemática aplicada clássica, Saltzman intuiu uma forma aproximada da solução: introduziu-a nas equações, fazendo substituições, ignorou alguns termos incômodos mas pequenos, e contemplou o resultado. Mesmo tão truncadas, suas equações eram difíceis demais para serem resolvidas por uma fórmula, de modo que ele as introduziu num computador.

Notou que a solução parecia sofrer flutuações irregulares: convecção não-estacionária. Mas absolutamente não parecia periódica.

Lorenz estava interessado e decidiu levar adiante a investigação. Percebendo que apenas três das variáveis de Saltzman tinham influência sobre esse efeito, descartou as outras. Era uma medida radical, mas consciente. Obteve um sistema de equações que hoje já é um clássico:

$$dx/dt = -10x + 10y$$
$$dy/dt = 28x - y - xz$$
$$dz/dt = 8/3z + xy$$

Aqui, x, y, z são suas três variáveis chaves, t é o tempo, e d/dt é a taxa de variação. As constantes 10 e 8/3 correspondem a valores escolhidos por Saltzman; o 28 representa o estado do sistema imediatamente após o início de convecção não-estacionária, como veremos logo a seguir. Esses números podem ser mudados, dependendo dos valores das variáveis físicas.

Se você eliminar os termos xz e xy à direita, terá um conjunto de equações que qualquer matemático que se preze resolverá de olhos fechados antes do café da manhã. Mas muito maçante.

Porém você pode fazer algo de mais útil nessa linha. Pode encontrar os estados estacionários do sistema, em que todas as três expressões à direita desaparecem e x, y e z permanecem constantes. Eles são três: um representa ausência de convecção e os outros dois, simetricamente relacionados, representam convecção estacionária. Pode também analisar a estabilidade do sistema nas proximidades desses estados, por um método conhecido como *análise linear da estabilidade*. Verá que, se o 28 for reduzido a menos de 24,74, o estado de convecção estacionária será estável. No valor crítico de 24,74, a convecção se inicia. A escolha de 28 feita por Lorenz ocorre imediatamente após o início de convecção não-estacionária.

Neste ponto, você é abandonado pela teoria linear. Ela funciona bem *perto* do estado estacionário; mas quando o estado estacionário se torna instável, isso significa necessariamente que é preciso considerar o que está acontecendo à medida que o sistema se afasta do estado estacionário. A teoria linear pode lhe dizer, portanto, onde a instabilidade ocorre, mas não o que resulta dela. Um par de binóculos pode lhe mostrar onde está o pico do morro mais próximo, mas não o que há depois dele.

É um começo. *Agora você sabe onde o comportamento interessante ocorre*. Mas que comportamento é esse?

AS VANTAGENS DE TER UM COMPUTADOR

Não há outra saída: *você tem que resolver as equações*. Por bem ou por mal, por artimanha ou força bruta. O método mais confiável é, de longe, a força bruta: compute a solução numericamente.

Lorenz tinha um computador. No início dos anos 60, isso era raro. A maioria dos cientistas desconfiava dos computadores e dificilmente algum deles possuía o seu próprio. O aparelho em que estou escrevendo este parágrafo é um computador muito melhor que o de Lorenz, e eu o estou usando como processador de texto. É mais ou menos como usar um Rolls Royce para entregar leite. Os tempos mudam. Seja como for, Lorenz tinha um computador Royal McBee LPG-300, um emaranhado não muito confiável de tubos a vácuo e fios. Assim, introduziu suas equações em seu Royal McBee e deixou-o Mc-Zumbir até o fim, numa velocidade de cerca de uma iteração por segundo. (Meu processador de texto é cerca de cinqüenta a cem vezes mais veloz.)

Catch-22: Para sair do impasse é preciso ter o lugar, as pessoas, a cultura e o tempo certos. Poincaré era a pessoa, a França era o lugar — mas o tempo e a cultura estavam errados. Lorenz era a pessoa, o MIT, o lugar; a cultura para o caos é a cultura do computador, e isto estava bem encaminhado. Quando todo mundo tem um computador, o *fato* do caos não pode passar despercebido. Aquilatar sua importância, porém, é outra questão. Para isso, é preciso que o tempo também esteja certo — outras pessoas devem poder se dar conta de que algo realmente interessante está se passando. O tempo não estava certo. Mais precisamente, Lorenz estava à frente do seu tempo.

Seu artigo mostra as primeiras três mil iterações do valor da variável *y* (figura 54). Ele oscila periodicamente nas primeiras 1.500, ou um número próximo disto, mas é possível ver que o tamanho da oscilação crescia de maneira constante. A partir de sua análise linear da estabilidade, Lorenz sabia que isso ocorreria: mas o que acontecia *em seguida*?

Loucura.

Oscilações violentas, primeiro para cima, depois para baixo; mas sem obedecer a quase nenhum padrão.

Lorenz fez gráficos para representar o modo como diversas combinações de *x*, *y*, *z* variavam. No plano (*x*, *y*), viu uma figura com dois lobos, na forma de um rim (figura 55). Ora o ponto rodeava o lobo da esquerda, ora o da direita.

Percebeu que as trajetórias de suas equações viviam em algo semelhante a um *pretzel* — biscoitinho salgado em forma de laço — esmagado. Era uma superfície que tinha, na parte de trás, duas camadas, mas na frente elas se fundiam numa só. O ponto que representava o estado do sistema oscilaria em torno de uma ou outra dessas superfícies, passaria através de sua junção e oscilaria novamente em torno delas.

Lorenz sabia que as trajetórias de uma equação diferencial *não podem* se fundir. Portanto, o que na frente parecia ser uma única lâmina devia de fato ser duas, muito juntas.

Isso significava, porém, que cada lâmina da parte de trás era dupla também, portanto ali haveria quatro lâminas... Assim, quatro na frente; logo, oito atrás; então... "Concluímos", disse Lorenz, "que há um complexo infinito de superfícies, sendo cada uma delas extremamente próxima de uma ou outra de duas superfícies que se fundem."

Não admira que os meteorologistas ficassem desconcertados. Mas Lorenz estava na pista de algo espetacular.

É espantoso o que um bocadinho de *xz* e *xy* pode fazer por você.

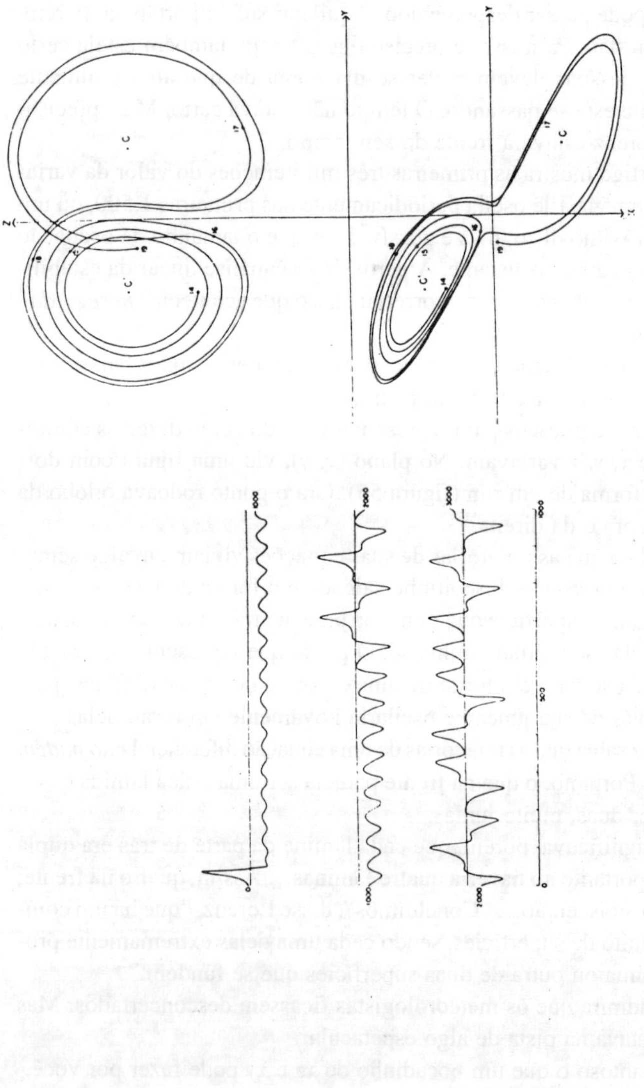

Fig. 54. Gráficos feitos por Lorenz, representando 3.000 passos numericamente computados em suas equações para a convecção: (à esquerda) as oscilações crescem e se tornam caóticas; (à direita) duas visões do movimento no espaço de fase. (American Meteorological Society, *Journal of the Atmospheric Sciences*, vol. 20 [Edward N. Lorenz].)

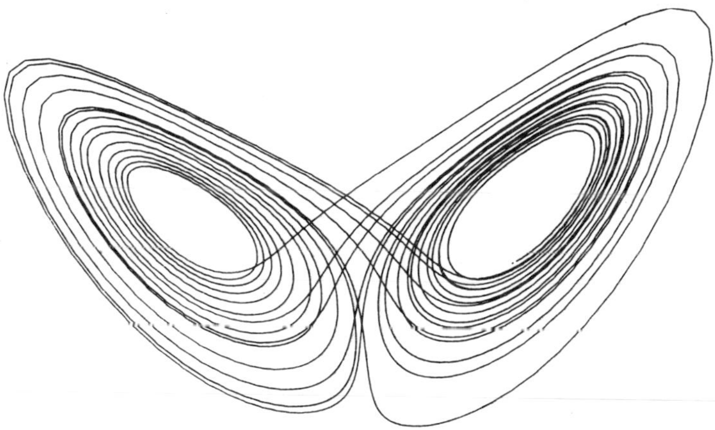

Fig. 55. O atrator de Lorenz: trajetórias giram, de maneira aparentemente aleatória, em torno dos dois lobos.

O EFEITO BORBOLETA

Não é correto dizer que Lorenz não encontrou padrão algum, que nada era previsível. Ao contrário, ele descobriu um padrão muito definido. Tomou os valores máximos da variável z e traçou um gráfico que representava a relação entre os picos de um instante com os de instantes anteriores. O resultado foi uma bela e precisa curva, com um pico agudo no meio (figura 56).

A curva de Lorenz é uma espécie de seção de Poincaré dos pobres. Em vez de representar uma variável em períodos regulares de tempo, representa a variável z cada vez que ela atinge um pico. Os intervalos de tempo são portanto irregulares, mas não demais, porque há um ritmo definido subjacente ao atrator de Lorenz.

Por meio da curva, você pode *prever* o valor do próximo pico em z, desde que saiba o valor do pico atual. Nesse sentido, pelo menos parte da dinâmica é previsível.

Trata-se apenas, porém, de uma previsão de curto prazo. Se você tentar juntar as previsões de curto prazo para obter uma de longo prazo, erros mínimos começam a se formar, passando a crescer cada vez mais rapidamente, até as previsões ficarem totalmente disparatadas. De fato, a curva de Lorenz tem as mesmas características do estique-e-dobre que aprendemos a associar ao caos, e a esticada faz os erros pipocarem.

Lorenz percebeu isso também. Chamou-o de "efeito borboleta". Descobriu-o por acaso.

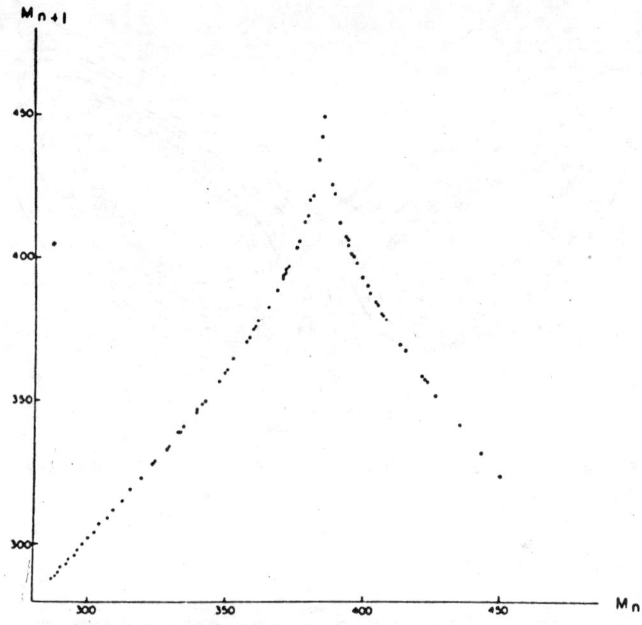

Fig. 56. Ordem no caos. Representando-se o tamanho de uma oscilação comparado ao da oscilação prévia, obtém-se uma curva precisa. (American Meteorological Society, *Journal of the Atmospheric Sciences*, vol. 20 [Edward N. Lorenz].)

Tinha seu McBee já por vários anos, desde 1960. Costumava alimentá-lo com sistemas que modelavam as condições atmosféricas, e deixá-lo rodando, às vezes por dias inteiros. O computador apresentava a trajetória resultante na forma de uma longa série de números — computador gráfico, naquela época, nem pensar. Os colegas provavelmente faziam apostas sobre qual seria a próxima façanha do microclima de Lorenz. No inverno de 1961, ele estava rodando um precursor de seu hoje famoso sistema. Havia calculado uma solução e queria estudar, naquele momento, como ela se comportaria num período de tempo maior. Em vez de esperar várias horas, anotou os números que haviam sido atingidos na metade do caminho, introduziu-os num novo ponto inicial e pôs a máquina para rodar.

O que devia ter acontecido era o seguinte. Primeiro, a máquina repetiria a segunda metade do processamento original, depois continuaria a partir dali. Repetir tudo seria uma checagem útil, mas saltando a primeira metade Lorenz economizava tempo.

O meteorologista saiu para tomar um café. Na volta, descobriu que o novo processamento *não* repetira a segunda metade do anterior! Começara repetindo, mas, lentamente, os dois processamentos começavam a divergir, até que, por fim, não havia qualquer semelhança entre um e outro.

Em seu livro *Caos*, James Gleick, que escreve sobre ciência, conta o que aconteceu em seguida, a partir de uma entrevista que Lorenz lhe concedeu.

> Subitamente ele se deu conta da verdade. Não houvera falha de funcionamento. O problema estava nos números que introduzira. Na memória do computador, estavam registradas seis casas decimais: ,506127. Na impressão, por economia de espaço, só figuravam três: ,506. Lorenz introduzira os números menores, arredondando-os, certo de que a diferença — uma parte em mil — não teria conseqüências.

Segundo a maneira tradicional de pensar, assim devia ser. Lorenz percebeu que suas equações não exibiam o comportamento que um matemático convencional esperaria. Cunhou então sua famosa expressão: "efeito borboleta" (figura 57). O bater de uma única asa de borboleta hoje produz uma minúscula alteração no estado da atmosfera. Após certo tempo, o que esta efetivamente faz diverge do que teria feito, não fosse aquela alteração. Assim, ao cabo de um mês, um ciclone que teria devastado o litoral da Indonésia não acontece. Ou acontece um que não iria acontecer.

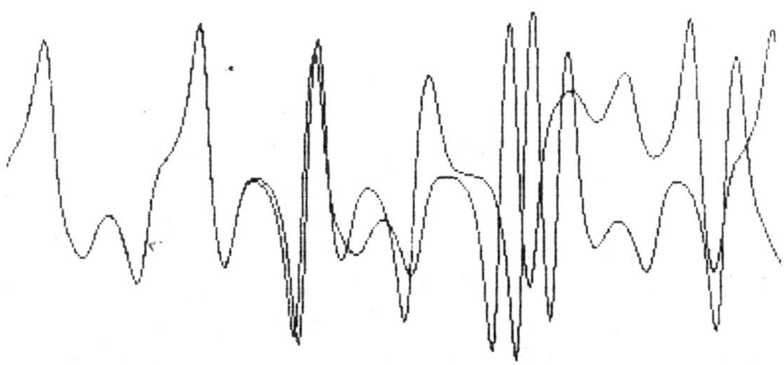

Fig. 57. O efeito borboleta: simulação numérica de uma variável no sistema de Lorenz. As curvas representam condições iniciais que diferem em apenas 0,0001. De início elas parecem coincidir, mas logo a dinâmica caótica leva a trajetórias independentes, muito divergentes.

Há borboletas em toda parte. Mas quem garante que os efeitos dos movimentos de suas asas se cancelam uns aos outros?

Lorenz de novo:

> A pessoa comum, vendo que somos capazes de prever as marés com muita exatidão, por vários meses, perguntaria: por que não podemos fazer o mesmo com a atmosfera? É apenas um sistema diferente, as leis são igualmente complexas. Mas eu compreendi que *qualquer* sistema físico que se comportasse de maneira não-periódica seria imprevisível.

PREVER OU NÃO PREVER?

Nesse estado de espírito, Lorenz concluiu seu artigo de 1963 com algumas considerações sobre a viabilidade da previsão do tempo. Sua argumentação é simples e original. Suponha-se reunindo uma série muito precisa de medidas das condições atmosféricas, comparáveis às que se usam na previsão do tempo. Colha esses dados por um tempo muito longo.

> A questão decisiva é então verificar se ocorreram análogos desde a primeira observação do estado da atmosfera. Por análogos entendemos dois ou mais estados da atmosfera tão proximamente assemelhados entre si que as diferenças podem ser atribuídas a erros de observação.

Se dois análogos *tiverem ocorrido*, você fará idênticas previsões das condições atmosféricas futuras, partindo de um ou de outro. Isto é, seu esquema de previsão do tempo deve prever variações *periódicas* do tempo. Mas isso é absurdo; todo o problema com a previsão do tempo é que ele não é periódico.

Se análogos não ocorreram, ainda resta uma esperança: o sistema global das condições atmosféricas pode ser quase-periódico, quase repetindo novamente os mesmos estados, mas com variações mínimas, que crescem lentamente. Em tal caso, a previsão do tempo a longo prazo poderia ser possível. De fato, tudo o que se tem a fazer é examinar os registros passados em busca de um análogo próximo das condições atmosféricas de hoje, e ver o que aconteceu da última vez.

Este raciocínio cai por terra, observa Lorenz, se "a variedade dos estados atmosféricos possível for tão imensa que análogos possam nunca ocorrer". E deixou pendente uma questão crucial: "Qual é a duração de 'um prazo muito longo'?" Não sabia a resposta, disse, mas, "pode-se pensar que dura tanto alguns dias como alguns séculos". Vinte e quatro anos depois, os séculos foram descartados e "alguns dias" parece ser a resposta exata.

ESTIQUE E DOBRE

Já vimos um exemplo do efeito borboleta, anteriormente. O solenóide de Smale, ou seu modelo mais simples, o mapeamento $x \rightarrow 10x$ num círculo. Ali se verifica a mesma sensibilidade a condições iniciais. Dois pontos π e π', que se correspondem em um bilhão de casas decimais, tomam cada um o seu rumo após um bilhão de iterações.

Isto pode não parecer tão grave. Mas dois pontos que coincidem em seis casas decimais evolvem de maneira independente após apenas seis iterações.

Qual a origem dessa sensibilidade?

É uma mistura de duas tendências conflitantes na dinâmica.

A primeira é *esticar*. O mapeamento $x \rightarrow 10x$ expande as distâncias localmente por um fator dez. Pontos próximos são afastados.

A segunda é *dobrar*. O círculo é um espaço limitado, não há lugar para esticar tudo. Ele se dobra sobre si mesmo muitas vezes — é a única maneira de caber em si mesmo depois que você expandiu as distâncias por dez vezes. Assim, embora pontos muito próximos se afastem, *alguns pontos muito distantes entre si se movem de maneira muito próxima.*

Por força da expansão, pontos que começam muito próximos evolvem diferentemente. De início, a diferença cresce de modo regular. Mas, uma vez que se afastaram o suficiente, os dois pontos "se perdem de vista". Um já não precisa mais imitar o comportamento do outro.

Essa combinação de esticar e dobrar é responsável também pelo movimento irregular. Sim, alguns pontos deverão voltar a se mover de maneira mais próxima. Mas quais? *Como saber?* Grandes diferenças agora resultam de diferenças mínimas muitas iterações atrás. Não é possível saber antecipadamente o que virá.

Isto é imprevisibilidade.

Você pode ver o processo do estique-e-dobre em ação no sistema de Lorenz. Cada metade da frente da superfície se curva em direção à parte de trás e é esticada de modo a dobrar de tamanho, antes de ser novamente "reinjetada" na parte da frente.

Está bastante claro agora que a estranha superfície de dois lobos infinitamente folhada de Lorenz deve ser um atrator estranho — o *atrator de Lorenz.* E suas equações diferenciais, embora sejam uma versão um tanto estropiada da física, são equações em três variáveis com o pé na terra e algum *pedigree* físico, por mais traços de vira-latas que apresentem. Não são equações artificiais, de *projetista*, que trazem um rótulo com os dizeres "CUIDADOSAMENTE ELABORADAS POR TOPOLOGISTAS" e, como logotipo, uma rosquinha verde.

E de fato você pode encontrar sistemas físicos reais que são muito bem modelados pelo sistema de equações de Lorenz, desde que você altere os números 10, 28 e 8/3. Um desses sistemas é uma roda hidráulica; outro é um dínamo; um terceiro, nas fronteiras da pesquisa física, é um *laser*.

Mas quando Lorenz formulou suas equações, ninguém sabia disso. Tudo o que as pessoas podiam ver era o óbvio: que ele as conseguira cortando fora pedacinhos das equações para a convecção. A maioria dos cientistas temia os efeitos desses cortes. Não compreendiam que, para Lorenz, não importava que suas equações tivessem sentido do ponto de vista físico.

Lorenz tinha aberto a porta de um novo mundo.

Ninguém a transpôs.

Porta? Que porta?

8

RECEITA DE CAOS

> Quando conseguir agarrá-la, comece a puxá-la com as pontas dos dedos, deixando uma distância de cerca de dezoito polegadas entre suas mãos. Depois dobre-a sobre si mesma. Repita o movimento de maneira ritmada. Quando a massa começar a se transformar de algo grudento, esfiapado, numa cintilante fita de cristal, comece a torcê-la, esticando-a e dobrando-a ao mesmo tempo.
>
> Irma S. Rombauer e Marion Rombauer Becker, *Joy of Cooking*

Quando criança, morei numa cidade no litoral sul da Inglaterra. Meus pais levavam-me regularmente para longas caminhadas — era o pós-guerra e naquela época eles não tinham carro, de modo que fazíamos um bocado de exercício saudável. Por vezes andávamos até o ancoradouro, descendo a High Street até o fim. Era uma ladeira íngreme e estreita, calçada de pedras, com pequenas lojas. Quase no alto, havia uma loja de doces caseiros. Claro que ela atraía a atenção da criança. Vendiam lá bastões de açúcar-cande, com o nome da cidade escrito em volta em finas letras vermelhas. Podíamos vê-los montando aquilo, na forma de um toro curto, a partir de tiras vermelhas e fatias brancas em forma de cunha, antes de enrolá-lo bem fino e reparti-lo em bastões. E havia uma máquina que esticava e misturava a pegajosa mistura açucarada com que os bastões eram feitos. Dois reluzentes braços de aço giravam devagar, movendo-se simultaneamente de um lado para outro. Boa parte da substância pegajosa ficava pendurada entre eles, como uma grossa meada de lã entre um par de mãos, e era repetidamente esticada e dobrada, esticada e dobrada. Isso me fascinava, e não só por causa do produto final. Na época eu não me dava conta, mas era meu primeiro encontro com a dinâmica caótica.

O doceiro tampouco se dava conta, mas estava explorando dois traços característicos do caos: *misturar* — assegurar-se de que os ingredientes estão uniformemente distribuídos — e *expandir*, introduzir longos fios cristalinos no açúcar, de modo a produzir o autêntico açúcar-cande do litoral: quebradiço, crocante.

O que é realmente curioso — tão conhecido que pouco o notamos, e muito menos refletimos a respeito — é que o movimento da *máquina* é perfeitamente regular. A máquina de fazer puxa-puxa tem um movimento circular periódico, para cá e para lá. Mas o puxa-puxa fica caótico. Causa regular: efeito irregular.

Todo mundo que usa uma batedeira de bolo ou de ovos, ou um liquidificador, está fazendo um exercício de dinâmica caótica aplicada. Um aparelho mecânico, que se move de modo regular e predeterminado, torna os ingredientes randômicos. Como isto é possível?

ESTIQUE E DOBRE

Stephen Smale conjecturou que a dinâmica típica é estacionária ou periódica. Quando descobriu que não era assim, substituiu a conjectura por uma pergunta: que *é* dinâmica típica?

Há dois modos principais de avançar na matemática.

Um é a via do "puro pensamento". Gaste bastante tempo pensando, de modo bastante genérico, sobre qual será de fato o *x* do problema. Divague em torno de características gerais. Tente trazer à tona idéias fundamentais.

O outro consiste em examinar exemplos, de preferência tão simples quanto possível, e captar exatamente como funcionam.

Na prática precisa-se de ambos para chegar a qualquer lugar. Um matemático que trabalhe sobre um problema vai andar às voltas com exemplos simples até decidir que encontrou uma pista, e então passará para um ponto de vista mais geral, e desconfiará dele por um tempo, depois retornará a um conjunto ligeiramente diferente de exemplos e fará perguntas ligeiramente diferentes. Em seguida apoquentará outros matemáticos ao alcance do seu telefone. Fará chamadas de Knoxville para Omsk. Se ficar realmente perplexo, deixará aquilo de lado, para fazer alguma outra coisa: enfrentar outro problema, trocar o óleo do carro, montar um aquário, escalar uma montanha. E, freqüentemente no momento mais impróprio, surge a inspiração. Raramente ela resolve tudo, mas mantém o processo em marcha. Em *Euclide Rules OK*, Anselm Lanturlu, personagem de quadrinhos criado pelo físico francês Jean-Pierre Petit, captou com exatidão o que se sente:

> ENTENDI! Bem, isto é... não sei exatamente o QUE entendi, mas estou com a impressão de que entendi ALGUMA COISA.

Pensar de maneira muito geral sobre dinâmica, sem detalhes, na perspectiva mais ampla possível, leva a algo parecido.

Dinâmica tradicional:

- Ficar quieto.
- Girar indefinidamente.

A ciência destilada, ao longo de cinco séculos, até sua essência geométrica. Qual é a essência geométrica do caos?

- Estique e dobre.

O ingrediente que falta?

Bem, não falta um *único* ingrediente. O caos é uma rica mistura, cheia de condimentos exóticos e frutos de estranhos formatos; leva também sua porção de birutice. Mas seu ingrediente básico, a farinha-e-água do caos, é esticar e dobrar.

Que tal consultar o livro de culinária?

Do Radar à Ferradura

Exatamente no fim da Segunda Guerra Mundial, em 1945, dois matemáticos de Cambridge, Mary Lucy Cartwright e John Edensor Littlewood, estavam estudando osciladores forçados. Um *oscilador* é algo que balança repetitivamente, como um pêndulo; e um sistema é *forçado* quando algum empurrão que varia com o tempo é dado na sua dinâmica a partir de fora. Você pode imaginar, por exemplo, que pendura um pêndulo num pino que, por sua vez, está preso num motor e desliza para cima e para baixo, como um pistom. Este exemplo de um oscilador forçado combina dois movimentos periódicos distintos: as oscilações "naturais" do pêndulo e as oscilações "artificiais" da força propulsora. Em geral elas terão períodos diferentes, isto é, o movimento natural ficará em descompasso com o forçado. Isto conduz a uma interação complicada.

Há oscilações forçadas por toda parte. Uma menos óbvia é o ciclo sono-vigília, em que um ritmo bioquímico natural é forçado pelo ciclo regular dia-noite causado pela rotação da Terra. O batimento cardíaco é outra: ver Capítulo 13.

Qualquer pessoa formada segundo a teoria linear clássica esperaria que a combinação de dois movimentos oscilatórios levasse a um movimento quase-periódico com duas freqüências superpostas. Os osciladores forçados, contudo, nem sempre fazem o que a matemática clássica nos

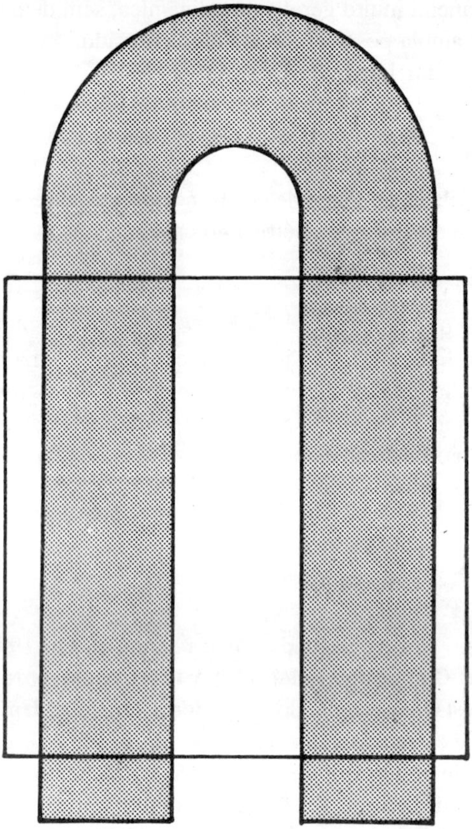

Fig. 58. O mapeamento da ferradura, de Smale, simula um dobramento caótico. Um quadrado é esticado, dobrado e reintroduzido em si mesmo. Quando iterado, o mapeamento produz uma intricada estrutura de múltiplas camadas.

levaria a esperar. Surgem efeitos não-lineares, e o resultado freqüentemente é o caos.

A equação de van der Pol, mencionada anteriormente em relação às válvulas de rádio, é um oscilador não-linear. Cartwright e Littlewood demonstraram que, sob condições adequadas, um oscilador forçado de van der Pol exibe um complicado movimento aperiódico. Hoje podemos ver que essa foi uma das primeiras descobertas do caos. Seu trabalho foi parte do esforço de guerra. Eletrônica significava radar, e não foi por coincidência que a equação de van der Pol surgiu no campo da eletrônica.

Nos anos 60, Stephen Smale estava interessado no oscilador forçado de van der Pol, mas não na guerra. Inventou um sistema modelo com geometria similar, que correspondia a uma equação mais simples, porém menos física. Tome um quadrado, estique-o até torná-lo um retângulo longo e fino, dobre-o em forma de ferradura e trate de reintroduzi-lo na sua moldura original (figura 58).

Estique e dobre.

Se você pensar em iterações desse processo, verá que a etapa seguinte produz uma espécie de ferradura ferrada com mais uma ferradura, com três voltas em U; a outra terá sete voltas em U, a seguinte terá quinze, e assim por diante. Cada iteração dobra o número de voltas existentes e acrescenta uma extra. Deste modo, no limite, você obtém uma espécie de curva infinitamente serpenteante. Agora comece de novo, mas pense apenas em algum ponto inicial do quadrado, não nele todo. À medida que é iterado, deve ser "guiado" para a curva infinitamente serpenteante, porque o quadrado inteiro o faz! Assim, podemos supor também que ele está de fato *na* curva e, a cada iteração, saltita de um ponto da curva para outro. A curva é tão enroscada que o movimento nela é, para todos os efeitos, randômico. Essa é a geometria que estava subjacente ao comportamento caótico observado por Cartwright e Littlewood.

A ferradura tem outros traços importantes. Tem aquela mesma estrutura de infinitas camadas, que Lorenz deduziu que existia em seu atrator, que se mostra na solenóide e que está intimamente relacionada com o conjunto de Cantor.

Não só isso. Dentro da ferradura há um ponto de sela, e uma separatriz dessa sela muda de rumo e cruza uma outra. O resultado é um emaranhado homoclínico — espaguete dinâmico —, muito parecido com o que horrorizou Poincaré. A principal diferença é que o exemplo de Poincaré surgiu na dinâmica hamiltoniana — ausência de atrito. O sistema de Smale pode ocorrer também em sistemas dissipativos — em que o atrito está presente.

Assim, esse único exemplo tem parentesco com muitos outros sistemas caóticos. Mas, sob vários aspectos, é mais simples. Em particular, pode ser estudado com geometria e topologia, em vez do computador.

Estudando a ferradura, Smale pôde avançar do ponto onde Poincaré desistira, o que deu lugar a uma explosão de idéias na teoria dos sistemas dinâmicos.

DINÂMICA À BOLONHESA

Michel Hénon é um astrônomo francês. Em 1962, interessava-se no modo como as estrelas se movem numa galáxia. Isto o levou a um modelo matemático, um sistema dinâmico cujo comportamento dependia de seu nível de energia. Na mecânica celeste, equações diferenciais são em geral hamiltonianas: não há muito atrito no espaço.

Segundo o conhecimento convencional da época, as trajetórias deviam ser periódicas, ou, mais genericamente, quase-periódicas, separáveis em vários componentes periódicos distintos. Métodos clássicos, como a teoria da perturbação, tendiam a *partir* desse pressuposto. Não admira que todas as soluções obtidas dessa maneira estivessem de acordo com a concepção convencional. No geral, poucos se incomodavam com esse círculo vicioso, se é que o percebiam.

Hénon, que tivera uma formação clássica, como todos os demais, começou esperando comportamentos quase-periódicos. Juntamente com Carl Heiles, um estudante de pós-graduação, e equipado com uma nova e menosprezada ferramenta, o computador, pôs-se a estudar o que acontecia com as órbitas regulares à medida que a energia no sistema aumentava.

A baixas energias, as trajetórias eram regulares e periódicas: o saber convencional se confirmava. A energias mais elevadas, porém, elas se rompiam. O que teriam sido belas curvas fechadas nas figuras dinâmicas, desintegrava-se numa fumaça aleatória de pontos. Ilhas de regularidade se distribuíam de maneira complicada num mar de caos (figura 59). Almôndegas de regularidade num espaguete estocástico. Hénon e Heiles não *demonstraram* rigorosamente coisa alguma, mas representaram em figuras o que viram no computador, e formularam algumas hipóteses inspiradas sobre o que estava se passando. Depois, como eram astrônomos, não matemáticos, foram tratar de outros problemas.

ARMADILHA MAGNÉTICA

Jürgen Moser forneceu uma explanação matemática da descoberta de Hénon e Heiles em termos do que ele chamou de *mapa de torções*. Outros cientistas encontraram o mesmo fenômeno em várias aplicações. Em 1960, o físico russo B. V. Chirikov estava trabalhando com plasmas — gases tão quentes que alguns de seus elétrons são arrancados. O objetivo final da pesquisa sobre o plasma é a construção de um reator de fusão que supra energia elétrica barata e segura. Para fazer tal reator, o plasma deve ficar confinado a temperaturas elevadas por períodos de tempo suficientemente longos. Como nenhum material comum sobrevive ao calor necessário, utiliza-se uma armadilha magnética. Porém plasmas e campos magnéticos interagem de maneira muito complexa.

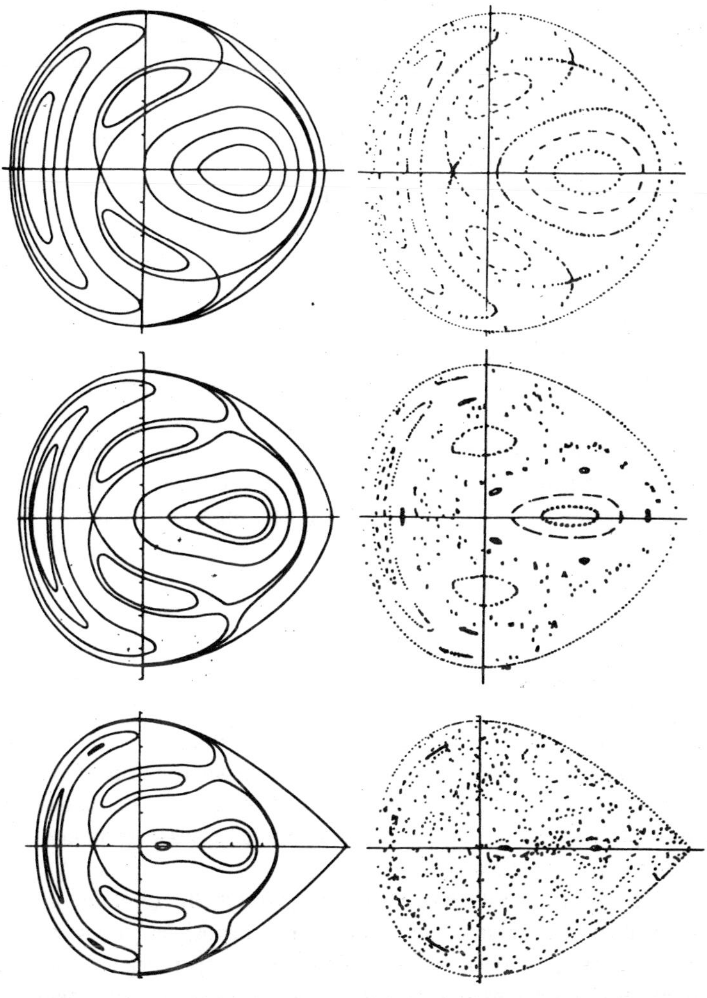

Fig. 59. O problema dos três corpos, numa aproximação de Hénon e Heiles: (à esquerda) trajetórias computadas por aproximações de séries clássicas são sempre regulares na forma; (à direita) trajetórias computadas revelam ilhas de regularidade em meio a um mar de caos — a energia aumenta de cima para baixo.

Chirikov estava tentando entender isso. Introduziu um modelo para a dinâmica de um plasma numa armadilha magnética, na forma de um mapeamento de Poincaré, hoje conhecido como *mapeamento padrão*, dada a freqüência com que aparece. Analisando o mapeamento padrão, Chirikov descobriu que o caos pode ocorrer num plasma, causando instabilidades que permitem que ele escape à armadilha.

O mapeamento padrão tem uma característica especial: *preserva a área*. Ou seja, se o mapeamento é usado para transformar qualquer região de um espaço de fase, sua área permanece inalterada depois da transformação. Isto reflete o fato de que o sistema em sua totalidade é hamiltoniano: a conservação da energia no sistema completo converte-se em preservação da área numa seção de Poincaré.

O mapeamento padrão envolve um parâmetro numérico que controla a dinâmica. Chirikov descobriu que há um valor crítico desse parâmetro, no qual o movimento se torna caótico. O que permite a criação do caos no mapeamento padrão é um mecanismo especialmente fundamental, chamado "rompimento dos toros de KAM". Isto significa que tem o mesmo padrão de ilhas estáveis e comportamento randômico que Hénon e Heiles haviam descoberto; agora, porém, as ilhas começam a se desintegrar. Trata-se da *fronteira do caos*, que possui uma intricada e importante estrutura. Mas restam ainda inúmeros problemas a respeito dos mapeamentos que preservam a área, os quais matemáticos e físicos teriam o maior prazer em resolver.

MASSAS FOLHADAS

Em 1976, Hénon entrara em contato com a teoria dos sistemas dinâmicos e ouvira falar de atratores estranhos. Assistiu a uma conferência sobre o atrator de Lorenz, que levantava — sem afinal respondê-las cabalmente — questões sobre sua estrutura geométrica fina. Começou a pensar: seria aquela a nova idéia matemática que explicaria os resultados que obtivera? E concluiu que o primeiro passo seria conhecer melhor o atrator de Lorenz.

Hénon é um cientista que, embora não trabalhe diretamente com matemática, tem instintos de matemático e disposição para se dedicar a modelos simples, despojados, não-físicos, na esperança de obter uma compreensão antes matemática que física. Há muita gente assim nos anais do caos. Por esse processo chegou a um sistema de equações muito mais simples do que o de Lorenz, que incorporava porém sua principal característica: o esticar e dobrar.

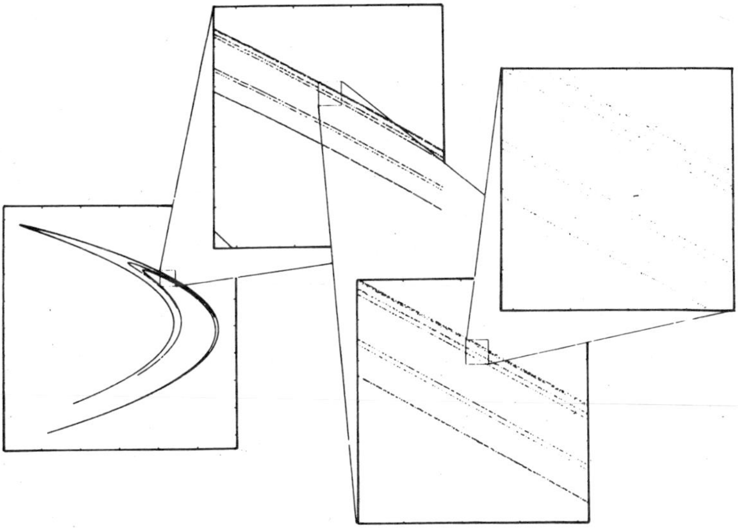

Fig. 60. A estrutura em finas camadas do atrator de Hénon.

Hénon obteve uma figura muito semelhante à ferradura de Smale. Os mesmos ziguezagues enroscados e múltiplas voltas em U. Seus experimentos no computador revelaram a mesma estrutura de infinitas camadas prevista pela teoria (figura 60). O atrator de Hénon tem forma de U, mas não é uma curva: aparece em camadas que se dobram uma sobre a outra, como uma massa folhada. Uma estrutura muito elegante e delicada. Bastante complexa também: não parece possível descrever sua geometria em todos os detalhes. Não obstante, toda essa estrutura está implícita nas equações muito simples que a definem.

Se você processar as equações num computador, sejam quais forem os valores iniciais escolhidos, pontos sucessivos serão rapidamente conduzidos para essa delicada estrutura, sem jamais romper o padrão de múltiplas camadas. Por outro lado, porém, você nunca poderá saber de antemão em que lugar, dentro das camadas, cairá o próximo ponto. *Essa simples equação sabe alguma coisa que você não sabe.* O interjogo entre regularidade e aleatoriedade é desnorteante,

Havia duas correntes na teoria dos sistemas dinâmicos nos anos 70. Numa, topologistas exploravam as propriedades geométricas para estabelecer resultados rigorosos sobre sistemas que tinham inventado e que esperavam tivessem alguma conexão com a natureza. Na outra, físicos partiam de equações que sabiam serem relacionadas com a natureza, encontravam soluções aproximadas no computador, e viam estruturas similares às que os topologistas estavam vendo. Mas seriam as mesmas? Ou estariam as pessoas vendo coisas que não estavam de fato lá, simplesmente porque esperavam vê-las?

O problema é que não se pode ter plena confiança numa figura gerada em computador. Ela é sem dúvida uma representação fidedigna do que o computador calculou. Mas o computador não é capaz de fazer cálculos *exatos* — pelo menos, não sem uma abordagem completamente diversa de toda a questão —, de modo que seus cálculos são uma espécie complicada de aproximação à coisa real. Uma resposta exata para uma questão aproximada será o mesmo que uma resposta aproximada para a questão exata?

Às vezes. Mas com certeza não sempre. Por exemplo, se você resolve as equações para o movimento de um avião num fluido muito fracamente viscoso, a solução *não* é próxima à que obteria para um fluido cuja viscosidade fosse zero.

As equações de Hénon são tão simples que se esperava que pudessem fornecer o "elo perdido" da teoria dos sistemas dinâmicos: aplique os resultados topológicos a uma equação específica e confirme rigorosamente a análise numérica. Mas a teoria dos sistemas dinâmicos é tão difícil que, até muito recentemente, ninguém conseguira fazer isso — mesmo com um sistema tão simples. Havia até uma respeitável escola de pensamento segundo a qual os resultados de Hénon tinham apenas, de fato, um período muito longo — não eram em absoluto verdadeiramente caóticos. Mas o ano de 1987 acabara de testemunhar uma ruptura de primeira grandeza. Lennard Carleson descobriu uma maneira de demonstrar que o atrator de Hénon é de fato caótico — pelo menos para "a maior parte" dos valores dos parâmetros numéricos que ocorrem nas equações. Atratores estranhos não são meros artefatos topológicos. Existem realmente, em equações simples, equações que modelam aspectos do mundo real.

ALÉM DA CULINÁRIA

Se há alguma mensagem no que vimos até agora, é esta:

RECEITA DE CAOS

350 g de espaço de fase
1 colher de sopa de condições iniciais
Estique e dobre repetidamente.
Tempere a gosto.

Mas trata-se de um livro de matemática, não de culinária, e estamos em busca de uma compreensão mais formal desse processo, mesmo que o gênio sutil do cozinheiro inato seja tolerado. Quero encerrar o capítulo examinando mais de perto um caso de dinâmica caótica, inspirado no exemplo da máquina de fazer puxa-puxa e sua ubíqua rota estique-e-dobre para o caos.

Quero captar a essência, evitando complicações indevidas. Complicações *devidas* fazem parte do jogo; mas tentaremos não acrescentar complicações gratuitas. Vou substituir o fio da mistura de puxa-puxa por um segmento de linha com uma unidade de comprimento.

O exemplo que escolhi nada tem de original. É um dos velhos favoritos, a jaula dos chimpanzés no zoológico do caos: o *mapeamento logístico*. Ele exemplifica não só as ocorrências do caos, mas como ele pode ser criado.

Imagine uma caixa-preta, um circuito eletrônico com um botão que você pode girar. A caixa está emitindo sinais regulares. Você gira lentamente o botão e os sinais mudam ligeiramente, mas continuam regulares. Depois, quando o botão alcança uma posição crítica, os sinais começam a ficar desestruturados, randômicos. Provavelmente você pensará que fez algo de drástico com a caixa-preta, tendo talvez ligado toda uma nova seção do circuito.

O que o mapeamento logístico mostra é que mudanças drásticas não têm necessariamente causas drásticas. Não ocorrem grandes mudanças no circuito da caixa-preta. Apenas, digamos, alguns ajustamentos finos a um capacitor variável. Mas *ainda assim* ele pode passar da regularidade ao caos.

O mapeamento logístico é importante também porque foi nele que a teoria do caos teve seus primeiros contatos efetivos com experimentos. E foi um parente próximo dele que gerou alguns dos mais complexos e belos comportamentos conhecidos dos matemáticos, a partir de uma das mais simples equações concebíveis. Mas estas histórias vão ficar para capítulos futuros. Por enquanto, trataremos de nos familiarizar com o mapeamento logístico e de examinar algumas de suas surpreendentes propriedades.

Mapeamento Logístico

Considere um segmento de linha com uma unidade de comprimento. Um ponto desse segmento é representado por um número x entre 0 e 1, dando sua distância a partir da extremidade esquerda. O mapeamento logístico é

$$x \rightarrow kx(1 - x)$$

onde k é uma constante entre 0 e 4. Iterando o mapeamento, obtemos o sistema dinâmico discreto

$$x_{t+1} = kx_t(1 - x_t).$$

Podemos pensar em t como representando o tempo, mas neste caso o tempo deve clicar de um número inteiro para outro: 0, 1, 2, 3 ... Portanto x_t é o valor da variável x no tempo t.

Geometricamente, o mapeamento logístico estica ou comprime o segmento de linha de modo não uniforme, e depois o dobra ao meio. Por exemplo, tome k = 3, de modo que $x_t = x$ se transforme em

$$x_{t+1} = 3x(1 - x)$$

Os números entre 0 e 0,5 são mapeados para os números entre 0 e 0,75. Por exemplo, 0,5 vai para 3 × 0,5 (1 – 0,5) = 0,75. Os números entre 0,5 e 1 são mapeados para os números entre 0,75 e 0: o mesmo intervalo em ordem inversa. O efeito do mapeamento, portanto, é esticar o segmento original de modo a fazê-lo cobrir o segmento entre 0 e 0,75 *duas vezes*.

Em geral, para um dado k, o mapeamento dobra o intervalo e o deposita sobre o intervalo entre 0 e k/4. Se k é pequeno, há uma compressão em vez de um esticamento; e veremos a diferença na dinâmica. Se k é maior do que 4, o intervalo abre caminho para fora de si mesmo, sob iteração, e alguns valores de x escapam rapidamente para o infinito. Nessa etapa, não há nada de muito interessante a observar: por isso estabeleci que k se situa entre 0 e 4.

Para estudar a dinâmica do mapeamento logístico, devemos olhar seu comportamento de longo prazo — seus atratores. Isto é, vamos iterar o mapeamento muitas e muitas vezes e observar o que acontece com x. Mas há uma camada extra de estrutura: faremos isso para vários valores de k, para ver como o padrão se modifica à medida que k varia.

Assim, k é o "botão" da caixa-preta, e a equação acima descreve o conjunto dos circuitos internos. Você pode investigar os efeitos de se estabelecer vários valores para k com uma calculadora ou um microcomputador; e eu lhe peço encarecidamente que verifique tudo o que digo. Mesmo assim, vou descrever como acontece: em parte em atenção aos que não têm acesso a essa aparelhagem; em parte para poder apontar as características de maior interesse.

REGIME DE ESTADO ESTACIONÁRIO

Os valores de k compreendidos entre 0 e 3 correspondem ao *regime de estado estacionário*, o menos interessante do ponto de vista da dinâmica. Situe k nesse domínio, digamos k = 2, e itere o mapeamento. Por exemplo, tome $x_0 = 0,9$. Em seguida, aplicando a fórmula repetidamente com $t = 0, 1, 2 \ldots$ encontramos a seqüência de valores

$x_0 = 0,9$
$x_1 = 0,18$
$x_2 = 0,2952$
$x_3 = 0,4161$
$x_4 = 0,4859$
$x_5 = 0,4996$
$x_6 = 0,4999$
$x_7 = 0,5$
$x_8 = 0,5$

e aí ela estaciona. Há um ponto atrator, um estado estacionário estável, em $x = 0,5$. Você pode comprovar facilmente que é um estado estacionário: se $x = 0,5$, então $2x(1 - x) = 0,5$ igualmente. A iteração não altera o valor 0,5.

Pode-se verificar a estabilidade também por cálculo, mas pode-se vê-la geometricamente, traçando o que os economistas matemáticos chamam de *diagrama da teia de aranha* (figura 61). Trata-se de um método gráfico de iteração. Comece desenhando um gráfico da fórmula $y = 2x(1 - x)$, obtendo uma parábola invertida. Trace a linha diagonal $y = x$ no mesmo diagrama. Para iterar um valor inicial x_0, trace uma teia

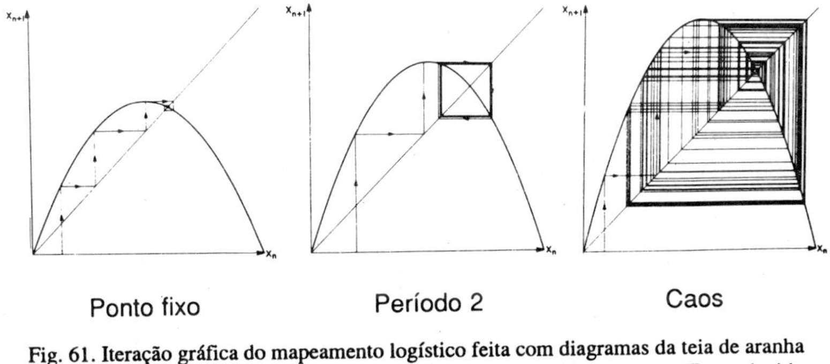

Fig. 61. Iteração gráfica do mapeamento logístico feita com diagramas da teia de aranha (da esquerda para a direita): estado estacionário, ponto periódico, caos. (Reproduzido com a permissão de John Wiley & Sons Ltd.)

de aranha vertical a partir de x_0 e veja onde ela atinge a parábola. Desenhe então uma teia horizontal para atingir a diagonal. A coordenada horizontal desse ponto é x_1. Repita, formado uma "escada" entre a parábola e a linha diagonal. As coordenadas de sucessivos "pés de degraus" da escada são os sucessivos valores iterados de x_t.

Quando k = 2, a teia de aranha vagueia diagonal acima e depois espirala para o ponto em que a parábola atinge a diagonal. Este é o ponto fixo; e o resultado é estabilidade porque a teia espirala *para dentro*. Se fosse para fora, você teria um ponto fixo instável.

Se experimentar, você descobrirá que a teia de aranha espirala para dentro desde que k seja menor que 3. Assim, para k no domínio de 0 a 3, obterá um único ponto fixo estável, e a dinâmica de longo prazo é não fazer coisa alguma. A posição do ponto fixo altera-se ligeiramente à medida que o botão k é girado, mas nada acontece além disso.

CASCATA DUPLICADORA DE PERÍODO

Quando k é exatamente 3, o ponto fixo é "marginalmente estável": a convergência para ele é *extremamente* lenta. Isto é sinal de que estamos no limiar de algo dramático. De fato, quando $k > 3$, o ponto fixo se torna instável, e a teia de aranha espirala para *fora*.

Sempre que se conhece uma solução para um sistema dinâmico e ele se torna instável, a pergunta a fazer é: "para onde ele vai agora?" Na prática, ele não se acomodará num estado instável, mesmo que isso satisfaça as equações. O que fará é perambular por fora e fazer alguma outra coisa. Freqüentemente essa outra coisa é muito menos óbvia, e portanto mais interessante, que o estado instável de que se partiu. Essa é uma nova maneira de aprender muitas coisas novas: seu nome é *teoria da bifurcação*.

Com tal disposição, perguntamos: para onde vai o estado estacionário do mapeamento logístico quando k é maior do que, digamos, 3,2?

Se traçar diagramas da teia de aranha, você descobrirá que o espiralamento para fora se torna mais lento e acaba por convergir numa volta quadrada. O valor de x_t saltita alternadamente entre dois números distintos. Isto é um *ciclo de período dobrado*, ou de período dois. Assim, o estado estacionário perde a estabilidade e se torna periódico. Em outras palavras, o sistema começa a oscilar.

Se seu computador tem áudio, você pode fazê-lo tocar uma espécie de música rudimentar, usando os sucessivos valores de x para determinar as notas a serem tocadas (figura 62). Pode, por exemplo,

Fig. 62. Representação esquemática das iterações de um mapeamento logístico $x \rightarrow kx(1-x)$ em notação "musical". A altura das "notas" representa o valor de x, e a "pauta" foi desenhada arbitrariamente. A constante k é (de cima para baixo) 2, 3,2, 3,5, 3,53, 3,6, 3,8, 4,0. Quanto maior for k, mais a música se torna randômica em qualidade.

esticar o domínio [0,1] de x para cobrir uma oitava: *dó-ré-mi*, e outros que tais. Em estado estacionário, a melodia é repetitiva e entediante: *fá-fá-fá-fá-fá-*... para todo o sempre. A melodia de período dobrado pelo menos tem ritmo: *sol-mi-sol-mi-sol-mi-*, sem parar. Beethoven, certamente não é.

Se você aumentar k para cerca de 3,5, o atrator de período dobrado também fica instável, e aparece um ciclo de período quadriplicado, ou período quatro: *sol-fá-lá-mi-sol-fá-lá-mi*... Por volta de 3,56, o período terá duplicado novamente para oito; por volta de 3,567 terá atingido 16; daí por diante, você obtém uma rápida seqüência de duplicações, com períodos de 32, 64, 128, ... (Se for tentar reproduzir isto no seu micro, não se esqueça, por favor, da advertência feita no Capítulo 1 sobre os diferentes resultados dados por diferentes marcas de computador. O mesmo se aplica a tudo o que se segue.)

A *cascata duplicadora de período* é tão rápida que, por volta de k = 3,58 ou algo próximo, tudo está encerrado: o período já se duplicou um número infinito de vezes. Nesse ponto, tendo feito o que podia para permanecer periódico, ao preço de assumir períodos cada vez mais longos, o mapeamento logístico se torna caótico. Ouvindo-o, você ainda conseguirá discernir quase-ritmos, pequenos fragmentos de melodias vagamente conhecidas, mas nada de repetitivo. Ainda não é Beethoven, mas não deixa de lembrar a música de alguns compositores minimalistas modernos.

ORDEM EM MEIO AO CAOS

Daí em diante, a música fica cada vez mais caótica. No valor máximo, k = 4, a melodia perambula intensamente por toda a oitava de notas disponíveis. Ou seja, uma dada trajetória — uma seqüência de valores de x com um ponto de partida dado —, passará tão próximo quanto se queira de cada ponto do intervalo. O intervalo inteiro se converteu num atrator.

Tudo isto, portanto, parece bastante simples. À medida que k passa de 0 a 4 obtém-se um aumento constante na complexidade do comportamento dinâmico:

estacionário → periódico → caótico

sendo a cascata duplicadora de período o mecanismo pelo qual o caos se estabelece. O "botão giratório" k simplesmente torna tudo cada vez mais complicado à medida que você o gira.

Fig. 63. O aumento de k no mapeamento logístico nem sempre acarreta, entretanto, maior aleatoriedade: em k = 3,835, ocorre um ciclo de período-3.

Ora, não é tão fácil assim!

Tente, por exemplo, o valor k = 3,835, bem dentro do regime caótico. Nas primeiras cinqüenta iterações, ou algo próximo disto, tudo parecerá lindamente caótico, como você esperava. Mas depois a melodia muda: *mi-sol-si-mi-sol-si-...* repetindo-se indefinidamente. Período *três* (figura 63). De onde surgiu *isso*?

Segundo meu computador, o ciclo é

$$0{,}1520744 \rightarrow 0{,}4945148 \rightarrow 0{,}9586346$$

Se você aumentar k *muito* suavemente, o período segue então assim: 6, 12, 24, 48, 96, ... numa nova cascata duplicadora de período!

Mais desconcertante ainda é o que acontece em k = 3,739: você obtém um ciclo de período *cinco* (figura 64):

$$0{,}8411372 \rightarrow 0{,}4996253 \rightarrow 0{,}9347495 \rightarrow 0{,}2280524 \rightarrow 0{,}6582304$$

repetido indefinidamente. Sim, próximo disso você encontrará períodos 10, 20, 40, 50.

Não é um quadro dos mais simples. O botão k não é um mero "gerador de caos". Não é verdade que o aumento de k sempre torna a dinâmica mais complicada. Ao contrário, há pequenas "janelas" de comportamento regular escondidas no regime caótico.

De onde vêm essas janelas? É uma história complicada, mas que agora já está bem compreendida. Sabemos até em que ordem os períodos surgem. O teorema básico foi demonstrado por um matemático

Fig. 64. Ciclo de período-5 no mapeamento logístico em k = 3,739.

russo, A. N. Sharkovskii. Escreva estes números inteiros na seguinte ordem:

$3 \to 5 \to 7 \to 9 \to 11 \to \ldots$
$\to 6 \to 10 \to 14 \to 18 \to 22 \to \ldots$
$\to 12 \to 20 \to 28 \to 36 \to 44 \to \ldots$
$\to 3.2^n \to 5.2^n \to 7.2^n \to 9.2^n \to 11.2^n \to \ldots$
$\to 2^m \to 2^{m-1} \to \ldots$
$\to 32 \to 16 \to 8 \to 4 \to 3 \to 1$

Primeiro, os números ímpares, em ordem *ascendente*. Depois seus duplos, quádruplos, óctuplos... por fim as potências de 2 em ordem *descendente*. Se, num dado valor de k, o mapeamento logístico tem um ciclo de período p, então deve ter tido também ciclos de período q para todo q tal que $p \to q$ nessa ordem. Assim, os primeiros ciclos a se estabelecer têm períodos 1, 2, 4, 8, ... — a cascata duplicadora de período. O período 17, por exemplo, se estabelece *antes* do período 15; antes de ambos, porém, estabelece-se o período 34, e antes dele períodos como 44 ou 52, que são múltiplos ímpares de 4, e ainda antes 88 ou 104, que são múltiplos ímpares de 8...

O que realmente perturba é que essa mesma ordenação extravagante se aplica não só a iterações do mapeamento logístico, mas a iterações de *qualquer* mapeamento no intervalo de unidade que tem apenas uma corcova. Esse resultado foi o primeiro indício de que alguns padrões de caos podiam ser *universais*, isto é, não específicos de exemplos individuais, mas representativos de *classes* inteiras de sistemas.

MANCHAS, MANCHINHAS...

Mas há algo ainda mais perturbador acerca das janelas periódicas do mapeamento logístico.

Há uma maneira de obter uma visão de conjunto de todo o comportamento dinâmico do mapeamento logístico para todos os valores de k, ao mesmo tempo. É o chamado *diagrama das bifurcações* (figura 65). Uma bifurcação é qualquer mudança na forma qualitativa do atrator de um sistema dinâmico; e o mapeamento logístico está simplesmente repleto de bifurcações.

A maneira de obtê-lo é a seguinte. Trace um gráfico com k seguindo na horizontal e x na vertical. Acima de cada valor de k, marque aqueles valores de x que se situam no atrator para esse k. Cada fatia vertical dará então uma figura, no intervalo de 0 a 1, do atrator corres-

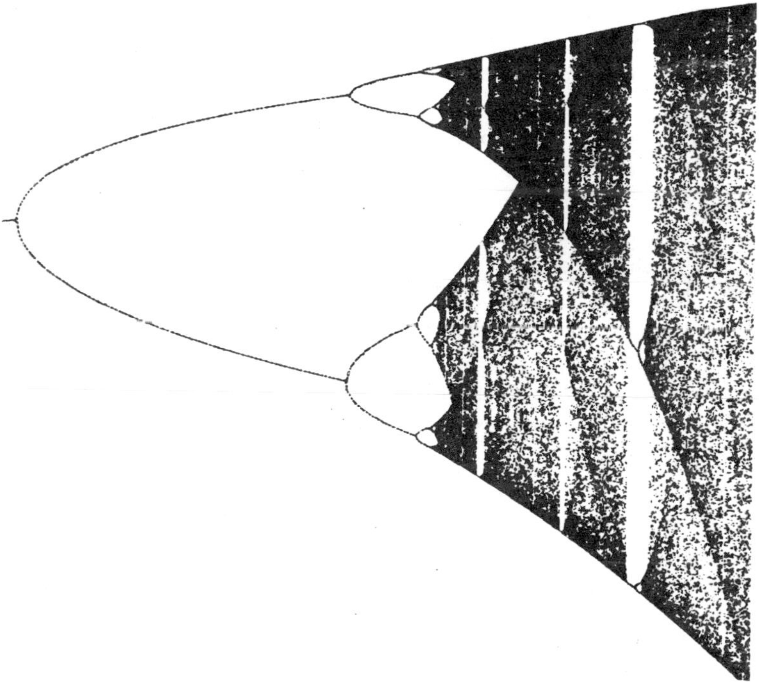

Fig. 65. Diagrama das bifurcações para o mapeamento logístico. A constante k aumenta de 2 para 4 na horizontal. A coordenada vertical é o estado x. Observe a figueira de duplicações de períodos, seguida pelo crescimento de faixas caóticas. (Reproduzido com a permissão de John Wiley & Sons Ltd.)

pondente. Assim, por exemplo, quando k é menor que 3, há somente um atrator pontual, e você deve marcar um único valor de x. Isto dá uma curva.

Os que têm microcomputador talvez queiram experimentar, antes de seguir adiante na leitura. Imagine um gráfico em que k segue de 0 a 4 na horizontal, em etapas de, digamos, 0,2. Trace x verticalmente, entre 0 e 1. (Você terá que esticar as escalas para poder perceber alguma coisa.) A cada valor de k, itere x algumas centenas de vezes, *sem* traçar ponto algum, e depois continue por mais outras vinte vezes, aproximadamente, marcando os valores de x acima do k escolhido.

Eis o que verá. Em k = 3, o que até então fora uma única curva divide-se em duas ("bifurcação" tem igual significado em linguagem comum e em "matematiquês"), tornando a se dividir à medida que k avança pelo regime duplicador de período. O que aparece é uma bela estrutura em árvore. Batizei-a de *figueira* (figura 66), porque conduziu a uma magnífica descoberta do físico norte-americano Mitchell Feigenbaum, que descreveremos no Capítulo 10. (Feigenbaum significa "figueira" em alemão. Tenho ainda outro trocadilho em alemão para tirar da manga. Desculpem-me.)

Por volta de k = 3,58, a figueira culmina num número infinito de ramos e o sistema se torna caótico. Os ramos da figueira se expandem em faixas de atratores caóticos. O diagrama da bifurcação é pontilhado de manchas aleatórias.

Mas olhe mais de perto. De quando em quando, há uma estreita fita branca na figura, onde aparecem somente umas poucas manchinhas. São as janelas periódicas (figura 67).

Olhando para a janela próxima de k = 3,835, onde o período básico é três, você verá que ela contém, por sua vez, três minúsculas figueiras. Escolha uma delas e amplie-a, de modo a fazer aparecer os pequenos detalhes.

Descobrirá que essa "subfigueira" também termina em faixas de caos. Dentro dessas faixas, há novamente estreitas fitas brancas, com apenas algumas manchinhas. Janelas dentro de janelas. Nestas há figueiras ainda menores, e assim por diante.

De fato, o interior de qualquer janela é uma cópia exata de *toda* a figura. O diagrama da bifurcação para o mapeamento logístico contém

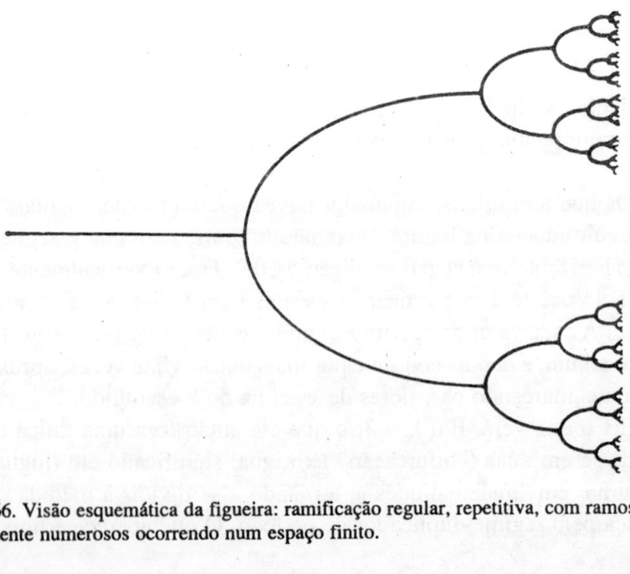

Fig. 66. Visão esquemática da figueira: ramificação regular, repetitiva, com ramos infinitamente numerosos ocorrendo num espaço finito.

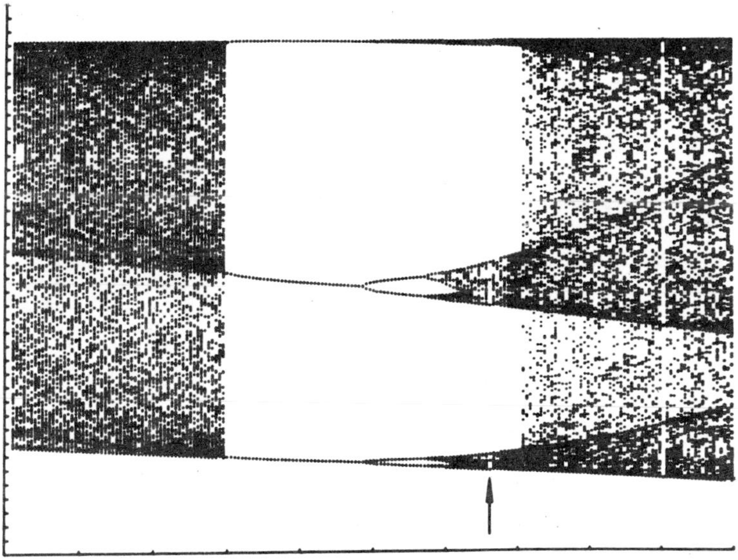

Fig. 67. Detalhe da figura 65, no interior de uma janela periódica: a estrutura inteira se repete em miniatura. E há janelas dentro de janelas (indicadas pela seta)... (Reproduzido com a permissão de John Wiley & Sons Ltd.)

diminutas cópias de si mesmo, perfeitas em todos os detalhes. Isto, que é chamado de *auto-similaridade*, é algo de importante.

A aldeia de Costwold, em Bourton-on-the-Water, tem uma atração turística: trata-se de uma aldeia em miniatura. No canto exato da aldeia em miniatura, há uma miniatura da aldeia em miniatura. No canto exato desta, uma miniatura da miniatura da aldeia em miniatura. Em Bourton-on-the-Water a seqüência fica por aí. Em Bifurcação-sobre-o-Logístico, porém, ela prossegue para sempre, e cada cópia é uma réplica perfeita do original.

9

Caos Sensível

Gosto de lavar,
À maneira de experiência,
A poeira deste mundo
Nas gotas de orvalho.

Bashô

O poeta japonês Bashô nasceu em Ueno, em 1644. Era filho de um samurai de segunda classe, que serviu sob o domínio da família Todô. Aos quarenta anos, partiu para a primeira de uma série de viagens, relatadas em *Registros de um esqueleto exposto às intempéries*. No poema citado acima, descreve uma fonte na ermida de Saigyô: "A célebre fonte permanecia o que era quando o poeta a descreveu, vertendo suas claras gotas d'água num som de drip-drop."

Bashô, que estava buscando renovar seu eu através da contemplação da natureza, encontrou beleza em algo tão simples como uma gota d'água que cai. Devemos seguir seus passos, mas buscando uma beleza complementar, a do matemático, não a do poeta. Não deixa de haver parentesco entre as duas: ambas procuram a simplicidade em meio à complexidade.

Os padrões da água em seu fluir fascinaram muitas pessoas além de Bashô. A Biblioteca Real de Windsor, por exemplo, abriga muitos desenhos de Leonardo da Vinci que mostram complicadas quedas d'água (figura 68). Representar o movimento de fluidos com exatidão é um desafio para qualquer artista. Os que contemplam a obra têm uma boa imagem mental do modo como a água se comporta e, quando o pintor não consegue reproduzir acuradamente essa imagem, são capazes de perceber de imediato que alguma coisa está errada. Não se trata, porém, de uma imagem conscientemente articulada: vêem que há um erro, mas raras vezes seriam capazes de apontá-lo. Acontece o mesmo quando observo pinturas de cavalos de caça num *pub*. Noto que parecem

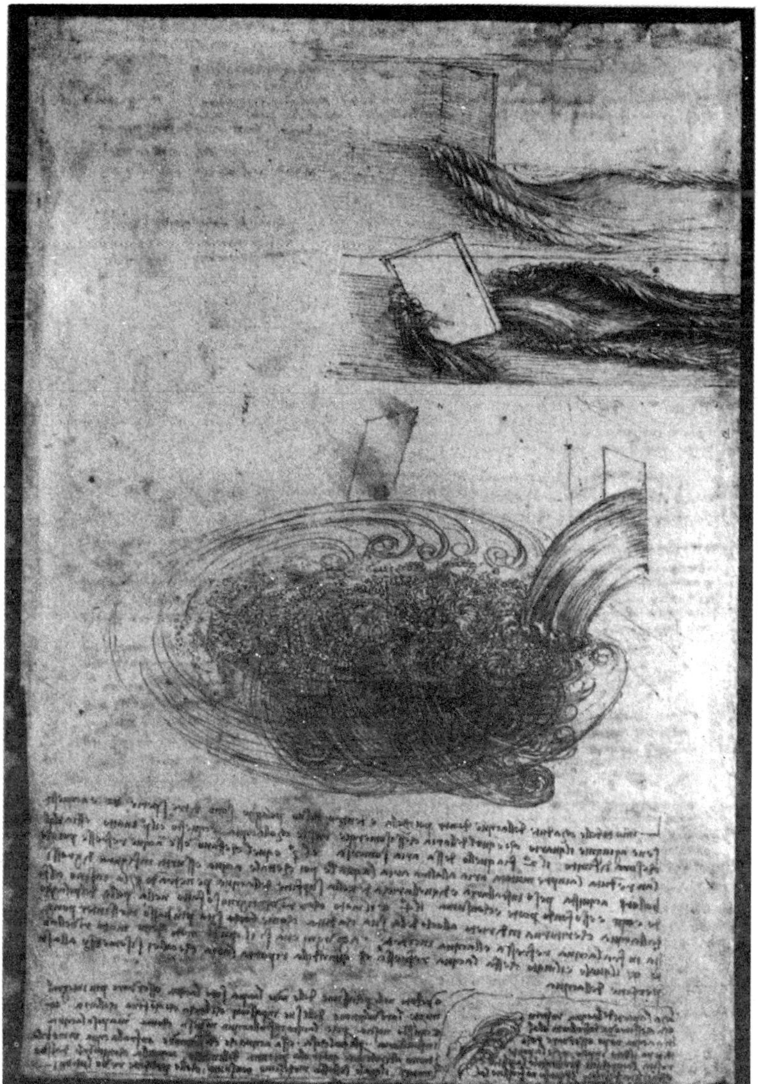

Fig. 68. *Torrente*, de Leornado da Vinci. (Windsor Castle, Royal Library, © Her Majesty the Queen.)

esquisitos, e chego até a ter alguma idéia do que está errado: a posição das pernas quando galopam, ou talvez a altura do corpo do animal em relação ao solo. Mas por nada nesse mundo eu seria capaz de dizer a alguém como desenhar um cavalo galopando.

Leonardo combinava os instintos de um cientista à visão de um artista, e tomava medidas deliberadas para imprimir maior exatidão a seu trabalho, estudando meticulosamente animais, o corpo humano, nuvens, árvores — tudo que um pintor ou um escultor poderia querer representar. E tanto ele como seus contemporâneos mostravam um peculiar interesse pela água.

A água, que então se supunha ser um dos quatro elementos que compunham o universo, era mais que um simples líquido. Era um símbolo dos processos da vida. Porque, como a vida, a água *flui*. Nasce, cresce, move-se, modifica-se, morre. Um fio d'água nascido de uma fonte torna-se um regato, um rio, uma torrente impetuosa, um oceano. Um rio pode serpentear por uma planície, cavar profundas gargantas em rochas antigas, depositadas há milhões de anos no fundo do mar, precipitar-se em formidáveis cataratas ou deixar-se desviar pelo assoreamento e abrir-se em leque, num gigantesco delta, na foz. Um mar tranqüilo pode se converter num monstro enfurecido, com vagalhões de cristas espumantes; um mar batido pela tempestade pode de súbito aquietar-se numa plácida lâmina. O poeta alemão Friedrich Leopold Freiherr von Hardenberg, que viveu no final do século XVIII e usava o pseudônimo Novalis, chamou a água de "caos sensível".

Não é má a definição.

SONDAGEM DAS PROFUNDEZAS

Nossa tendência é considerar a água como algo sempre à disposição. Basta abrir a torneira. Raras vezes pensamos nas colossais obras de engenharia que permitem esse ato banal. Um dia, quando a canalização vitoriana que serve à área em que moro desmoronar, essas questões vão assumir nova dimensão de urgência; até lá, porém, enquanto lavo as mãos ou encho um balde, meus pensamentos vagueiam, longe dali.

Que instrumento melhor do que uma humilde torneira para nos ajudar a sondar as profundezas do caos sensível?

Alguma vez você já olhou o modo como a água flui da torneira? Estou falando de olhar *de fato*, não de meramente enfiar a escova de dentes debaixo dela. Inspirado por minha própria retórica, fiz isto esta manhã, provavelmente pela primeira vez na minha vida. Não posso garantir que sua torneira vai fazer o mesmo que a minha, mas ainda assim recomendo o experimento: você vai aprender muito. Deixe-me contar-lhe o que vi.

A essência da observação científica é seu caráter sistemático. Admito que muitas descobertas importantes — como a ação antibacteriana da penicilina — são feitas por acaso, mas são confirmadas e desenvolvidas por métodos mais sistemáticos. Um milhão de macacos golpeando a esmo máquinas de escrever podem acabar por escrever *Hamlet*, mas eu não me arriscaria a ficar esperando por isso. Assim sendo, proponho-me uma tarefa sistemática. Como muda o padrão da água que emerge de uma torneira quando a velocidade do fluxo é *lentamente* aumentada?

Abra a torneira só um pouquinho. O que acontece? A torneira pinga, é claro. Se você deixar que tudo se aquiete num movimento estacionário, descobrirá que ela pinga regularmente, com um intervalo constante entre uma gota e outra.

Abra um pouco mais. A velocidade dos pingos aumenta, mas eles permanecem regulares. Vá aumentando o fluxo pouco a pouco: as mesmas coisas continuam a acontecer. Paciência. A vida de um cientista é feita de vastos períodos de tranqüilidade, pontuados por breves e repentinos instantes de drama e exaltação.

Há um ponto em que os pingos que caem se unem, formando um fio contínuo. Descobriu-o? Ótimo. Mas sou obrigado a lhe informar que você perdeu o trecho realmente interessante. *Antes* que as gotas se unam num fluxo, ocorrem várias outras transições, muito próximas entre si. Se você foi impaciente e aumentou a velocidade do fluxo em graus muito grandes, volte atrás e tente de novo.

A primeira dessas transições é que o ritmo dos pingos que caem muda. Em vez do *drip-drip-drip* estacionário, fica mais parecido com um *dripdrop-dripdrop-dripdrop*, um par bem unido de pingos, depois uma pausa, aí um outro par. Ainda é regular, mas é diferente.

Pode ser que, com bons instrumentos, você consiga descobrir outras mudanças no ritmo, também regulares, também diferentes. Só com o olho e o ouvido, não consegui. O que vi em seguida foi mais intrigante. O padrão das gotas em queda torna-se *irregular*. Agora elas se sucedem uma à outra muito rapidamente, mas ainda se pode ver e ouvir pingos separados; e o som ritmado desapareceu, substituído por algo muito mais complexo.

Há portanto uma transição a considerar: pingos que perdem seu ritmo.

Logo depois, como disse, as gotas se unem num fluxo estacionário. Assim que este se forma, pode ainda se romper em gotas mais abaixo, mas em pouco tempo torna-se estacionário e uniforme, um fino fio que desce da torneira à bacia da pia. Os especialistas em dinâmica dos fluidos chamam isto de fluxo *laminar*: o fluido se move em finas lâminas que deslizam uniformemente umas sobre as outras, como cartas de um baralho se espalham numa mesa.

Aumente a velocidade do fluxo para níveis aproximadamente normais. A água que emerge continua laminar, embora possa desenvolver uma estrutura adicional, como se o jato estivesse tentando se dividir em duas partes, ou talvez espiralar.

Agora abra de fato completamente a torneira. O fluxo laminar uniforme se rompe, a água atinge a pia com enorme força, e o fluxo se torna novamente espumoso e irregular. Isto é fluido *turbulento*, e esta é nossa segunda transição importante: de laminar para turbulento.

VIBRAÇÕES EM ACÚMULO

O que acabamos de ver são duas versões da transição para a turbulência. A primeira, que ocorreu no ritmo das gotas, é efetivamente um sistema dinâmico discreto — desde que ignoremos a estrutura detalhada das gotas individuais. A segunda, em que um jorro laminar se torna turbulento, é um sistema contínuo. Em ambos os casos, um movimento regular torna-se subitamente irregular.

A turbulência é tremendamente importante em muitos ramos da ciência, da astronomia à meteorologia (figura 69). É importante também em problemas práticos de engenharia. Ela pode destruir uma canalização de água, ou um oleoduto, quebrar a hélice de um navio, ou derrubar um avião de passageiros. Os engenheiros inventaram vários métodos, baseados na experiência ou em sofisticadas estatísticas, para lidar com situações práticas de turbulência. Sua verdadeira natureza intrínseca continua sendo, porém, um problema de primeira grandeza.

Esse tipo de conhecimento básico tem mais condições de se desenvolver no domínio da física que no da engenharia. Que faz um físico matemático nos moldes clássicos com o fenômeno da turbulência?

A equação clássica para o fluxo de um fluido viscoso, formulada a partir da equação de Euler, foi criada conjuntamente por um francês, Claude Navier, e um inglês, *Sir* George Stokes. O fluxo do fluido governado pela equação diferencial parcial de Navier e Stokes é determinístico e previsível. Antes do advento do caos, estes dois termos eram considerados sinônimos de "regular". Mas a turbulência é irregular. Conclusão: *há algo de errado com as equações.*

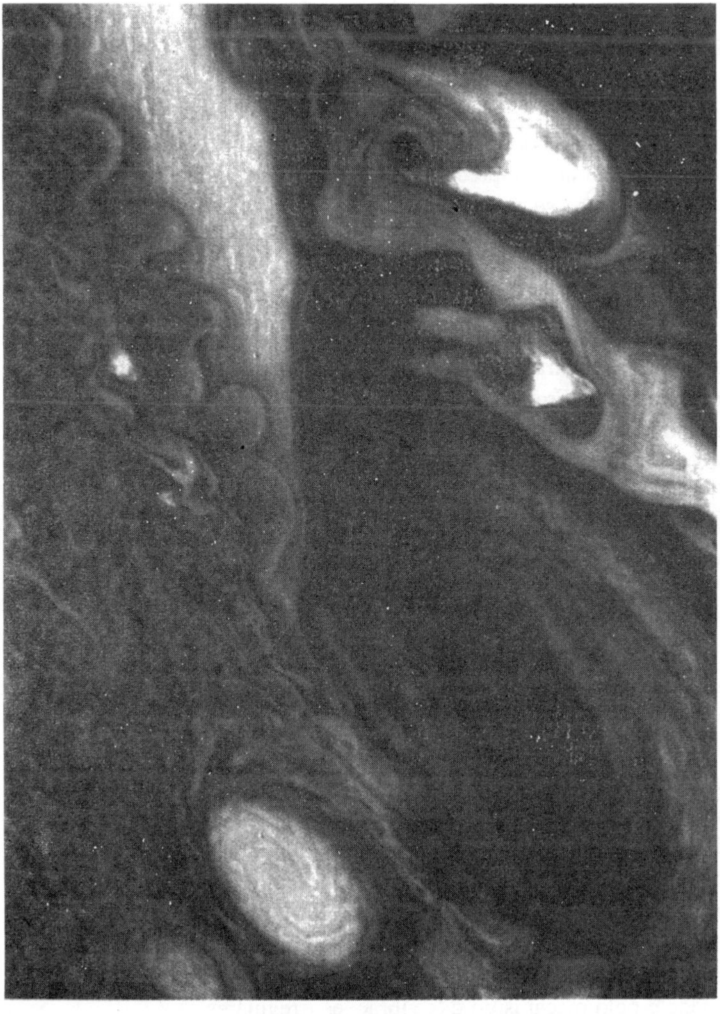

Fig. 69. Turbulência na atmosfera de Júpiter, próximo da Grande Mancha Vermelha

Não é implausível. Lembre-se de que as equações descrevem um fluido altamente idealizado, infinitamente divisível e homogêneo. Um fluido real, porém, é composto de átomos (faça sua escolha entre níveis concorrentes de detalhe, desde minúsculas bolas duras até torvelinhos quânticos de probabilidade). A turbulência parece envolver vórtices cada vez mais diminutos. Mas um vórtice de dimensões subatômicas é um absurdo físico. Se um fluido real fosse obedecer às equações de Navier-Stokes nesse nível de detalhe, fragmentar-se-ia em seus próprios átomos.

Pode-se pensar, portanto, que a turbulência é um efeito macroscópico da estrutura atômica. Imprecisões de dimensões atômicas nas equações de Navier-Stokes se propagariam pelo fluxo físico, aumentando de tamanho, até se tornarem observáveis na forma de turbulência. Esta é a Teoria de Leray, que data de 1934, época em que a física atômica era uma novidade em grande moda.

Uma década depois, o físico matemático Lev Landau já percebera que havia uma outra possibilidade. Em 1944 escreveu um artigo que iniciava assim: "Embora o movimento turbulento tenha sido amplamente discutido na literatura, a verdadeira essência desse fenômeno ainda não foi suficientemente elucidada." Landau põe então o dedo numa questão-chave: *de onde vem a turbulência?* "Na opinião do autor, o problema pode aparecer sob uma nova luz se o processo de iniciação da turbulência for exaustivamente examinado."

Imagine um sistema acomodado num estado estável. Por vezes, se controles externos adequados variarem, esse estado pode se tornar instável. Por exemplo, um objeto que repousa estavelmente sobre uma mesa pode escorregar e cair, se a mesa for inclinada, ou um balão pode arrebentar, se for inflado em excesso.

Quando levo meu carro para trocar um pneu, o mecânico do posto põe a roda numa curiosa máquina que a faz girar várias vezes. Guiado pelos números na tela da máquina, martela pesos de metal no aro da roda, para balanceá-la. A razão desse estranho ritual é que uma roda não balanceada começa a vibrar se girar muito rapidamente, condição conhecida como *vibração de roda*.

Em dinâmica, vibrações fazem parte da matemática fundamental. Uma das maneiras mais básicas pelas quais um estado perde sua estabilidade é pelo mecanismo das vibrações irregulares.

Quando um estado até então estável adquire uma vibração, um novo movimento periódico se acrescenta ao movimento já existente. Uma roda que girava uniformemente começa a vibrar: agora há dois movimentos periódicos superpostos: a rotação e a vibração.

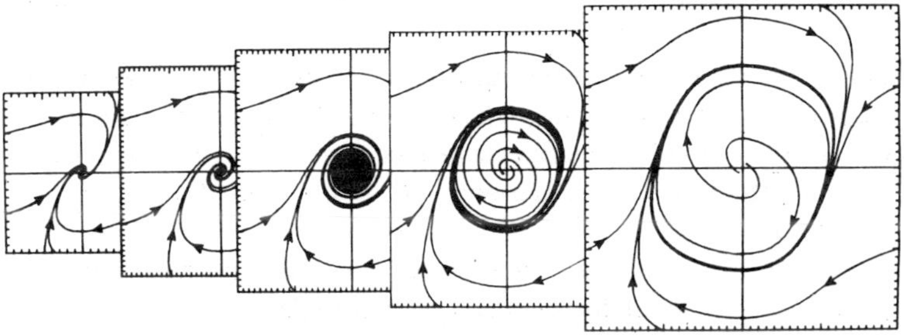

Fig. 70. Surgimento de uma oscilação, ou como um estado estacionário se torna periódico. O mecanismo é chamado de bifurcação de Hopf: um sumidouro perde a estabilidade e se torna uma fonte, gerando um ciclo-limite. (Reproduzido com a permissão de John Wiley & Sons Ltd.)

Landau viu o surgimento da turbulência como um empilhamento de vibrações. Teorizou que, em seus primeiros estádios, a turbulência é a superposição de três ou quatro diferentes movimentos periódicos e, à medida que se aproxima do seu pleno desenvolvimento, o número de movimentos periódicos torna-se infinitamente grande.

O mecanismo básico para a criação de vibrações é chamado *bifurcação de Hopf*, em homenagem a Eberhard Hopf. Um sumidouro (estado estacionário) torna-se instável e se transforma numa fonte, cercada por um ciclo-limite que representa um movimento periódico (figura 70). Em 1948 Hopf propôs uma teoria bem mais detalhada nas mesmas linhas da de Landau. Pouco antes, o cientista holandês J.M. Burgers estudara uma versão simplificada das equações de Navier-Stokes, e Hopf adotou táticas similares. Formulou assim um outro modelo aproximado, com uma característica inusitada: podia ser explicitamente resolvido. Pôde então mostrar que ele seguia o roteiro das vibrações cumulativas de Landau.

Nas três décadas que se seguiram, a teoria de Hopf-Landau foi amplamente aceita e utilizada. Tinha inúmeras virtudes. Era simples e compreensível. O mecanismo pelo qual uma freqüência adicional se acrescentava ao movimento era básico e natural. Havia equações modelo, como as de Hopf, cujo roteiro era previamente conhecido. Ademais, era acessível a técnicas clássicas, como a análise de Fourier, podendo-se portanto fazer cálculos com ela.

ROTA IMPROVÁVEL

Por volta de 1970, esse belo quadro foi perturbado. Não chegou a se estilhaçar porque a proposta vinha de fora da dinâmica dos fluidos, era extremante especulativa e carecia de qualquer tipo de base experimental. Para piorar as coisas, não provinha da física dos fluidos, mas da topologia.

David Ruelle, um matemático belga que trabalhava no Instituto de Altos Estudos Científicos, em Paris, e um pesquisador visitante chamado Floris Takens, começaram a pensar sobre a turbulência do ponto de vista da dinâmica topológica, *à la* Smale. Haverá uma rota *típica*, um processo genérico, para o surgimento da turbulência?

Não é assim tão claro. O que *é* claro, porém, quando se começa a pensar desse modo, é que a teoria de Hopf-Landau *não pode estar correta*. Porque embora cada uma de suas vibrações que se acumulam pareça matemática e fisicamente plausível, de fato não é. Só a primeira.

A intuição de Hopf e de Landau fora derivada em boa medida da dinâmica hamiltoniana. Nela a conservação da energia impõe uma limitação que torna movimentos quase-periódicos de freqüências múltiplas algo banal. Mas essa limitação não se aplica a sistemas dissipativos — sistemas com atrito. E no fluxo de um fluido viscoso, o atrito abunda.

Ruelle e Takens foram conduzidos ao seguinte quadro.

A primeira transição, de um estado estacionário para uma única vibração, é típica, mesmo em sistemas dissipativos: conduz a um movimento periódico. Até aí não há problema.

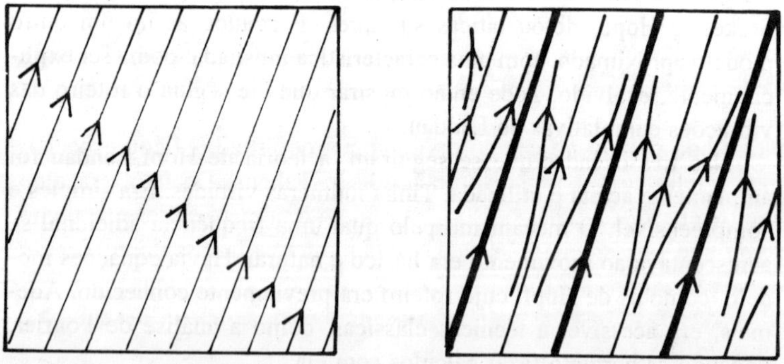

Fig. 71. Engate de freqüências: (à esquerda) duas oscilações periódicas independentes combinadas por sua superposição; (à direita) o fluxo se fragmenta para formar um ciclo periódico estável (linha mais grossa) e um ciclo periódico instável. Para efeito de maior clareza, o toro em que o movimento ocorre foi cortado e aberto de modo a formar um quadrado.

A segunda transição, que acrescenta uma freqüência adicional, pode certamente ocorrer. Inicialmente ela leva a um movimento que, do ponto de vista topológico, é um fluxo sobre um toro bidimensional; e esse movimento de início se assemelha a uma superposição quase-periódica de dois movimentos periódicos independentes. Mas não pode permanecer assim, porque um movimento desse não é típico, não é genérico. Na prática, pequenas perturbações vão rompê-lo.

Ocorrendo dessa forma, os fluxos estruturalmente estáveis, típicos, genéricos, eram conhecidos; e previam algo muito conhecido pelos engenheiros eletrônicos, a chamada *frequency-locking*: engate ou sincronização de freqüências (figura 71). Os dois movimentos periódicos originalmente independentes vão interagir e se arrastar um ao outro, o que resulta num movimento combinado que é periódico, com um único período combinado.

Com três freqüências superpostas, algo ainda mais impressionante sai errado. Tipicamente, as três freqüências não precisam sequer se engatar: podem, em vez disso, se combinar para criar um novo objeto, que Ruelle e Takens chamaram de *atrator estranho*. O solenóide é um atrator estranho, e supõe-se que o atrator de Lorenz também o seja. Atratores estranhos têm estranhas geometrias.

O fundamento da teoria de Ruelle-Takens é que a rota de Hopf-Landau, na visão de mundo de um topologista, é semelhante a um prego que se equilibra sobre a ponta. O prego é instável: a teoria de Hopf-Landau é *estruturalmente* instável. Se você mover o prego, ele cairá sobre a mesa: se fizer ligeiras mudanças nas equações de movimento, a rota de Hopf-Landau se espatifará contra um atrator estranho.

Refutabilidade

Nem todo mundo no campo da dinâmica dos fluidos ficou especialmente feliz com a proposta de Ruelle e Takens. De fato, era algo controvertido. Algumas pessoas, porém — o número suficiente, como se provou — inspiraram-se nela e deram início à fase seguinte. *Bonita é, mas será correta?*

Em ciência, há uma maneira consagrada pelo tempo de descobrir se uma teoria é correta.

Experimentar.

Mais precisamente, o que um experimento pode lhe dizer é se uma teoria é *errada*, porque nunca se chega a ter absoluta certeza de que é correta. Em matemática, pode-se demonstrar um teorema, mas não se pode provar uma teoria. Como o filósofo Karl Popper enfatizou, testar uma teoria científica é uma questão de *refutação*,* não de *verificação*. Quanto mais a teoria resiste a comprovar-se falsa quando confrontada com o experimento, mais provável é que seja verdadeira; ou, pelo menos, mais amplo é o conjunto de condições em que funciona. Mas nunca se pode ter certeza de que uma teoria é absolutamente correta, ainda que ela resista a um milhão de testes experimentais; pois — quem sabe? — poderá fracassar no milionésimo primeiro.

Assim, às vésperas do terceiro milênio d.C., os cientistas começam a abandonar a busca da Verdade.

O que não impede que tentem arduamente não cometer erros. Já não vivemos, porém, uma era de absolutos. Estamos aprendendo, de maneira penosamente lenta, a não nos levar demasiado a sério.

Para ser considerada científica, uma teoria deve em princípio ser refutável. Na ilha de Corfu, há uma superstição segundo a qual, se você vir um louva-a-deus, isso pode lhe trazer boa sorte... ou azar, dependendo do que acontecer. Essa crença não pode ser vista como uma teoria científica. Não porque é impossível medir "sorte"; ainda que isso fosse possível, seria difícil conceber um experimento que pudesse contrariar a teoria.

Nada disto significa que os habitantes de Corfu estão *errados*. O que estamos discutindo são os limites do conhecimento científico. Pode haver coisas verdadeiras no universo que não podem ser conhecidas no sentido científico. Será bastante difícil, contudo, pôr um ponto final nas discussões que elas suscitam.

UM CLÁSSICO DE LABORATÓRIO

Será a teoria do atrator estranho refutável?

Tal como originalmente proposta, certamente não era diretamente refutável. Não se pode sair por aí em busca de um atrator estranho; portanto, tampouco se pode concluir que é impossível achar algum. A razão disso é que a descrição matemática de tal atrator, na teoria de Ruelle-Takens, não está relacionada a qualquer variável fisicamente mensurável.

---

* No original figuram nesta seção os termos *falsification* e *falsifiability*, que têm sido traduzidos no Brasil por "falsificação" e pelo neologismo "falseabilidade". Preferimos, para expressar a idéia de "demonstração da falsidade de", o termo "refutação", o mesmo usado por Maria Helena Rodrigues de Carvalho ao traduzir do alemão as entrevistas de Karl Popper editadas pelas Publicações Dom Quixote (Lisboa, 1987) sob o título *Sociedade aberta, universo aberto*. (N. da T.)

Assim, como teoria refutável, não parece muito melhor do que uma que proclame que a turbulência é o despertar de monstros invisíveis que nadam no fluido, e que nenhum aparelho físico pode detectar.

Há várias maneiras de contornar isso. Uma é intensificar o contato entre a matemática e a física. No caso da turbulência, isso parece muito difícil — o que *não* significa que não seja importante. Outra é desviar a questão. Talvez o atrator estranho possa ser levado a se revelar indiretamente.

A teoria de Hopf-Landau é muito mais obviamente refutável. Tudo o que se precisa fazer é medir as freqüências que compõem o movimento e observar se as vibrações se empilham da maneira indicada. Se não, a teoria desaba.

Assim, em vez de tentar mostrar que Ruelle e Takens estão certos, pode-se começar tentando mostrar que Hopf e Landau estão errados. Historicamente, não foi exatamente assim que as coisas se passaram. De fato, os experimentalistas tentaram mostrar que Hopf e Landau estavam *certos*.

Mas — diria você — certamente isso já tinha sido feito! Afinal, a teoria de Hopf-Landau fora amplamente aceita por várias décadas.

Não completamente. Os primeiros estádios, poucos, tinham sido observados. Mas à medida que as vibrações se acumulavam, tornava-se cada vez mais difícil fazer mensurações suficientemente acuradas.

Novos avanços exigiam uma nova idéia.

Harry Swinney, um físico da Universidade do Texas, em Austin, começou sua carreira no campo experimental trabalhando com transições de fase. Quando a água ferve, o metal funde, ou magnetos ficam magnetizados, há uma transição de fase: uma mudança macroscópica de estado decorrente da reorganização num nível molecular. Num certo sentido, a transição para a turbulência é uma espécie de transição de fase num fluido. Alguns dos maiores especialistas em dinâmica dos fluidos, como Osborne Reynolds e lorde Rayleigh, tinham chegado a pensar dessa maneira. Mas a analogia parecia frouxa demais, inexata demais, para ser matematicamente útil.

Não obstante, deu o que pensar a Swinney. Poderiam os métodos que usara para estudar fenômenos delicados em transições de fase ser aplicados a fluidos?

Um fluido pode se tornar turbulento de muitas maneiras. O primeiro passo no planejamento de um experimento é escolher o sistema a utilizar. A ciência básica não visa fins específicos, tal como "encontrar a melhor forma para o *flap* de um jumbo", e nela o cientista pode se dar ao luxo de escolher em que sistema trabalhar. Para experimentos de laboratório em ciência básica, o importante é que o sistema seja "limpo". Isto não quer dizer que não deve ter marcas pegajosas de dedos, mas que deve ser fácil de montar e manejar, dar resultados precisos e fornecer efeitos reprodutíveis em ensaios repetidos.

Há um sistema de laboratório clássico em dinâmica dos fluidos, originalmente inventado pelo especialista em hidrodinâmica francês M.M. Couette. Interessado em estudar "o cisalhamento de fluxos", quando o fluido é desagregado, Couette fez um arranjo de dois cilindros, um dentro do outro (figura 72). Com o cilindro externo fixo e o interno girando, há um cisalhamento constante e controlável.

O que você esperaria que acontecesse num sistema como este é que o fluido girasse com o cilindro, rápido no meio e lentamente no exterior. E foi isso que Couette verificou.

Em 1923 o matemático inglês Geoffrey Ingram Taylor, da área aplicada, experimentou imprimir maior velocidade ao cilindro interno e fez uma descoberta desconcertante. Quando a velocidade é suficientemente alta, o fluido cessa de girar uniformemente e se rompe em pares de vórtices, como um tubo de pastilhas de menta quando se remove o invólucro. De fato, este é um belo exemplo do tipo de instabilidade Hopf-Landau, em que um novo movimento periódico é criado. Mas é apenas a primeira etapa da rota de Hopf-Landau.

Subseqüentemente, experimentalistas e teóricos estudaram o sistema de Couette-Taylor (ou de Taylor-Couette, como preferem os não-francófilos) com extrema minuciosidade. Foi provavelmente o mais estudado de todos fluxos de fluido. Descobriram uma imensa variedade de efeitos de formação de padrões. Os vórtices podem tomar forma de ondas (figura 73). As ondas podem subir e descer como cavalinhos de carrossel, gerando vórtices modulados em forma de onda. Há vórtices torcidos, vórtices trançados. Há padrões espiralados como um mastro enfeitado de fitas, espirais onduladas, espirais onduladas moduladas, e espirais interpenetrantes.

E, a altas velocidades, o sistema se torna turbulento.

Toda essa riqueza de comportamento é produzida por um aparelho do mesmo tamanho e formato que um tubo de vácuo, e de maneira perfeitamente reprodutível. Assim, Swinney e seu colaborador Jerry Gollub decidiram fazer seus experimentos nesse clássico de laboratório.

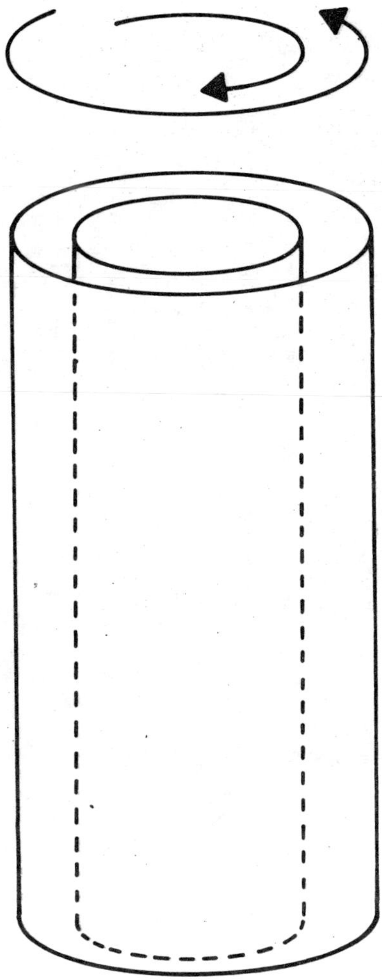

Fig. 72. Aparelho para o experimento de Taylor-Couette (esquema). O espaço entre dois cilindros é preenchido com fluido, e os cilindros são girados. A distância entre os cilindros foi exagerada aqui, para efeito de maior clareza: em geral é de 10 a 20% do raio do cilindro externo.

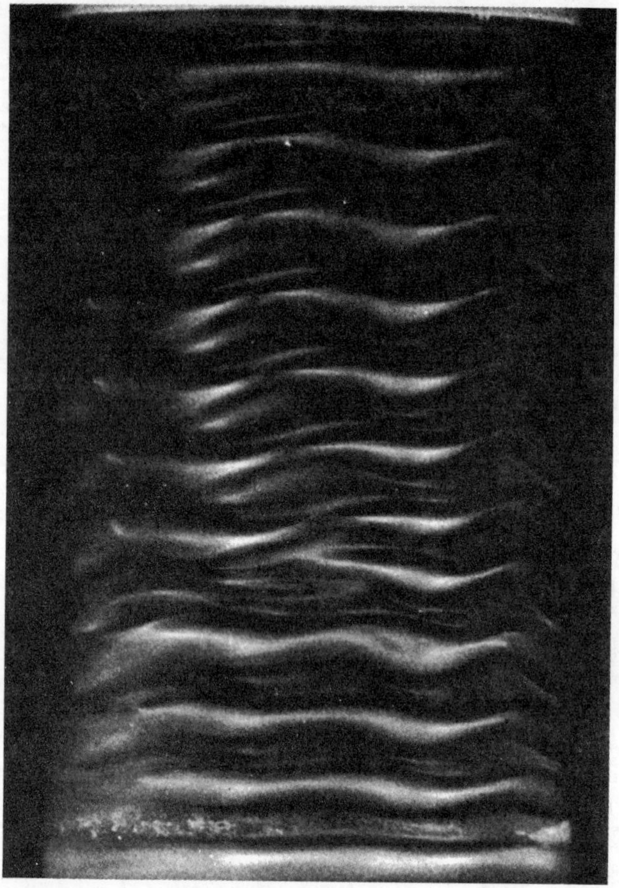

Fig. 73. Vórtices ondulados no experimento de Taylor-Couette. Observe o deslocamento, a dois terços do caminho, de cima para baixo, onde o número de ondas no processo está se modificando.

SOB A LUZ DO *LASER*

Naquela época, a dinâmica dos fluidos fazia mensurações de fluidos em movimento inserindo sondas ou injetando jorros de corante. Tais métodos tendiam a interferir no fluxo e não eram muito sensíveis ou exatos, mas as pessoas da área tinham se habituado a esses problemas e não esperavam nada de melhor. Swinney tinha em vista um aparelho muito mais sensível: o *laser*.

Hoje o *laser* é banal. Está em qualquer aparelho de som para *compact discs*. E, como todo entusiasta de *Guerra nas estrelas* (refiro-me ao filme) sabe, é também com *lasers* que se fulmina a guarda imperial. Os *lasers* produzem um feixe de luz coerente — luz em que todas as ondas têm o mesmo ritmo, e se reforçam mutuamente em vez de se cancelarem. Em suma, uma luz precisa e acurada.

Se você reparar o som da sirene de um carro de bombeiros que passa, verá que o som da sirene muda, tornando-se menos agudo quando o carro se afasta. Este é o efeito Doppler, assim chamado em homenagem ao cientista austríaco Christian Doppler, que foi o primeiro a notá-lo, em 1842. De fato, as ondas de som se tornam mais rápidas quando o carro de bombeiros se aproxima e vão se tornando mais lentas quando ele se afasta.

O mesmo efeito ocorre com a luz, só que neste caso o que muda é a cor, a freqüência. Se você iluminar com *laser* um carro de bombeiros e comparar a cor da luz que retorna com a cor da luz que você enviou originalmente, poderá dizer em que velocidade está o carro.

Num exemplo mais próximo do que nos interessa aqui, se você puser minúsculos flocos de pó de alumínio suspensos num fluido, poderá usar um *laser* para dizer com que velocidade os flocos — e presumivelmente o fluido — estão se movendo. Esta técnica é chamada Velocimetria Doppler a *laser*.

Quando se tem um sinal complicado que é uma mistura de ondas de diferentes freqüências, torna-se então possível analisar o sinal matematicamente e extrair os componentes individuais. É possível também verificar a força de cada componente — o quanto ele contribui para o total. O método é basicamente análise de Fourier: representação de uma curva como uma soma de curvas seno e co-seno.

O resultado dessa análise pode ser sumarizado na forma de um *espectro de potência*, um gráfico que mostra a intensidade de cada freqüência componente (figura 74). A figura mostra cinco séries de observações (os gráficos à esquerda), juntamente com seu espectro de potência (à direita). A escala de tempo para a observação (em segundos, s) e a escala da freqüência (em hertz: 1 Hz = 1 oscilação por segundo) estão embaixo.

Por exemplo, a figura do alto, à esquerda, mostra um ritmo muito regular, com cerca de uma oscilação a cada intervalo de dez segundos. Isto é indicado no espectro de potência correspondente à direita como um único pico, designado f_2, próximo de 0,1 Hz. A segunda série de observações é muito menos regular, e seu espectro de potência tem vários picos. Um olho treinado pode ver que são todas construídas pela

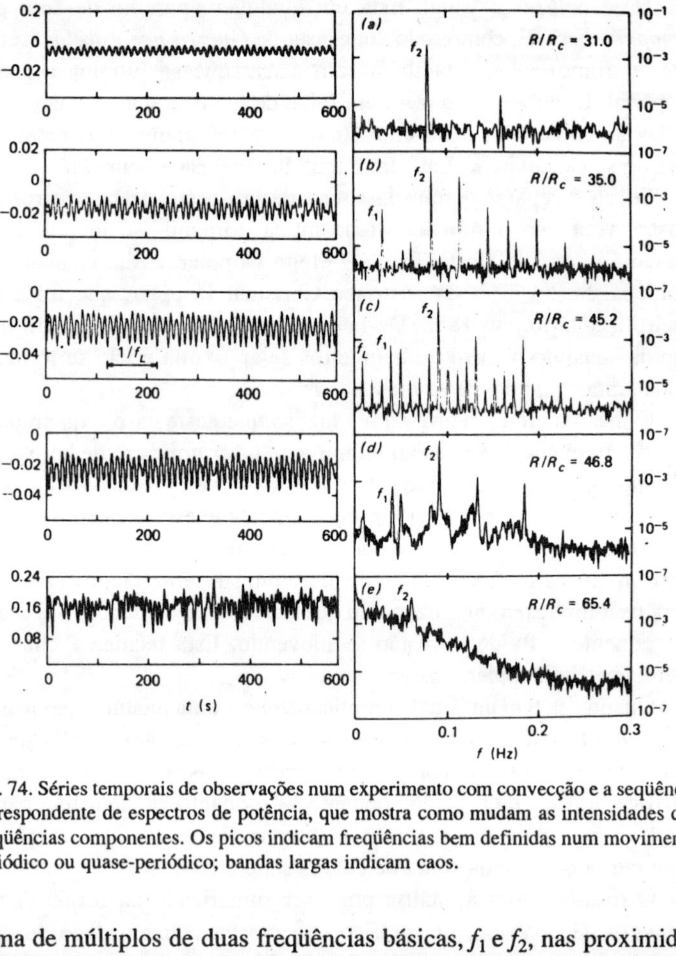

Fig. 74. Séries temporais de observações num experimento com convecção e a seqüência correspondente de espectros de potência, que mostra como mudam as intensidades das freqüências componentes. Os picos indicam freqüências bem definidas num movimento periódico ou quase-periódico; bandas largas indicam caos.

soma de múltiplos de duas freqüências básicas, f_1 e f_2, nas proximidades de 0,03 e 0,1 Hz. Esses picos no espectro de potência correspondem a freqüências componentes bem definidas, muito mais intensas que qualquer freqüência próxima. Um sinal quase-periódico tem um espectro de potência que consiste sobretudo de picos agudos, como os três gráficos de cima na figura 74. Um sinal barulhento, "aleatório", tem um espectro de banda larga, cujas freqüências componentes são borradas, como o gráfico de baixo. Uma combinação de ambas as coisas também é possível, como no quarto gráfico.

O espectro de potência é uma espécie de "impressão digital da freqüência" de uma série de observações e pode ser usado para detectar a presença de certos tipos de comportamento.

Swinney e Gollub usaram um computador para extrair, de seus dados obtidos com o *laser*, o espectro de potência da velocidade do fluido. Exatamente o necessário para observar a criação sucessiva de novas freqüências, tal como Hopf e Landau previram.

Isto era o que eles esperavam.

Olharam a primeira transição, e viram isso mesmo. Repetiram o experimento muitas vezes, obtendo dados muito limpos e acurados. Tão limpos e acurados, na verdade, que os especialistas em dinâmica dos fluidos não acreditaram neles. Ninguém se dispôs a publicar seus resultados. Uma bolsa de auxílio para pesquisa que solicitaram foi negada. Alguns diziam que os resultados não eram novos, outros simplesmente não acreditavam neles.

Impávidos, eles passaram à transição seguinte — e não conseguiram encontrá-la. Não havia nenhuma criação limpa de uma nova freqüência. Em vez disso, havia a emergência gradual de uma larga banda de freqüências (figura 75). "O que descobrimos, seja lá o que for, virou caótico."

CONTATO

A ciência é vasta. É impossível saber tudo o que está acontecendo. É por meio de contatos pessoais que as pessoas descobrem o que precisam saber. Swinney e Gollub tinham testado a teoria de Hopf-Landau — e descoberto que era falha. A essa altura, porém, não sabiam que Ruelle e Takens haviam proposto uma alternativa.

Mas outros sabiam. O disse-que-disse científico entrou em ação. Em 1974, um matemático belga apareceu no laboratório de Swinney — David Ruelle. Ruelle tinha uma teoria que previa o caos; Swinney tinha caos, mas não tinha teoria. Restava verificar se o que Ruelle previra e o que Swinney descobrira se encaixavam.

Havia prova indireta. Por exemplo, cálculos de computador mostravam que um espectro de potência de banda larga deve ser esperado quando um atrator estranho está presente.

Agora as coisas estavam esquentando. Mais e mais cientistas estavam tomando consciência do caos, mais e mais matemáticos estavam elaborando seus aspectos teóricos. Um série de experimentos — inicialmente realizados por Swinney e seus colegas, mas logo depois por outros também — sugeria com bastante clareza que atratores estranhos estão presentes numa ampla gama de fluxos turbulentos.

Os resultados só se aplicavam ao início da turbulência, mas, pelo

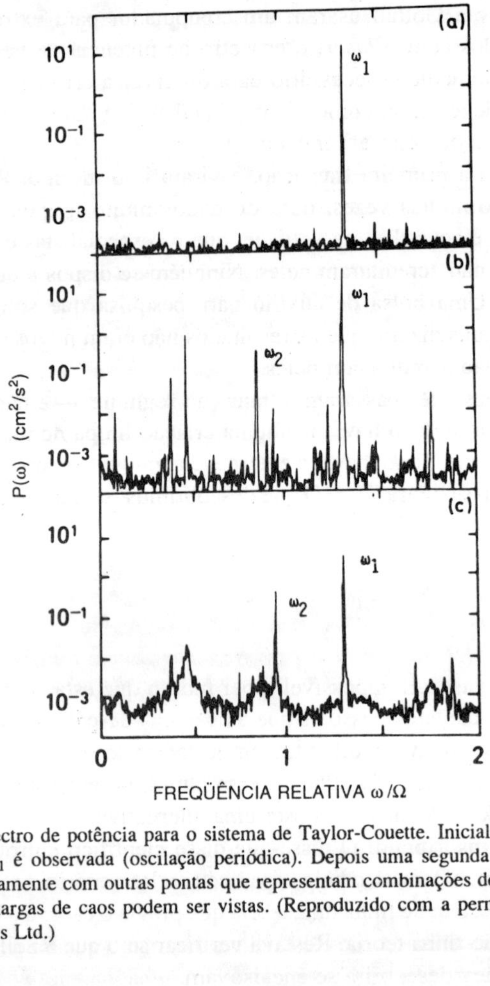

Fig. 75. Espectro de potência para o sistema de Taylor-Couette. Inicialmente, só uma freqüência ω_1 é observada (oscilação periódica). Depois uma segunda freqüência ω_2 aparece (juntamente com outras pontas que representam combinações de ω_1 e ω_2). Por fim, bandas largas de caos podem ser vistas. (Reproduzido com a permissão de John Wiley & Sons Ltd.)

menos em alguns sistemas de laboratório específicos, a teoria do atrator estranho para a turbulência estava se mantendo bastante bem e a teoria de Hopf-Landau já se afogara. Ironicamente, as filigranas matemáticas propostas por Ruelle e Takens estavam se revelando, em sua maioria, irrelevantes, quando não erradas — não matematicamente, mas sobretudo em suas interpretações para experimentos. Quanto à idéia principal, porém... parecia que tinham descoberto um filão de ouro.

Entretanto, nada era certo ainda.

Poderia haver outras explicações para o que se observava. Havia necessidade de algo mais direto, algo que tornasse o atrator estranho uma hipótese refutável por meio de um experimento.

E isso exigia uma outra idéia.

Falsos Observáveis

O artigo publicado em 1970 por Ruelle e Takens é menos uma teoria da turbulência que um ponto de partida para tal teoria. O principal ingrediente que falta é uma conexão qualquer entre a topologia e a física. Se houver, por exemplo, alguma quantidade que se possa medir e representar graficamente, e então procurar um atrator estranho nos resultados, a teoria passa a ser refutável. Se você faz esse experimento e não encontra o atrator estranho, sabe que a teoria está errada.

Que é um observável experimental? É uma quantidade que depende do estado do sistema que está sendo observado. O que nos falta, na teoria topológica da turbulência, é algum conhecimento de como é essa dependência. À primeira vista é difícil ver como resolver essa questão senão pelo estabelecimento de tal conexão. Assim, um programa de pesquisa possível para pôr a teoria de Ruelle-Takens numa base testável é: *obtenha das equações de Navier-Stokes um atrator estranho* para o movimento dos fluidos. Este é um problema que demanda avanços mais matemáticos que experimentais, e ainda não foi resolvido. O atrator de Lorenz não conta, por causa da aproximação que envolve.

Mas existe um outro caminho. Suponha que se possa, de alguma maneira, reconstruir a forma do atrator a partir de uma série de observações, de uma forma que seja *independente* da quantidade precisa que esteja sendo observada. Nesse caso a conexão não importa.

É um truque limpo. David Ruelle e Norman Packard acharam que podia funcionar, e Floris Takens descobriu uma maneira de provar que funcionava.

Em sua forma mais simples, uma seqüência de observações experimentais produz uma *série temporal*: uma lista de números que representam o valor da quantidade observada a regulares intervalos de tempo. (Pode ser irregular, mas vamos manter a discussão em bases simples.) Por exemplo, a temperatura de um dado lugar ao meio-dia forma uma série temporal, talvez algo como

17,3 19,2 16,7 12,4 18,3 15,6 11,1 12,5 ...

em graus centígrados.

Suponha que você quer ajustar estes dados a um atrator estranho. O problema é que você tem em mente, digamos, um atrator num espaço tridimensional, mas suas observações fornecem apenas uma quantidade. Por exemplo, a técnica de velocimetria Doppler a *laser* lhe dá simplesmente a freqüência da luz refletida — a velocidade do fluido num ponto determinado, onde a luz do *laser* é refletida de volta. Assim você terá achatado o atrator, deixando-o com uma só dimensão. Está vendo, por assim dizer, a silhueta dele.

Se você pudesse visualizar o atrator a partir de outros pontos de vista, poderia construir uma figura tridimensional completa, quase como um arquiteto é capaz de indicar a forma de uma construção por meio de uma planta: uma elevação frontal e uma elevação lateral. Para reconstruir um atrator tridimensional são necessárias informações que provenham de três direções diferentes:

Não é possível, porém, encontrar essas dimensões extras numa série temporal de um único observável, não é? Você precisa de mais dois observáveis.

O que Ruelle e Packard compreenderam é que se pode inventar mais dois observáveis falsos a partir dessa mesma série temporal, por meio de um deslocamento do valor do tempo (figura 76). Em vez de uma única série temporal, comparam-se três delas: uma original e duas cópias, deslocadas uma e duas unidades à frente:

série 1	17,3	19,2	16,7	12,4	18,3	15,6	11,1	12,5	...
série 2	19,2	16,7	12,4	18,3	15,6	11,1	12,5	...	
série 3	16,7	12,4	18,3	15,6	11,1	12,5	...		

Deste modo se obtém um artefato matemático: uma série temporal de observações de três dimensões, construída a partir da série temporal original de observações unidimensionais. Leia simplesmente colunas sucessivas de triplos. Assim, aqui a primeira dessas falsas observações é o triplo (17,3; 19,2; 16,7), representando um ponto em espaço tridimensional que, com relação a uma origem escolhida, se situa 17,3 unidades a leste, 19,2 a norte e 16,7 acima. O seguinte é (19,2; 16,7; 12,4), e assim por diante. Com o passar do tempo esses triplos se movem no espaço. Ruelle e Packard conjecturaram, e Takens demonstrou, que as rotas que esses triplos traçam é uma aproximação topológica à forma do atrator (figura 77).

Para um atrator com mais dimensões, serão necessárias mais dessas séries temporais deslocadas, mas a mesma idéia geral funciona. Há um método computacional para reconstruir a topologia do atrator

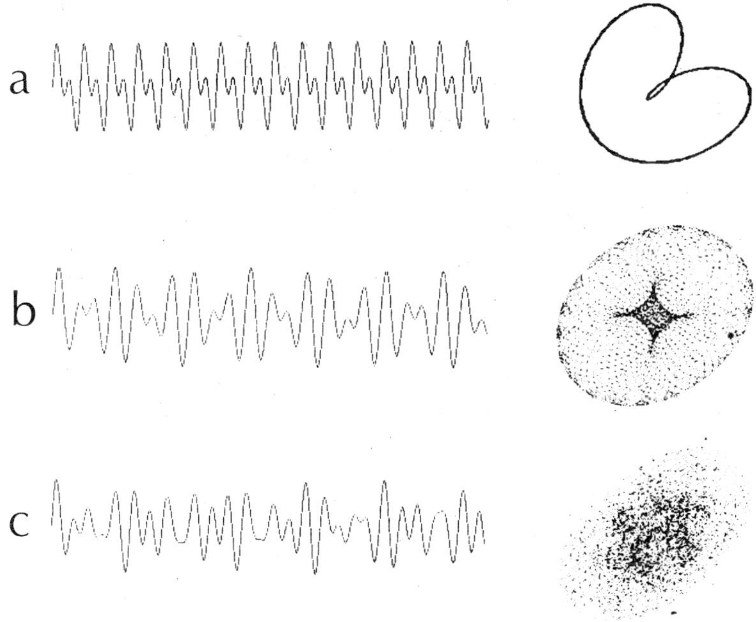

Fig. 76. Experimentos de computador na reconstrução de atratores pelo método de Packard-Takens, numa representação bidimensional: (a) a série temporal periódica sen t + sen $2t$ gera uma volta fechada; (b) a série temporal com duas freqüências sen t + sen $\sqrt{2t}$ dá (uma projeção de) um toro; (c) a série temporal com três freqüências sen t + sen $\sqrt{2t}$ + sen $\sqrt{3t}$ não tem estrutura clara numa representação bidimensional. Uma terceira coordenada precisa ser representada para revelar sua natureza quase-periódica.

a partir de uma única série temporal — e para fazê-lo *não importa que observável se usa.*

Na prática, impõem-se outras observações, relacionadas com a eficiência do método. Alguns observáveis são melhores que outros, e o método foi acrescido de vários adornos. Mas a idéia contorna nitidamente a necessidade de identificar qualquer tipo de variável física na teoria matemática!

QUÍMICA ESTRANHA

Reações químicas podem oscilar. O efeito foi relatado pela primeira vez em 1921, por William Bray, na decomposição do peróxido de hidrogênio em água e oxigênio, com iodo como catalisador. Porém, os

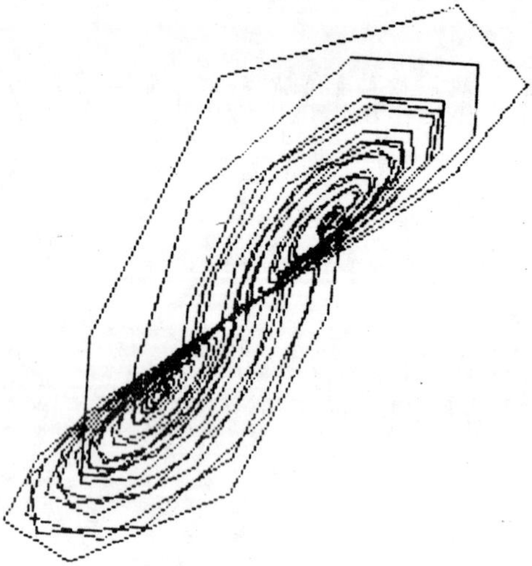

Fig. 77. Reconstrução de um atrator estranho (aqui o atrator de Lorenz) pelo método de Packard-Takens (compare com a figura 54).

químicos acreditavam na época — erradamente — que as leis da termodinâmica proibiam oscilações. Em vez de acompanhar os desdobramentos da descoberta de Bray, procuraram descartá-la, com o argumento de que seu método experimental devia ser falho.

Essa atitude lhes valeu um retrocesso de uns bons quarenta anos. Em 1958 o químico russo B. P. Belousov observou oscilações periódicas na cor de uma mistura de ácidos cítrico e sulfúrico, bromato de potássio e um sal de cério. Ilya Prigogine já mostrara, a essa altura, que, longe do equilíbrio termodinâmico, as leis usuais da termodinâmica não se mantêm, e as pessoas estavam mais bem preparadas para levar a sério resultados desse tipo. Em 1963, A. M. Zhabotinskii alterou a receita de Belousov, usando sais de ferro em vez de cério, o que lhe proporcionou uma drástica mudança de cor do vermelho para o azul. Ele mostrou que ondas circulares e espiraladas podiam se formar se a mistura química fosse espalhada numa fina camada. Hoje muitas reações químicas oscilantes são conhecidas; e efeitos dinâmicos mais complexos que a periodicidade tornaram-se lugar-comum.

Como amostra de um trabalho recente, vou resumir um artigo publicado em 1983 por Swinney e seus colaboradores, J.-C. Roux e Reuben Simoyi, na revista *Physica*. Trata não de turbulência física, mas de turbulência química — caos químico — na reação de Belousov-Zhabotinskii.

Os experimentos mediram o modo como a concentração do íon brometo varia no tempo. Os dados foram submetidos a vários tipos de análise matemática. Descobriram seu espectro de potência e assim determinaram as freqüências componentes das oscilações. Reconstruíram os atratores dinâmicos correspondentes (figura 78, à esquerda), formando uma segunda série temporal "falsa". A geometria típica de um atrator estranho é claramente visível. Traçando as variáveis cada vez que o movimento passa através da linha pontilhada inscrita no desenho da esquerda na figura 78, obtiveram um mapeamento de Poincaré, mostrado do lado direito. Os pontos se agregam nas proximidades de uma curva em corcova, mostrando que a dinâmica subjacente, embora caótica, é de fato bastante simples, guardando alguma semelhança com o mapeamento logístico.

Os resultados são extremamente minuciosos e compatíveis com todas as propriedades matemáticas conhecidas dos atratores estranhos. Seja como for, as figuras são imediatamente convincentes. Poderiam ter sido geradas num terminal de computação gráfica que traçasse algo análogo ao atrator de Lorenz. De fato, são muito parecidas com uma variação do atrator de Lorenz proposta em 1976 por Otto Rössler (figura 79).

O caos *ocorre* na natureza. De fato, parece-me espantoso o quanto a Natureza parece saber sobre a matemática do caos. E presumivelmente já sabia, muito antes dos matemáticos. A idéia de dinâmica caótica não apenas funciona — funciona muito melhor do que todos

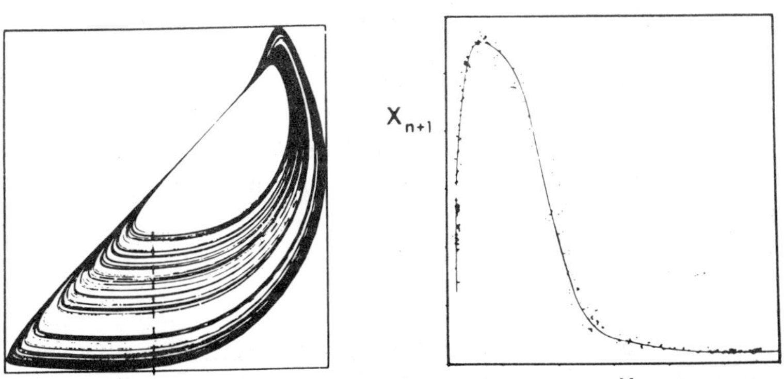

Fig. 78. Um atrator estranho reconstruído a partir de dados experimentais em oscilações caóticas químicas na reação de Belousov-Zhabotinskii, e um mapeamento de Poincaré para a seção de Poincaré, indicada por uma linha pontilhada. (Reproduzido com a permissão de John Wiley & Sons Ltd.)

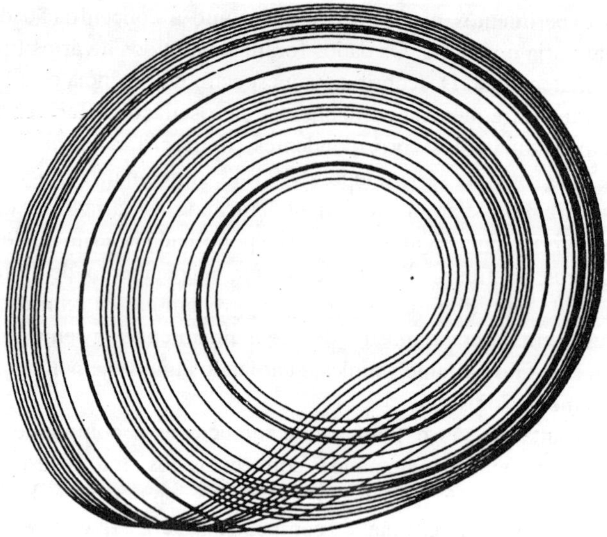

Fig. 79. O atrator de Rössler.

poderiam esperar. De alguma maneira, os efeitos muito delicados previstos por modelos contínuos de fluidos — que sabemos que devem estar *errados* no nível atômico — sobrevivem às aproximações envolvidas, na substituição de um mar de átomos por um contínuo infinitamente divisível. É fácil menosprezar isto como uma obviedade, mas a meu ver é sonho feito realidade. *Gostaríamos* que fosse verdade — e, contrariando toda a experiência, revela ser. *"Tudo o que pode dar errado, dará."* Neste caso, porém, a célebre lei não se aplica. Há um mistério aqui.

Mas não um mistério que deva ser resolvido antes que tiremos partido do maravilhoso milagre de que a dinâmica caótica *funciona*.

BASHÔ MAIS UMA VEZ

Comecei este capítulo com uma citação de Bashô sobre o fascínio poético de gotas líquidas. Será um fecho adequado evocar algumas de suas belezas matemáticas. Uma torneira que pinga em geral nos faz chamar um bombeiro, e não emitir exclamações de admiração, mas vimos que há numa torneira que pinga mais do que água no lugar errado. Há caos em microcosmo.

Além do mais, o pingar caótico de uma torneira é um sistema dinâmico discreto, mais fácil tanto de observar quanto de analisar que um contínuo. Em vez de um *laser*, bastam microfones.

Comecemos por considerar a formação das gotas em maior detalhe.

Com um pequeno fluxo de água, uma torneira normalmente pinga num ritmo regular. A água se acumula lentamente na extremidade do cano, formando uma gota que ganha volume e incha até que a tensão superficial já não pode sustê-la contra o puxão da gravidade. Seus lados começam a encolher, formando uma garganta que se estreita; então a gota se desprende e o processo começa novamente. Não espanta que o pingar seja repetitivo e rítmico.

Mas se o fluxo de água é um pouco maior, algo mais complicado pode acontecer. Enquanto se forma, a gota oscila também. Não tem a oportunidade de se estabelecer num estado estacionário, de lento crescimento. Em decorrência disso, o instante preciso em que se desprende depende não só da quantidade de água que entrou na gota, mas da velocidade em que esta está se movendo em sua oscilação. Em tais circunstâncias, os pingos podem se produzir em intervalos aperiódicos, irregulares.

Há uma clara analogia. Um fluido em baixas velocidades flui uniformemente; em velocidades mais altas, porém, faz uma transição para a turbulência. Em baixas velocidades, as gotas se formam regularmente, mas em altas velocidades tornam-se irregulares. Poderia um mecanismo matemático similar controlar ambos os fenômenos?

Talvez não. Pode ser que o fluido se torne irregular porque influências aleatórias, como correntes de ar, afetam a formação das gotas. Bashô tem um exemplo disto também:

Esta noite, o sopro do vento
Na ramagem da Bashô,
Ouço a água da chuva
A gotejar numa bacia.

(A Bashô é uma espécie de bananeira, e o poeta era tão apegado a uma que crescia junto à sua casa, que lhe tomou o nome para pseudônimo.) O movimento aleatório das folhas é responsável nesse caso por qualquer irregularidade, não a dinâmica delicada da formação de uma única gota.

Caos determinístico? Ou aleatoriedade?

Robert Shaw e colegas, da Universidade da Califórnia, em Santa Cruz, testaram essa idéia experimentalmente. Deixaram uma torneira pingar sobre um microfone. Os sinais do microfone eram registrados, de tal modo que a queda de cada gota produzia um bip bem definido.

Os bips não refletem grande parte da dinâmica detalhada. Não mostram o movimento da gota em seu crescimento: só o instante em que ela se desprende. Compõem como que uma série de fotos instantâneas da dinâmica. Em outras palavras, formam algo muito parecido com um mapeamento de Poincaré, que é também uma série de instantâneos. Matematicamente, podem ser tratados da mesma maneira.

Os matemáticos de Santa Cruz tinham que processar os dados experimentais para extrair a dinâmica. Para isso, mediram os intervalos entre os bips sucessivos. Isto lhes deu uma série temporal de intervalos para cerca de cinco mil observações. Depois, exatamente como foi descrito acima, usaram o método de reconstrução de Takens. Formaram duas outras séries de tempo "falsas", deslocando a original por uma e por duas unidades, e traçaram a seqüência resultante desses cinco mil triplos usando um computador.

Deste modo, puderam reconstruir a topologia de um atrator na dinâmica da torneira que pinga (figura 80). Como relatam na edição de dezembro de 1986 da revista *Scientific American*:

> O resultado entusiasmante do experimento foi que atratores caóticos foram efetivamente encontrados no regime não-periódico da torneira que pingava. Havia a possibilidade de que a aleatoriedade dos pingos se devesse a influências não percebidas, como pequenas vibrações ou correntes de ar. Se assim fosse, não haveria qualquer relação particular entre um intervalo e o seguinte, e a representação gráfica dos resultados mostraria apenas uma bolha sem traços nítidos. O fato de uma estrutura qualquer aparecer nos traçados mostra que a aleatoriedade tem uma base de sustentação determinística. Muitos dos conjuntos de dados exibem a forma de ferradura que é a assinatura do simples processo do esticar e dobrar.

Um atrator estranho está de fato em ação. Na verdade, os dados se aproximam bastante aos de um atrator muito parecido com o de Hénon.

A velocidades de fluxo mais elevadas, o atrator experimental tornase muito complicado, e sua estrutura ainda não foi compreendida. Tampouco se conseguiu, até o momento, perceber qualquer ligação muito direta entre a física da formação da gota e esse modelo empírico. Resta muito a fazer.

Portanto, a idéia de que a dinâmica caótica de atratores estranhos é responsável por pelo menos *alguns* fenômenos turbulentos já está bem estabelecida. Mas ainda há muito mistério na questão da turbulência. A

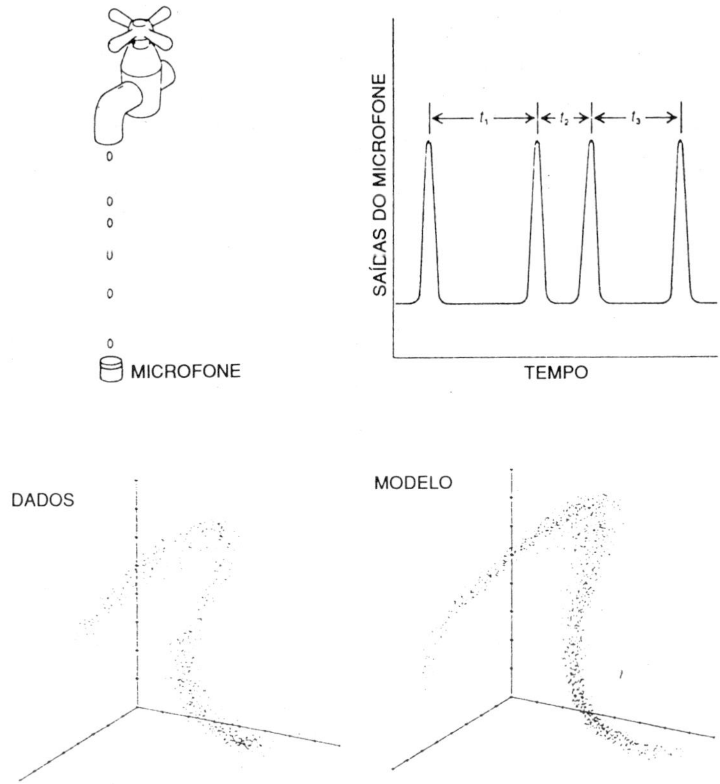

Fig. 80. O experimento da torneira que pinga: (no alto, à esquerda) aparelhagem, (no alto, à direita) parte de uma série temporal, (em baixo, à esquerda) uma representação tridimensional dos dados observados, (em baixo, à direita) um modelo matemático simples.

turbulência em sua plenitude, se é que envolve algum atrator, talvez exija atratores de muitíssimas dimensões — mil, um milhão. No momento, nada podemos dizer ao certo sobre eles. Muitos efeitos turbulentos parecem ser causados por limites — as paredes de um duto, por exemplo — e as teorias dos atratores estranhos ainda não foram relacionadas com a influência dos limites.

E não deveríamos ficar obcecados pelo caos como a única explicação provável. Recentemente o físico russo V.P. Maslov encontrou evidência de um tipo de não-unicidade nas equações de Navier-Stokes. As equações podem não determinar efetivamente o fluxo em todos os detalhes: para condições iniciais dadas, podem ter mais do que uma solução, pelo menos num certo sentido, aproximado. Maslov diz que o efeito "pode ser descrito figurativamente. No famoso conto de Pushkin, *O padre e seu criado Balda*, Balda agita a água com uma corda, para invocar demônios. Quando gira a corda com suficiente rapidez, os demônios começam a se enfurecer de uma maneira não-determinística, causando turbulência".

Talvez a teoria do monstro invisível não seja, afinal de contas, tão desprezível.

10

Figueiras e Feigenvalores

Um tolo não vê a mesma árvore que um sábio.
William Blake, *Proverbs of Hell*

Uma nova técnica matemática: caos. Um velho problema: turbulência. Uma nova ferramenta, uma velha tarefa: que podia ser mais natural que empunhar a ferramenta e verificar se era adequada à tarefa? Fez-se isso, e era.

Mas a ciência nem sempre toma os rumos esperados. O rebanho pode estar correndo célere rumo ao horizonte distante, mas há sempre algumas reses desgarradas que marcham contra a corrente. Um desses indisciplinados foi responsável por uma ruptura fundamental. Mas foi uma ruptura na matemática, que só posteriormente teve sérias conseqüências na teoria da turbulência. Ela incorporou à matemática uma nova idéia, originada da física das transições de fase — uma poderosa técnica chamada *renormalização*. Esta, por sua vez, mostrou que algumas características do caos são *universais* — não dependem de equações precisas, apenas do tipo de atrator estranho presente. E isso tornou possível realizar experimentos simples para testar a presença de certas formas de caos. Mas antes de chegar — de maneira bastante tangencial — a tudo isto, quero retomar um tópico anterior: a nave espacial *Voyager*.

Garrafa num Oceano Cósmico

O *Grand Tour* do Sistema Solar pelas *Voyagers* não terminará em Urano. Como suas predecessoras *Pioneer*, elas prosseguirão rumo ao espaço interestelar. Dentro de 40.000 anos, estarão a um ano-luz da estrela AC +79 3888. Milhões de anos depois, estarão perambulando pela galáxia, talvez encontrando outros sistemas planetários.

Com base na remota possibilidade de um desses sistemas conter vida inteligente, as *Voyagers* levam um disco de cobre folheado a ouro de 12 polegadas — um disco gramofônico (figura 81). Codificadas em seus sulcos, há 115 fotografias, mostrando desde o diagrama de um

Fig. 81. Técnicos montando o disco gramofônico na *Voyager 2*.

deslocamento continental a um supermercado, e uma variedade de sons que vão desde "olá" em acadiano até a *Quinta* de Beethoven. "A nave espacial será encontrada e o disco só será tocado se houver civilizações avançadas de passagem pelo espaço interestelar", observou Carl Sagan. "Mas o lançamento desta garrafa no oceano cósmico diz algo de muito auspicioso sobre a vida neste planeta." Não sei bem se considero esse gesto cósmico em particular uma manifestação calorosa do indômito espírito humano, uma perigosa revelação de nossas coordenadas galácticas a inimigos potenciais ou um sinal de presunção. Mas não deixo de imaginar o que os extraterrestres que porventura venham a encontrar esse tesouro farão com ele: em especial, a fotografia de Jane Goodall com seus chimpanzés pode dar lugar a alguns mal-entendidos. Mas agora é tarde para pegá-la de volta.

A terceira fotografia no disco da *Voyager* consiste em definições matemáticas. Segundo uma duradoura tradição humana, a melhor maneira de fazer contato com seres de outros mundos é a matemática — presumivelmente porque ela parece ser um meio universal de pensamento. Carl Friedrich Gauss sugeriu que o diagrama do teorema de Pitágoras fosse escrito no deserto do Saara para que marcianos e outros seres pudessem observá-lo com seus telescópios. Outros esquemas envolvem a transmissão da seqüência de números primos, ou dos algarismos decimais de π, com base no pressuposto de que nenhuma raça civilizada e inteligente poderia deixar de reconhecer tais coisas e, portanto, a inteligência e a civilização dos seres que as transmitiam.

Desconfio que o ponto fraco desses esquemas é o paroquialismo. *Acho* que π provavelmente continuará importante na matemática terrestre — mas não apostaria grande coisa em sua sobrevivência por mais dez mil anos como objeto de importância crucial, muito menos por um milhão de anos. Não tenho idéia do que o matematóide de tentáculos verdes da Grande Nuvem de Magalhães entende por conhecimento básico. No romance de ficção científica de James Blish, *A Clash for Cymbals*, a matemática do planeta dirigível "He" guarda uma semelhança superficial com a terrestre, mas há algumas arapucas: "Aqui, por exemplo, Retma estava usando o d, que na experiência de Amalfi era um incremento no cálculo, como simples expressão para uma constante." Cuidado!

Suponha que, no verão de 1975, um astrônomo tivesse registrado o que podia ser, ou não, uma mensagem de uma fonte que podia ser, ou não, natural: uma série de sinais binários que, quando traduzidos em decimais, formavam o número 4,669201609..., repetindo-se indefinidamente. O mundo científico teria expressado algum desapontamento pelo fato de o sinal não ser 3,141592653... porque teria sido preciso forçar a imaginação para alegar que π, nesse caso, era mera coincidência. Mas será que aqueles algarismos não correspondiam a algum outro número significativo? Sairiam à caça, desencavando suas tabelas de constantes matemáticas básicas, como a base "e" dos logaritmos naturais, o número áureo, a constante de Euler, e a raiz quadrada de dois: inútil. Cada vez mais desapontados, exumariam números ainda mais recônditos, como a constante de Catalan ou o volume da menor variedade hiperbólica de dimensão 3...

Não, não há absolutamente nada de significativo em 4,669201609. O que os astrônomos encontraram deve ser uma fonte natural, uma vibração periódica de alguma longínqua estrela de nêutrons, a radiação de um buraco negro.

E no entanto, se o mesmo sinal fosse recebido em 1976...

NÃO PERTURBE — RENORMALIZE!

Mitchell Feigenbaum é um físico. No início dos anos 70, estava trabalhando no Los Alamos Laboratory. Alguns de seus colegas fariam objeção ao uso da palavra "trabalhar" neste caso, porque ninguém sabia ao certo o que Feigenbaum fazia. Aliás, nem ele próprio.

Estava interessado em sistemas não-lineares. Na época, os principais métodos para lidar com a não-linearidade eram as técnicas de perturbação da física de partículas, especialmente coisas chamadas diagramas de Feynman — a partir do nome de seu inventor Richard Feynman, prêmio Nobel de física. Como estudante, Feigenbaum aprendera a fazer esses cálculos, mas concluíra que eram a maneira errada de pensar a não-linearidade e se aborreceu com eles.

Uma área diferente da física lida com *transições de fase* — mudanças no estado da matéria, como a passagem de líquido a gás. A matemática da transição de fase é também não-linear. Quando Kenneth Wilson, em Cornell, lançou uma nova idéia sobre transições de fase, um método chamado de *renormalização*, Feigenbaum se tomou de amores por ele. O método de Wilson baseava-se na idéia da autosimilaridade, a tendência de estruturas matemáticas idênticas a reaparecer em vários níveis. Com isto, o quadro clássico da turbulência passa a envolver apenas esta estrutura: uma interminável cascata de vórtices cada vez menores. Como Lewis Richardson escreveu, numa paródia intencional de Jonathan Swift:

Big whorls have little whorls
Which feed on their velocity,
And little whorls have lesser whorls,
*And so on to viscosity.**

Feigenbaum não era o único a pensar que o método da renormalização de Wilson podia se aplicar à turbulência. O surgimento da turbulência, matemática e fisicamente, assemelha-se muito a uma transição de fase; a única diferença em relação à idéia corrente de transição de fase é que a turbulência é uma transição no padrão de fluxo, não na estrutura física de uma substância. Assim, vários físicos estavam trabalhando com essa idéia. A possibilidade de sua aplicação era contudo duvidosa e, mesmo que se confirmasse, ninguém saberia exatamente como fazê-la.

Feigenbaum, como todo pesquisador sensível, não fez nenhuma tentativa de torrar os miolos com a plena complexidade do fluxo turbulento real. Em vez disto, como Smale, imaginou como seria a expressão do fenômeno geral em equações diferenciais não-lineares. Concluiu que os manuais não diziam nada de muito útil: tinha de enfrentar o trabalho desarmado. Começou então com a mais simples equação não-linear em que pôde pensar: nosso velho amigo, o mapeamento logístico.

O mapeamento logístico já tinha sido estudado por muitas pessoas. O ecologista Robert May trabalhara com ele em 1971 e o utilizara com um instrumento para assinalar a natureza curiosa de modelos não-lineares de populações. No mesmo ano, Nicholas Metropolis, Paul Stein e Myron Stein tinham descoberto que ele era, no mínimo, muito mais complicado do que todos supunham. Paul Stein advertiu Feigenbaum em relação a isso, e durante algum tempo o problema pareceu insolúvel. Se o mais simples mapeamento não-linear é virtualmente incompreensível, que esperança se podia ter de uma dinâmica não-linear *realística*?

Em 1975, porém, Feigenbaum assistiu a uma conferência: ouviu Smale falar sobre sistemas dinâmicos. Smale mencionou o mapeamento logístico, e sua cascata duplicadora de período rumo ao caos. Aventou a possibilidade de que algo de real interesse matemático podia se passar no ponto em que todas as duplicações de período se acumulam — o lugar onde a cascata pára e o caos tem início. Feigenbaum, mais uma vez inspirado, retomou seu problema.

---

* Torvelinhos grandes têm pequenos torvelinhos/Que se alimentam de sua velocidade,/ E pequenos torvelinhos têm ainda menorezinhos,/E assim por diante, até a viscosidade. (N. da T.)

AS VANTAGENS DE *NÃO* TER UM COMPUTADOR

Você deve estar lembrado de que o mapeamento logístico tem a forma

$$x \to kx\,(1 - x)$$

onde x se situa entre 0 e 1, e k é um parâmetro entre 0 e 4. Entre suas muitas características, aquela que nos interessa aqui é a cascata duplicadora de período, que anteriormente apelidei de *figueira*, em homenagem a Feigenbaum.

Vimos que a figueira ocorre à medida que o valor do parâmetro k é aumentado de 3 até cerca de 3,58. Para k entre 0 e 3, há um único estado estacionário. Em k = 3 aparece um ciclo de período 2; em k = 3,5, o período muda para 4; em k = 3,56 duplica novamente para 8, e assim por diante. As sucessivas duplicações se acumulam cada vez mais depressa; e o quadro de como o atrator varia com k assemelha-se a uma árvore com um número infinitamente grande de galhos, galhinhos, ramos, raminhos cada vez menores, que se dividem em dois em cada etapa. Smale indagava o que aconteceria nas pontas mais extremas dos raminhos mais extremos da árvore, quando k está próximo de 3,57. E Feigenbaum pôs-se em busca de uma resposta.

Seu primeiro passo foi de rotina: calcular a seqüência exata de valores do parâmetro k em que as várias duplicações ocorrem. Hoje você se dirigiria automaticamente para seu microcomputador. Naqueles dias, usar um computador era um processo lento: os dados tinham que ser introduzidos em grandes levas, em cartões perfurados, e os resultados demoravam dias para aparecer. Se houvesse o mínimo erro, o que era comum, tudo o que se recebia de volta era uma simples folha de papel com uma mensagem de erro, e olhe lá. Por isso, Feigenbaum optou por uma calculadora programável Hewlett-Packard HP 65.

Como mais tarde se revelou, foi um golpe de sorte, porque a calculadora era tão lenta que seu operador tinha tempo para pensar nos resultados à medida que emergiam. Na verdade, *antes*. O cálculo começou com uma aproximação ao número requerido, e então avançou passo a passo. Ora, quanto melhor a aproximação inicial, menos tempo o cálculo demandava. Assim, para ganhar tempo — uma consideração relevante quando se está usando uma calculadora —, Feigenbaum começou a tentar adivinhar grosseiramente qual seria o número seguinte na cascata. Logo percebeu um padrão. As diferenças entre números sucessivos estavam numa razão constante, sendo um cerca de quatro vezes maior que o seguinte. Mais exatamente, a razão era de cerca de 4,669.

Um matemático chamaria isto de *convergência geométrica*, e provavelmente não pensaria mais no assunto. Mas para um físico, especialmente um que tinha conhecimento de transições de fase, razões constantes significam mudança de escala. Traços da física devem estar se repetindo em escala cada vez menor. Pequenos torvelinhos em grandes torvelinhos — como a turbulência. Dentro de uma estrutura, deve haver cópias menores da mesma estrutura, sendo seu tamanho determinado pelo fator de escala.

Feigenbaum encontrara uma prova de que, nas pontas mais extremas da figueira, deve haver alguma estrutura matemática que permanece a mesma quando seu tamanho é alterado por um fator de escala de 4,669. Essa estrutura é *a forma da própria figueira*. O atrator estacionário forma o tronco. Os atratores de período 2 formam dois galhos mais curtos. Deles brotam galhos menores de período 4, depois ramos de período 8, raminhos de período 16, e assim por diante. As razões de tamanho entre o tronco e o galho, o galho e o galhinho, o galhinho e o ramo, o ramo e o raminho se aproximam cada vez mais de 4,669, quanto mais perto se chega do topo da árvore.

Na verdade, partindo-se um galho, obtém-se uma cópia aproximada de toda a árvore (figura 82). O mesmo ocorre quebrando-se um ramo. A cópia é menor, e os tamanhos decrescem com um fator de escala que tende a 4,669. E quanto mais longe se vai, mais próxima se torna a similaridade na forma. Isto é *auto-similaridade*: exatamente o que era preciso para aplicar o método de renormalização de Wilson. Feigenbaum ainda não imaginava como fazê-lo, mas sabia que estava na pista certa.

COBRAS E URSOS

Metropolis, Stein e Stein tinham encontrado alguns padrões intrigantes no mapeamento logístico; e haviam descoberto padrões idênticos em pelo menos um outro mapeamento: o *mapeamento trigonométrico*.

$$x \to \text{k sen } (x)$$

Inspirado nisso, Feigenbaum repetiu seus cálculos, mas usando o mapeamento trigonométrico. Mais uma vez encontrou uma cascata duplicadora de período (figura 83). Mais uma vez a convergência era geométrica: a razão de escala dos galhos da figueira tendia para uma constante.

Nada de muito surpreendente; afinal, deve haver *algum* padrão nos números, e eles têm que encolher com rapidez suficiente para apinhar

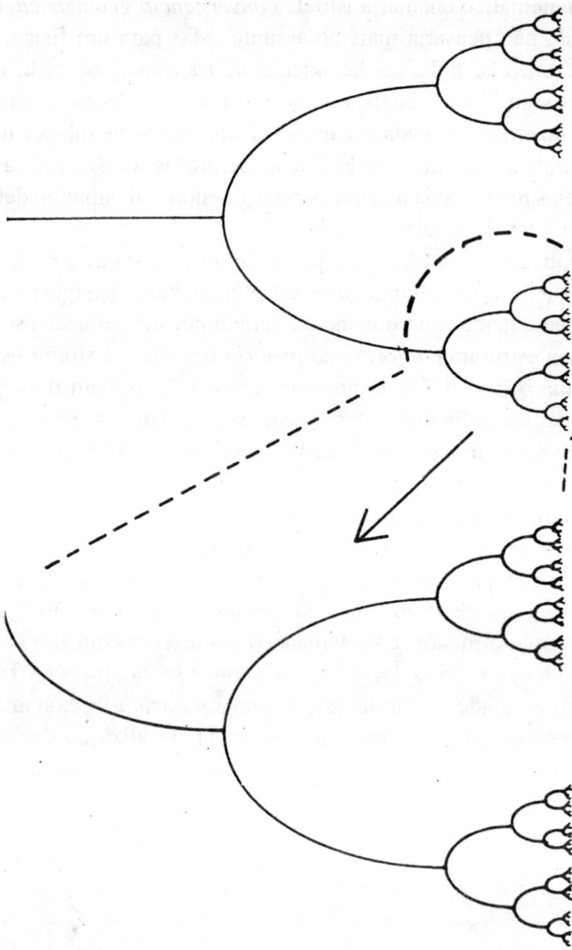

Fig. 82. Auto-similaridade na figueira: no caso ideal, cada ramo tem a mesma forma que o original, porém reduzido no tamanho.

uma quantidade infinita de ramos num espaço finito. Uma redução com fator de escala constante é provavelmente a maneira mais simples de conseguir isso.

Mas *havia* uma surpresa. O *valor* do fator de escala.

Era 4,669 de novo.

Era espantoso. Parecia não haver nenhuma boa razão para que os dois mapeamentos, com fórmulas completamente diferentes, gerassem o mesmo número. Porém, segundo a calculadora, era o que faziam.

Talvez fosse só coincidência. Talvez os números diferissem na casa decimal seguinte. A maneira mais simples de averiguar era fazer os cálculos de maneira mais acurada — e *nesse momento* Feigenbaum sentiu que tinha que aprender a operar o computador. "Primeiro pense, depois compute" — é um mote que devia ser gravado no terminal de computador de todo cientista.

Para o mapeamento logístico, Feigenbaum rapidamente encontrou um valor mais preciso para o fator de escala: 4,6692016090.

Repetiu o cálculo para o mapeamento trigonométrico. Até a décima casa decimal, os dois números continuavam iguais.

Isto já não podia ser coincidência. Mas por que diabos estaria acontecendo? A perplexidade de Feigenbaum é captada numa analogia que James Gleick apresenta em seu livro *Caos*.

> Suponha que um zoólogo pré-histórico comece a pensar que algumas coisas são mais pesadas do que outras — têm alguma qualidade abstrata que ele chama de *peso* —, e deseja investigar a idéia cientificamente. Nunca mediu peso de fato, mas julga ter alguma noção do que seja. Contempla cobras grandes e cobras pequenas, ursos grandes e ursos pequenos e supõe que o peso desses animais deve ter alguma relação com seu tamanho. Constrói uma balança e começa a pesar cobras. Para seu pasmo, todas as cobras pesam a mesma coisa. Para sua consternação, todos os ursos também pesam a mesma coisa. Para deixá-lo ainda mais estarrecido, o peso dos

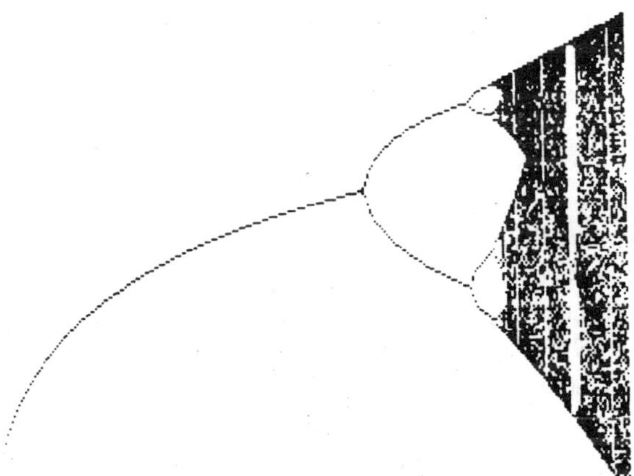

Fig. 83. A figueira: uma cascata duplicadora de período no mapeamento trigonométrico (compare com a figura 65).

ursos é igual ao das cobras. Todos pesam 4,6692016090. Evidentemente *peso* não é o que ele supunha.

Era sem dúvida um quebra-cabeça. Mas agora Feigenbaum tivera um vislumbre do padrão que buscava, estava numa pista quente.

Não era, entretanto, a pista em que imaginara estar.

Para a concepção tradicional da física e da matemática o que mais importa no mundo é a equação que descreve o sistema que está sendo investigado. Para estudar o fluxo da água numa banheira, *escreva as equações*. Depois você pode jogar a água fora e se concentrar na matemática. Assim como todo adulto é uma criança que cresceu, tudo o que você quiser crescerá da equação.

Feigenbaum seguira essa venerável prática e jogara fora a água da banheira. Mas, aparentemente, a criança fora junto. *O fator de escala não dependia da equação*. Logística ou trigonométrica, *tanto fazia*.

Ele encontrara um padrão, sem dúvida.

Mas o padrão não fazia sentido algum.

RENORMALIZAÇÃO

A renormalização era uma técnica bem estabelecida, permitindo portanto muitas linhas de ataque. Feigenbaum tentou todas. Fez seus resultados circularem informalmente, e conversou com muitas pessoas. Pouco a pouco, a luz começou a se infiltrar nas trevas matemáticas. Quando ficou pronto para publicar suas idéias, tinha um quadro bastante completo do que estava ocorrendo. O método de renormalização de Wilson permanecia por trás de tudo, como ele imaginara de início: não em sua forma técnica usual, talvez, mas em sua filosofia subjacente. Feigenbaum escreveu dois artigos: o primeiro delineava os fenômenos matemáticos envolvidos e o segundo esboçava as razões pelas quais muitos mapeamentos diferentes têm todos o mesmo fator de escala. Sua argumentação ainda carecia, de certo modo, de demonstração rigorosa, mas era convincente e explicava que o milagre não era milagre algum, mas uma conseqüência lógica da estrutura matemática. As últimas peças do quebra-cabeça foram fornecidas por Pierre Collet, Jean-Pierre Eckmann e Oscar Lanford, que encontraram demonstrações rigorosas de que a rota de Feigenbaum é correta.

A idéia básica é belíssima, e vou tentar descrevê-la, não sem antes adverti-lo de que você terá apenas um minúsculo fragmento do quadro e terá que começar aceitando vários pressupostos.

Começarei com uma analogia que transmite alguma idéia do que a renormalização faz. Lembre-se de que um processo ou objeto é auto-similar quando se pode separar uma pequena parte, ampliá-la e recriar assim algo muito parecido com o todo. Como as janelas do mapeamento logístico. Ou o modo como, num fluido turbulento, se pode ampliar um pequeno vórtice para ter um maior. Há um fator de escala aqui também: o quanto de ampliação de que se precisa.

Se você escolher pedaços cada vez menores e ampliá-los até o tamanho pleno, a figura resultante pode se *estabilizar*, no sentido de que versões sucessivas, cada vez mais ampliadas, começam a parecer quase idênticas. Nesse caso, você pode passar ao limite, terminando com uma espécie de figura de tamanho finito da geometria infinitesimal. Esse procedimento é chamado de *renormalização* do sistema. Tem a vantagem de que, na versão renormalizada, a auto-similaridade é exata, não apenas aproximada. E qualquer propriedade do original que dependa somente dessa geometria infinitesimal pode ser lida a partir da geometria finita do objeto renormalizado.

A renormalização é, portanto, um estratagema matemático cujo funcionamento é muito parecido ao de um microscópio: faz um *zoom* sobre a estrutura auto-similar, remove quaisquer aproximações e filtra tudo o mais.

Apresento agora uma analogia que capta os traços matemáticos principais: a geometria de pequenos pedaços de grandes círculos. Um círculo tem uma auto-similaridade *aproximada*. Um pedaço suficientemente pequeno de um círculo é uma curva muito suave. Se ampliado, sua forma não muda muito: continua sendo uma curva muito suave. A auto-similaridade, contudo, não é exata. Se você ampliar um pedaço de um círculo, sua curvatura de fato se altera, ainda que em grau muito pequeno.

Uma linha reta, entretanto, tem auto-similaridade exata: se você pegar um pequeno segmento e ampliá-lo, reproduzirá o original com precisão.

Que aparência terá um grande círculo aos olhos de uma formiga? De maneira aproximada, será reto. Assim como a grande esfera em que habitamos parece chata aos nossos olhos de símios minúsculos. Como uma formiga infinitesimal veria um círculo infinitamente grande? Presumivelmente, como algo *exatamente* reto. Mas é preciso ter cuidado com palavras como "infinito" e "infinitesimal". Como podemos ter uma compreensão rigorosa desse tipo de afirmação?

Pela renormalização. Para renormalizar o círculo, escolha arcos cada vez menores, amplie-os de modo a deixá-los do mesmo tamanho

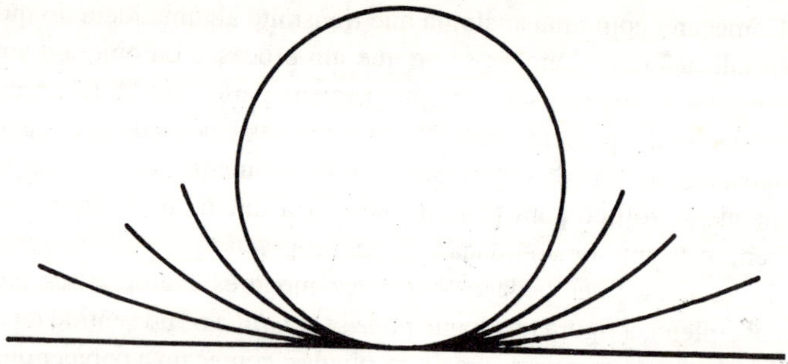

Fig. 84. A renormalização de um círculo revela que, "infinitesimalmente", ele não passa de uma linha reta.

e compare os resultados. O que verá é uma seqüência de curvas cada vez mais retas, que se aproximam de uma linha reta *como limite* (figura 84). Esse limite capta o achatamento "infinitesimal" do círculo e converte a auto-similaridade aproximada em auto-similaridade exata.

A linha reta possui certo grau de universalidade também. Se você repetir a renormalização, mas começando com uma elipse, terminará de novo com uma linha reta. De fato, isso ocorre com qualquer curva suave. Você pode começar com qualquer delas, o processo de renormalização a transformará numa linha reta. A linha é uma espécie de "atrator universal" para o processo de renormalização.

Por outro lado, se você começar com algo que tenha um canto e proceder à renormalização de modo que o canto permaneça na figura, a curva limite será então duas linhas retas que se encontram num ângulo. A linha reta só é universal, portanto, para uma determinada classe de curvas iniciais: as suaves.

Os físicos que estudaram transições de fase tinham descoberto um fenômeno similar de universalidade. Certas quantidades físicas, conhecidas como expoentes críticos, tendem a assumir os mesmos valores, independentemente do modelo matemático exato. A razão disso é que, sob renormalização, todos os vários modelos parecem iguais; e os expoentes críticos dependem apenas do modelo renormalizado.

O MAPEAMENTO DE FEIGENBAUM

Feigenbaum percebeu que podia aplicar o mesmo estratagema à figueira. O fator de escala desta é análogo a um expoente crítico, portanto a universalidade observada nas transições de fase deve ser responsável pelo constante reaparecimento do mesmo fator de escala, seja qual for o mapeamento.

Lembre-se de que a figueira é um diagrama que mostra a sucessiva criação de ciclos periódicos, de períodos 1, 2, 4, 8, 16... à medida que o parâmetro k varia.

A idéia básica é que cada duplicação sucessiva do período ocorre por efeito de um idêntico mecanismo. Um período de ciclo 2^n torna-se instável e cria um período de ciclo 2^{n+1}. Isto acontece do seguinte modo: a cada ponto o ciclo 2^n se rompe bruscamente em dois. Se você examinar com olhos de míope o ciclo 2^{n+1}, assim que ele aparece, os pares de pontos vão ficar indistintos e você verá apenas o velho ciclo 2^n.

Há um estratagema matemático que lhe permite selecionar exatamente um ponto do ciclo 2^n e observar como ele se divide em dois. Agora você está olhando, por um microscópio matemático, uma parte diminuta do intervalo entre 0 e 1. Seja qual for o tamanho dele, a geometria pela qual a divisão ocorre é quase idêntica. De fato, se você fotografar o que está vendo pelo seu microscópio matemático e ampliar até o tamanho padrão, as sucessivas figuras em sucessivas duplicações de período ficarão cada vez mais parecidas. Assim, à medida que o tamanho do período tende ao infinito e que você se aproxima da própria extremidade da figueira, as sucessivas fotos vão se assemelhar cada vez mais a alguma figura limite.

Agora a analogia com a renormalização fica mais clara. Matematicamente, o processo é idêntico. Isto significa que podemos levar a analogia adiante, perguntando o que é a figura limite — e a que mapeamento corresponde.

Em primeiro lugar, esperaríamos que uma tal figura se mantivesse firme, fosse qual fosse o mapeamento original — logístico, trigonométrico, ou qualquer outro com apenas uma corcova. A observação decisiva é que a forma da figura limite é *a mesma* em todos esses casos, assim como círculos e elipses produzem ambos uma linha reta quando renormalizados.

Para encontrar o mapeamento que corresponde à figura limite universal, começamos notando que — na "analogia do círculo" — a linha reta tem uma propriedade especial, que faz dela algo de incomum. Permanece exatamente a mesma quando renormalizada — precisamente auto-similar. Suponha que você pudesse encontrar um mapeamento muito especial, para o qual o processo de ampliação de uma fotografia feita por microscópio não apenas se aproximasse de uma forma limite, mas reproduzisse a forma de maneira idêntica, em cada passo. Ou seja, seu diagrama da bifurcação é a arquetípica figura 82, *precisamente* auto-similar. Esse mapeamento especial deveria então desempenhar um papel análogo ao da linha reta. Vamos chamá-lo de *mapeamento de Feigenbaum*. Como a linha reta, ele permanece inalterado ao cabo do processo de renormalização. Feigenbaum afirmava que, fosse qual fosse o mapeamento com que se iniciasse, ele se aproximaria desse mapeamento especial se submetido a renormalização — exatamente como uma curva regular se aproxima da linha reta.

Para o mapeamento de Feigenbaum, o fato de sucessivas ramificações da figueira encolherem numa razão constante é uma conseqüência imediata de sua definição: a razão constante é o fator pelo qual sucessivas fotografias foram ampliadas de modo a repetir a forma idêntica. Forma esta que pode ser calculada, de uma vez por todas, desde que se descubra aquilo com que o mapeamento de Feigenbaum deve parecer. *Você obtém só um número porque só há um mapeamento de Feigenbaum*. Ocorre que esse número é 4,6692016090. Bem, isto tem que ser *alguma coisa*.

Para qualquer outro mapeamento, entretanto, sucessivas ampliações não apenas ficam mais parecidas umas com as outras — elas se tornam cada vez mais semelhantes à figura do mapeamento de Feigenbaum. Assim, suas figueiras encolhem numa razão que se aproxima cada vez mais daquela do mapeamento de Feigenbaum. Portanto, no limite, você encontra a *mesma* razão 4,6692016090.

Tanto elipses quanto círculos se renormalizam numa linha reta, e esta pode ser caracterizada por uma propriedade de auto-similaridade. Da mesma maneira, mapeamentos logísticos e trigonométricos se renormalizam ambos no mapeamento de Feigenbaum, e isto também pode ser caracterizado por uma propriedade de auto-similaridade.

Feigenbaum tinha uma imagem mais sofisticada para todo o processo. Há uma espécie de dinâmica em andamento, mas ela usa *mapeamentos*, não números. É um sistema discreto e, a cada passo, um dado mapeamento é transformado no seguinte, se olharmos por um microscópio e fizermos fotos ampliadas. O mapeamento de Feigenbaum é um atrator para esse sistema. Não importa o mapeamento com que se inicia — logístico, trigonométrico ou outro —, a dinâmica o faz aproximar-se sempre, cada vez mais, do mapeamento de Feigenbaum. Portanto, aquelas propriedades desses mapeamentos que dependem unicamente das etapas avançadas do procedimento de ampliação vão ficando cada vez mais parecidas com as do mapeamento de Feigenbaum.

Em particular, você obtém apenas um único número, 4,6692016090, porque há apenas um único atrator nesse sistema dinâmico de mapeamento. O número mágico de Feigenbaum é, como π, uma constante matemática natural e fundamental. Se os matematóides de tentáculos verdes da Grande Nuvem de Magalhães forem afiados em dinâmica, talvez lhes pareça que este é o artifício certo para enviar um sinal ao restante do universo inteligente.

FEIGENVALORES

Os físicos que estudavam transições de fase estavam habituados a esse tipo de universalidade, à tendência que têm diferentes modelos matemáticos a conduzir às mesmas respostas numéricas. Não podiam provar que era sempre assim, mas, de qualquer forma, aprenderam a tirar proveito disso. Se uma grande quantidade de modelos dava a mesma resposta, podia-se usar o que tornasse os cálculos mais fáceis.

Uma vez que os matemáticos tinham decifrado as minúcias, Feigenbaum encontrava-se numa posição muito melhor. Podia *demonstrar* que diferentes mapeamentos dão sempre o mesmo fator de escala. Na versão rigorosa de sua teoria, o número 4,669 é apresentado como um eigenvalor* de um operador. Um eigenvalor mede a quantidade de esticamento numa direção específica. E assim os físicos amantes dos trocadilhos batizaram 4,669 de feigenvalor.

A universalidade dos feigenvalores é relativa, não absoluta. O fator de escala é sempre 4,669 para um mapeamento de uma corcova desde que ela se assemelhe a uma parábola. Para múltiplas corcovas ou formas de corcova acentuadamente diferentes — achatadas, por exemplo, ou pontudas — o fator de escala é diferente (figura 85). Nesse caso, porém, há uma outra série completa de mapeamentos que têm o novo número como seu fator de escala. A série imensamente variada dos mapeamentos é englobada em classes de universalidade; e em cada classe o fator de escala é sempre o mesmo.

E há ainda outros números associados à dinâmica de mapeamentos não-lineares que são similarmente universais. Por exemplo, o fator de escala 4,669 para uma figueira é o fator para o comprimento dos ramos — ou melhor, para a sombra horizontal deles, tal como medida pelo parâmetro k. Se você observar a figura de uma figueira, notará que os ramos menores não se abrem tão rapidamente quanto os maiores. A taxa em que os ramos se abrem também é regulada por uma constante universal, mas uma constante diferente: desta vez é 2,5029078750957.

* No original, *eigenvalue*; sacrificamos o termo próprio em português, que é autovalor, para salvar o trocadilho. (N. da T.)

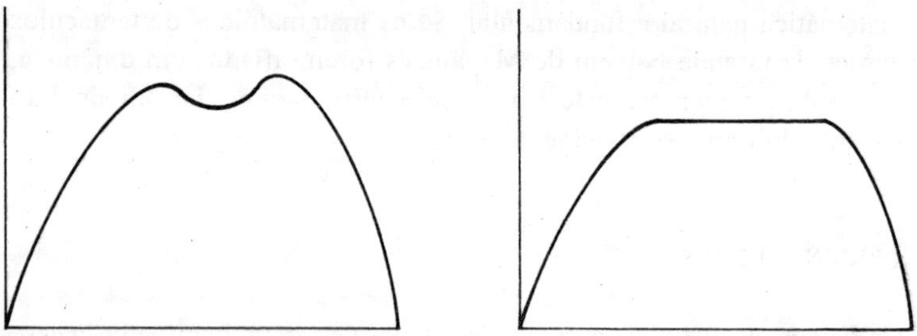

Fig. 85. Mapeamentos com múltiplas corcovas ou uma corcova achatada levam a diferentes feigenvalores.

FACA DE DOIS GUMES

Tudo isso tem importantes — além de curiosas — implicações para os testes experimentais de modelos caóticos. Muitos sistemas reais parecem sofrer uma série de duplicações de período — veremos isto daqui a pouco. Um modelo natural é, portanto, um sistema dinâmico segundo as linhas do mapeamento logístico. A partir do resultado de universalidade encontrado por Feigenbaum, duas previsões experimentais podem ser feitas. A razão do tamanho dos intervalos entre sucessivas duplicações deve ser de cerca de 4,669; a taxa em que os ramos se abrem deve produzir um fator de cerca de 2,502.

Testar essas previsões é muito simples. Basta fazer as observações e calcular os números. A teoria, portanto, é refutável: se for falsa, você obterá números como 6,221 e 0,074. Seria de fato uma coincidência notável obter números próximos aos previstos por Feigenbaum, a menos que a teoria seja basicamente correta.

Observe que estamos obtendo previsões quantitativas, numéricas, de um modelo puramente qualitativo. Miraculoso!

Mas o milagre tem preço. O próprio fenômeno que o torna possível — a universalidade — significa também que não se poderá, por meio de experimentos, distinguir entre os mapeamentos nessa classe de universalidade. O mapeamento trigonométrico verificará o mesmo teste experimental que o mapeamento logístico, e o mesmo fará qualquer mapeamento com uma só corcova.

Admitindo que o experimento produz de fato números próximos de 4,669 e 2,502, tal como previsto, podemos ficar bastante seguros de que o comportamento pode efetivamente ser descrito por um sistema dinâmico discreto que está subindo figueira acima, rumo ao caos. Precisamente *qual* sistema, contudo, é outra questão. O teste é para toda uma *classe* de equações, não para uma específica. O procedimento afasta-se muito da concepção tradicional do experimento, em que as previsões de uma única equação modelo específica são comparadas com a realidade.

Em tempo. Suponha que você não sabe que o feigenvalor 4,669 é universal. Suponha que conhece apenas um mapeamento de uma só corcova, o mapeamento logístico. Repetindo os cálculos que conduziram Feigenbaum à sua teoria, você poderia extrair o número 4,669 daquela equação específica. Quando o experimento confirmasse isso, você iria imaginar que obtivera uma forte evidência em favor do modelo do mapeamento logístico. Não poderia se dar conta de que qualquer outro modelo de tipo qualitativo similar daria também exatamente o mesmo número!

Por exemplo, imagine que em outra encarnação, num universo alternativo, você nascesse como Galileu. Desenvolveria então uma teoria segundo a qual um objeto lançado no ar descreve uma parábola. Calcularia uns poucos números, faria o experimento e obteria boa concordância. Muito sensatamente, concluiria que a parábola era a resposta correta. Nunca lhe ocorreria que talvez muitas outras teorias dariam o mesmo número; que talvez você não tivesse de maneira alguma confirmado uma parábola.

A descoberta de Feigenbaum é pois uma faca de dois gumes. Torna relativamente fácil testar uma classe particular de modelos caóticos por meio de experimento, mas não permite distinguir entre os diferentes modelos nessa classe.

Uma saída é procurar testes mais sensíveis: a estrutura detalhada da seqüência duplicadora de períodos, por exemplo, e não apenas seu comportamento nas proximidades do ponto de acumulação, a margem extrema da figura.

Uma outra saída, porém, seria aceitar que, para alguns propósitos (tais como: qual *é* o comportamento nas proximidades da margem extrema da figura?) a distinção entre os diferentes modelos não importa. Não apenas qualitativamente, mas quantitativamente. Para esses fins, *qualquer teoria na mesma classe de universalidade funcionará igualmente bem.*

DEVANEIOS TURBULENTOS

Como disse, Feigenbaum começou pensando sobre a turbulência, o que envolve um sistema muito específico e complicado de equações para o movimento dos fluidos, as equações de Navier-Stokes. Em vez de estudá-las, porém, trabalhou com uma equação simplificada, artificial: o mapeamento logístico. Por essa via, fez uma descoberta de valor incalculável: a universalidade. Nunca teria chegado a isso a partir de equações complicadas — ainda que fossem mais realísticas. Por vezes o realismo pode ser um estorvo.

As técnicas matemáticas para o estudo das equações diferenciais incluem um amplo repertório de truques para transformar um problema em outro aparentemente mais simples. Há mudanças de variáveis, que alteram a forma das equações sem modificar o modelo subjacente; há métodos de redução que excluem de consideração inúmeras variáveis ao mesmo tempo. É tecnicamente difícil aplicar tais artifícios às equações de Navier-Stokes, mas você pode devanear sobre a possibilidade, sem ter que enfrentar os percalços.

Note-se que já é muito esperar que qualquer tipo de análise matemática extraia um mapeamento logístico genuíno das equações de Navier-Stokes. Sem universalidade, uma análise do mapeamento logístico seria apenas um caso único, provavelmente não característico de mais nada: um cálculo isolado, inútil. A essência do caos — esticar-e-dobrar —, porém, tem muito maior probabilidade de ser vista em fluxos turbulentos. E os sistemas *mais simples* que exibem o esticar-e-dobrar são aqueles qualitativamente similares ao mapeamento logístico. Por universalidade, qualquer deles fornecerá os mesmos feigenvalores.

Conclusão: se por acaso houver, embutido nas equações de Navier-Stokes, um processo matemático que envolva um mapeamento de uma só corcova, então uma cascata duplicadora de período com fator de escala 4,669 ocorrerá. *Você não precisa extrair o mapeamento para fazer essa previsão.* Basta supor que tal mapeamento deve estar lá dentro, em algum lugar. É uma previsão com todas as vantagens do furto sobre a labuta honesta.

Mas é uma previsão perfeitamente válida, seja qual for seu valor ético: você pode seguir em frente, fazer um experimento e verificar se 4,669 aparece. Se aparecer, você terá obtido forte indício de que há de fato alguma dinâmica caótica — um atrator estranho, um mapeamento de uma só corcova — embutida nas equações de Navier-Stokes. Prova experimental em favor de um teorema matemático!

Fantástico.

Tendo seguido essa linha de pensamentos, Feigenbaum propôs uma nova rota para a turbulência. Não a acumulação de vibrações adicionais, independentes, sugerida por Hopf e Landau. Não a rota do um, dois, três-fazem-caos, proposta por Ruelle e Takens. Em vez disso, uma rota de duplicações de período que se acumulam, ocorrendo cada vez mais depressa, subindo a figueira, para arrancar o fruto do caos das pontas de seus ramos.

Era tudo muito especulativo. Não havia muita gente disposta a embarcar na canoa de um mapeamento simples, artificial, para chegar à venerável equação diferencial parcial para um fluido. Tampouco gostavam da ausência de conteúdo físico na teoria de Feigenbaum. "É um sistema dinâmico caótico, mas não importa muito qual seja, e mesmo que o experimento dê certo, não ajudará a descobrir qual é." Desconcertante.

Mas o barco de Feigenbaum não era um barco especulativo que partia rumo a uma conclusão sem garantia. Era um barco que partia da imaginação para uma conclusão inteiramente garantida. Tinha mais chance de estar certo do que a maioria das pessoas se dispunha a admitir.

A primeira prova de que havia na idéia algo mais do que se supunha veio dos cálculos de computador com equações de fluido mais realísticas. Por vezes eles se deixavam convencer a produzir uma cascata duplicadora de período. Números próximos de 4.669 mostravam notável insistência em brotar.

O que faltava era um experimento de verdade, com um fluido real, produzindo aquele mesmíssimo número.

Por um outro capricho do destino — o tateamento às cegas que é tão característico da ciência básica —, esse experimento já tinha sido feito. Mas nem Feigenbaum nem os experimentalistas que já tinham testado sua teoria sabiam que seus resultados tinham qualquer coisa em comum.

FRIO E SILÊNCIO

O hélio líquido é uma das substâncias mais extraordinárias da face da terra. Congelado a uma temperatura próxima ao zero absoluto, é capaz de escapar de um béquer por sua própria conta, uma manifestação macroscópica de incerteza quântica. Na teoria quântica, você não pode absolutamente ter plena certeza de que o líquido está no béquer; o hélio escapa através dessa brecha quântica. Você não encontrará hélio líquido derramado pela rua: não porque ele suma, mas porque precisa ser fabricado, em laboratório, por meio de métodos sofisticados, capazes de produzir temperaturas muito baixas, de cerca de –270° centígrados. Mas para Albert Libchaber, um físico estudioso de baixas temperaturas, o hélio era um velho amigo. E o que compensava todo o esforço necessário para produzi-lo era o fato de ter alto grau de pureza, de tal modo que experimentos com hélio líquido eram muito "limpos".

A temperaturas normais, os átomos de um líquido estão todos correndo em volta randomicamente propelidos pela agitação térmica. O que parece água imóvel num béquer é de fato, em escala atômica, um oceano furioso, fustigado por tempestades. Esses efeitos térmicos produzem "ruído" — não no sentido usual, mas no de perturbações aleatórias dos dados experimentais. Quando se quer chegar mais perto da exatidão da escala atômica, o ruído estraga os resultados. É como tentar ouvir um rouxinol no meio de uma festa: o sinal é obliterado pelo falatório randômico que há em volta.

Para escapar do ruído, é preciso calar os convivas, isto é, tornar mais lenta a agitação térmica. Em outras palavras, baixar a temperatura. A temperatura mais baixa possível é o zero absoluto, –273°C. A zero absoluto, não há ruído térmico algum: até os átomos estão congelados.

Mas não se pode fazer experimentos sobre fluxo de fluidos com um fluido que se congelou num sólido. É necessária uma substância que permaneça fluida mesmo a temperaturas próximas do zero absoluto. O hélio é singular sob esse aspecto. Ele se impõe como a única substância com que esses experimentos altamente acurados podem ser feitos. Assim, querendo ou não, quem precisa de fluxos fluidos e de elevada precisão é um físico de baixas temperaturas e que trabalhe com hélio líquido. Para os que estão mais interessados em efeitos clássicos do que nos quânticos, o hélio é muito adaptável: comporta-se como um fluido clássico desde que sua temperatura chegue a confortáveis –269°C.

ROLOS DE HÉLIO

Em 1977, como muitos pesquisadores em física e dinâmica dos fluidos, Libchaber estava interessado em convecção. Sabia que outros experimentalistas, como Swinney e Gollub, tinham posto em dúvida a teoria da acumulação de vibrações de Hopf-Landau. Se Libchaber tivesse sido pintor, teria pintado miniaturas; se tivesse sido engenheiro, fabricaria relógios suíços. Gostava de coisas pequenas, nítidas e precisas;

Fig. 86. Rolos paralelos na convecção em fluidos: rolos vizinhos giram em direções opostas.

eram exatamente esses atributos que o tinham atraído inicialmente para a física de baixas temperaturas. Enquanto outros podiam estudar o fluxo de fluidos num túnel aerodinâmico de 30 metros de comprimento, a aparelhagem de Libchaber cabia no bolso. E a quantidade de fluido que ele fazia fluir não era maior do que um grão de areia.

Libchaber montou uma minúscula e precisa câmara de aço inoxidável e encheu-a de hélio líquido. Em uns poucos lugares selecionados, a temperatura era monitorada por meio de pequeníssimos dispositivos feitos de safira. Só havia lugar para um ou dois. Em seguida, a base dessa célula era aquecida de modo a ficar uma fração de grau mais quente que o topo, criando-se a inversão térmica que faz o fluido mais quente subir e o mais frio descer. Dentro dessa minúscula célula, Libchaber podia criar fluxos convectivos quase livres de ruído e medir seu comportamento.

Há muito tempo, o grande físico lorde Rayleigh inferiu o que acontece numa célula quando a convecção se inicia. O fluido forma rolos cilíndricos, como troncos de árvore derrubados, dispostos lado a lado, com troncos vizinhos girando em direções alternadas (figura 86). Este é também o sistema que Lorenz estudou, mas Libchaber estava trabalhando com um sistema real, não com um modelo matemático aproximado.

A célula de Libchaber era tão pequena e cuidadosamente planejada que nela cabiam precisamente dois rolos. Quando a base da célula era ligeiramente aquecida, os rolos desenvolviam vibrações, trepidando como um animado par de dançarinos, um acompanhando o ritmo do outro. Também isto estava de acordo com as expectativas clássicas.

O que acontecia em seguida, porém, não estava. Aparecia uma nova vibração, mas, diferentemente das vibrações de Hopf-Landau, seu

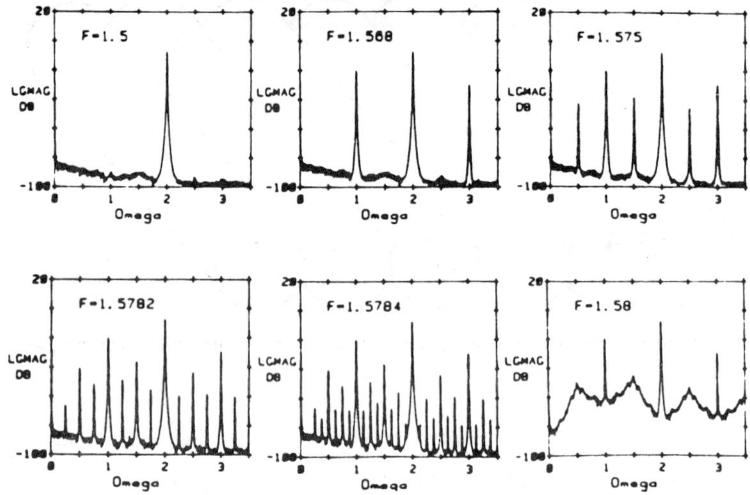

Fig. 87. Evidência experimental de uma figueira na convecção. Cada novo conjunto de picos ocorre a intervalos que são a metade dos anteriores, indicando a duplicação de período. Pode-se ver uma seqüência de quatro duplicações de períodos, seguida por caos.

período não era independente das vibrações já existentes. Em vez disso, oscilava num período que era exatamente o dobro do anterior. Imediatamente acima dessa temperatura, vibrações de períodos quatro, oito e até dezesseis vezes maiores podiam ser vagamente discernidas. Além desse nível, o tonitruante ruído térmico de átomos a –267°C abafava as medições.

Libchaber detectou essas vibrações por meio de espectros de potência (figura 87) computados a partir de suas observações. Lembre-se de que picos num espectro de potência representam fortes componentes de freqüência. Correndo os olhos pela seqüência de figuras, você vê na primeira um único pico, nas demais, vários muito próximos uns dos outros, e assim por diante. As distâncias reduzem-se pela metade de uma figura para outra, o que significa que o período — inversamente proporcional à freqüência — dobra a cada vez. O espectro de potência final mostra bandas largas, indicativas de caos.

Libchaber descobrira uma seqüência duplicadora de período. Uma figueira física. Para ele, um fenômeno novo e intrigante.

Por volta de 1979, contudo, ele entrou em contato com Feigenbaum. Ficou sabendo então o que eram suas observações e o que devia fazer com elas. Como um mágico, Feigenbaum tirara da cartola do caos o coelho da universalidade. Libchaber tinha apenas que calcular a razão de escala para sua seqüência de duplicações de período e verificar se era próxima de 4,669.

Era. Próxima o bastante para indicar que valia a pena fazer novos experimentos, mais acurados.

Poucos anos depois, toda uma gama de experimentos, feitos por cientistas do mundo inteiro, confirmava cabalmente a previsão de Feigenbaum. Não só em fluidos turbulentos, mas em todos os tipos de sistemas físicos: eletrônicos, ópticos, até biológicos. O lugar, as pessoas, a cultura — e desta vez também o tempo — estavam maduros. Tudo ocorreu ao mesmo tempo.

O caos era um fato, não uma teoria.

Pequenas figueiras dão grande ciência.

11

A Textura da Realidade

We have
a map of the universe
for microbes,
we have
a map of a microbe
for the universe.*

Miroslav Holub, *Wings*

Conta-se que um fazendeiro contratou uma equipe de cientistas com o objetivo de orientá-lo em seu esforço para obter uma maior produção leiteira. (Interrompa-me, se já tiver ouvido esta antes.) Ao cabo de seis meses de trabalho, eles lhe apresentaram um relatório. O fazendeiro começou a ler e topou, logo de início, com a seguinte frase: "Considere uma vaca esférica..."

Uma importante mensagem se oculta sob essa velha anedota. As formas que vemos na natureza e as tradicionais formas geométricas da matemática nem sempre guardam muita semelhança umas com as outras.

Por vezes sim. Em 1610 Galileu disse que a linguagem da natureza é matemática, e "seus caracteres são triângulos, círculos e outras figuras geométricas". Os fabulosos sucessos que teve na dinâmica confirmam seu ponto de vista. Mas em 1726 Jonathan Swift já ridicularizava tal filosofia em *Voyage to Laputa*, uma aventura de Gulliver. "Para exaltar a beleza de uma mulher, ou de qualquer outro animal, descrevem-na em losangos, círculos, paralelogramos, elipses e outros termos geométricos."

Tais citações encontram um eco moderno na afirmação muito conhecida de Benoît Mandelbrot em *The Fractal Geometry of Nature*:

---

* Temos / um mapa do universo / para micróbios, / temos / o mapa de um micróbio / para o universo. (N. da T.)

"Nuvens não são esferas, montanhas não são cones, os litorais não são círculos, a casca das árvores não é lisa e tampouco a luz viaja em linha reta." Diferentemente de seus predecessores, porém, Mandelbrot — um pesquisador da IBM, em Yorktown Heights, hoje também membro dos quadros da Universidade de Yale — decidiu tomar uma providência. Entre o fim dos anos 50 e o início dos anos 70, desenvolveu um novo tipo de matemática, capaz de descrever e analisar a irregularidade estruturada do mundo natural, e cunhou um nome para as novas formas geométricas envolvidas: *fractais*.

Ao longo da década de 1970, quando ambos estavam na infância, o caos e os fractais pareciam não ter qualquer relação entre si. Mas eram primos matemáticos. Ambos enfrentam a estrutura da irregularidade. Em ambos, a imaginação geométrica é senhora. Mas, enquanto no caos a geometria presta vassalagem à dinâmica, nos fractais ela reina absoluta. Os fractais oferecem uma nova linguagem para descrever a forma do caos.

Escalas de Medida

Os fenômenos físicos geralmente ocorrem em alguma escala de medida característica. A estrutura do universo, por exemplo, é bem descrita em escalas de comprimento de milhões de anos-luz. A estrutura de um micróbio envolve escalas mais próximas de um micrometro. Desconfio que esse interjogo entre fenômenos e escalas de medida é de fato mais um artefato das limitações da mente humana que uma verdade genuína sobre a natureza. Nossas mentes são simplesmente incapazes de apreender algo tão grande como o universo num nível fino de detalhe. Assim, nós o dissecamos em estruturas de grande escala, como superaglomerados galácticos, e dissecamos esses superaglomerados em galáxias, e as galáxias em estrelas individuais, e assim por diante. A natureza, em contrapartida, opera simultaneamente em todas as escalas. Mas, seja como for, nossas tentativas de compreender a natureza introduzem necessariamente escalas de medida que, a nossos olhos, parecem "naturais".

Essa abordagem funciona bem para fenômenos que envolvem apenas uma pequena série de escalas. Funciona menos bem para fenômenos para os quais uma ampla série de escalas é essencial. Por exemplo, o mecanismo de transições de fase — em que uma massa de bilhões de átomos muda repentinamente suas características físicas globais — tende a se expandir numa série bastante grande de escalas, em que o microscópico e o macroscópico se misturam. Esta é uma das razões por que a matemática das transições de fase mostrou-se tão difícil.

Acabamos de apresentar uma das mais novas técnicas para enfrentar esse tipo de problema: a renormalização. Como vimos, trata-se de um método para encontrar a estrutura limite infinitesimal de um objeto ou processo auto-similares, por meio da ampliação repetida de partes cada vez menores do todo. Objetos auto-similares, por definição, não têm escalas de comprimento características: parecem a mesma coisa em muitas escalas de medida diferente.

As formas ortodoxas da geometria — triângulos, círculos, esferas, cilindros — perdem suas estruturas quando ampliadas. Vimos como, numa escala suficientemente ampla, um círculo se torna uma linha reta desprovida de características. As pessoas que pensam que a Terra é chata, fazem-no porque é isso que parece ser ao estreito olhar humano. Mandelbrot inventou o termo "fractal" para designar um tipo muito diferente de objeto geométrico: aquele que continua a exibir estrutura detalhada ao longo de muitas escalas. De fato, um fractal matemático ideal tem estrutura numa série infinita de escalas.

Flocos de Neve e Litorais

Um litoral é um exemplo de fractal que ocorre naturalmente (figura 88). Mapas do contorno de costas, traçados em todas as escalas, mostram todos uma distribuição similar de baías e promontórios. Cada baía tem por sua vez suas baías e promontórios menores, estes têm os seus, e assim por diante. A mesma estrutura geral pode ser vista na portentosa extensão do golfo do México, na baía do Sena, no espaço entre dois rochedos, numa praia de Acapulco, ou até no denteado de um único rochedo. Os versinhos de pé quebrado de Swift, que inspiraram a paródia de Richardson anteriormente citada, é um clichê no meio da fraternidade fractal, e tão apropriado que não podemos deixar de citá-lo:

So, Nat'ralists observe, a flea
Hath smaller fleas that on him prey,
And these have smaller fleas to bite 'em,
And so proceed ad infinitum.*

* Assim, observam os nat'ralistas, uma pulga/Contém pulguinhas que a corroem, /E estas têm pulguinhas menores que as destroem, /E assim vão *ad infinitum*.

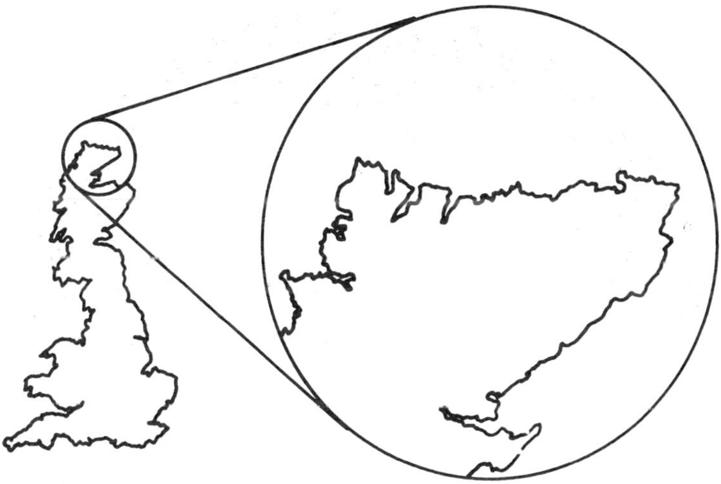

Fig. 88. Estrutura fractal do contorno de um litoral: quando ampliado, novas baías e promontórios aparecem, mas a semelhança com um litoral realístico permanece.

Uma curva matemática com essas mesmas características gerais é a "curva do floco de neve", de Helge von Koch, datada de 1904 (figura 89). Nela as baías e os promontórios são triângulos eqüiláteros progressivamente menores. Não se poderia modelar um litoral por meio do floco de neve de Koch, porque a natureza não esculpe litorais com triângulos eqüiláteros. Mas a curva do floco de neve capta muito bem uma importante característica do contorno das costas: *seu comportamento de escala*. Os fractais, tanto matemáticos como naturais, não apenas têm estrutura em todas as escalas: têm, nos limites do razoável, a *mesma* estrutura em todas as escalas.

Uma pequenina porção de um litoral, ampliada dez vezes, ainda parecerá um litoral; o mesmo ocorre com um segmento da curva do floco de neve. Já vimos esta idéia antes: auto-similaridade. No primeiro caso, a similaridade é apenas estatística: a proporção média de baías e promontórios permanece a mesma em escala, embora seu arranjo preciso possa mudar. No outro, é matematicamente exata.

Nem todos os objetos naturais se comportam da mesma maneira em várias escalas: por exemplo, a pulga de Swift. Ela pode dar um salto de cerca de um metro. Se fosse ampliada uma centena de vezes, ficando do tamanho de um elefante, não se tornaria capaz de dar um pulo de mil metros. Ao contrário, suas pernas quebrariam sob seu peso. As pulgas têm um comprimento de escala natural; os contornos de litoral, não.

Fig. 89. A curva do floco de neve, um fractal matemático.

UMA DIMENSÃO E UM QUARTO

"Qualitativo", disse o grande físico Ernest Rutherford, "é quantitativo pobre". Mas fazer mensurações de todos os detalhes individuais de um fractal é quase impossível. Felizmente, uma medida numérica do grau de rugosidade ou irregularidade de um fractal pode ser prontamente obtida. De início foi chamada de dimensão de Hausdorff-Besicovitch, a partir dos nomes dos matemáticos Felix Hausdorff e A. S. Besicovitch, que a inventaram e desenvolveram. Atualmente, tende-se a chamá-la de *dimensão fractal*.

Estamos habituados à idéia de que uma linha é unidimensional, um plano é bidimensional, um sólido é tridimensional. No mundo dos fractais, porém, dimensão adquire um sentido mais amplo, e não precisa ser um número inteiro. A dimensão fractal do contorno de um litoral situa-se em geral entre 1,15 e 1,25, e a da curva do floco de neve é próxima de 1,26. Portanto, litorais e flocos de neve são igualmente irregulares.

À primeira vista, a idéia parece esquisita. Que sentido pode ter a afirmação de que uma coisa tem uma dimensão e um quarto? Mas o floco de neve é obviamente mais ondulado — preenchendo mais espaço — do que uma curva regular, unidimensional. Ao mesmo tempo, preenche menos espaço do que uma superfície bidimensional. Uma dimensão situada em algum ponto entre 1 e 2 parece algo bastante razoável. A dimensão de Hausdorff-Besicovitch é definida para captar essa idéia, harmonizando-se ao mesmo tempo com a dimensão usual de espaços usuais. Sua formulação precisa é complicada, e não seria muito reveladora, mas a idéia básica é definir o "volume d-dimensional" de uma figura para d arbitrário (não-inteiro). Assim, a dimensão de Hausdorff-Besicovitch da figura é o valor de d para o qual o volume d-dimensional muda de infinito a zero.

Cada figura tem um valor específico de d no qual o volume d-dimensional faz tal desvio. Para o conjunto de Cantor, por exemplo, pode-se demonstrar que d é log 2/log 3, que é aproximadamente 0,6309; para o floco de neve é log 4/log 3 = 1,2619.

O floco de neve de Koch e a dimensão de Hausdorff-Besicovitch foram inventados para pôr em evidência as limitações da matemática. Seus inventores teriam rido se alguém tivesse sugerido que suas maquinações artificiais tinham qualquer relação com o mundo natural. Mas a Mãe Natureza era mais sábia.

"EVITE A GEOMETRIA"

O jovém Benoît Mandelbrot queria ser matemático. Seu tio, Szolem Mandelbrojt, já o era, e tinha um judicioso conselho a dar ao sobrinho: "Evite a geometria." A matemática do tempo do tio valorizava muito a análise rigorosa e pouco as imagens visuais. Recomendou ao jovem que estudasse e tentasse imitar um caso de pesquisa matemática que encarnava perfeitamente essa abordagem: um artigo de 300 páginas do matemático francês Gaston Julia sobre análise complexa — o cálculo de $\sqrt{-1}$. Julia mostrava que simples mapeamentos dos números complexos podiam dar origem a formas monstruosamente complicadas. Um concorrente dele, Pierre Fatou, trabalhou sobre as mesmas questões quase ao mesmo tempo. E assim, os dois sozinhos esgotaram o assunto. Pelo menos era o que parecia na década de 1940. Julia e Fatou traçaram diagramas toscos de suas formas. Mandelbrot não se impressionou. Como muitos jovens antes e depois dele, não deu ouvidos ao conselho dos mais velhos.

Em 1958 Mandelbrot ingressou na equipe da IBM, onde trabalhou com diversos problemas aparentemente desconexos: freqüências de palavras em lingüística, irrupções de erros na transmissão de mensagens, turbulência, aglomerados de galáxias, flutuações da bolsa de valores, o nível do rio Nilo... Por volta do início dos anos 60, porém, começou a se dar conta de que todos os seus trabalhos de algum modo se inter-relacionavam: tratavam da estrutura geométrica de fenômenos irregulares.

Mandelbrot condensou suas idéias numa única palavra — fractal — em 1975. Usou-a no título de um livro notável, *The Fractal Geometry of Nature*, publicado no mesmo ano. O livro é altamente geométrico, no sentido pictórico, repleto de belos e vívidos gráficos gerados por computador (figura 90). Demais, para tio Szolem.

O poder descritivo dos fractais era imediatamente evidente. "Simulações fractais" — representações artificiais geradas por computador — de montanhas, litorais, paisagens lunares, e até de música têm uma misteriosa semelhança com a coisa real. Mas poderia a teoria dos fractais

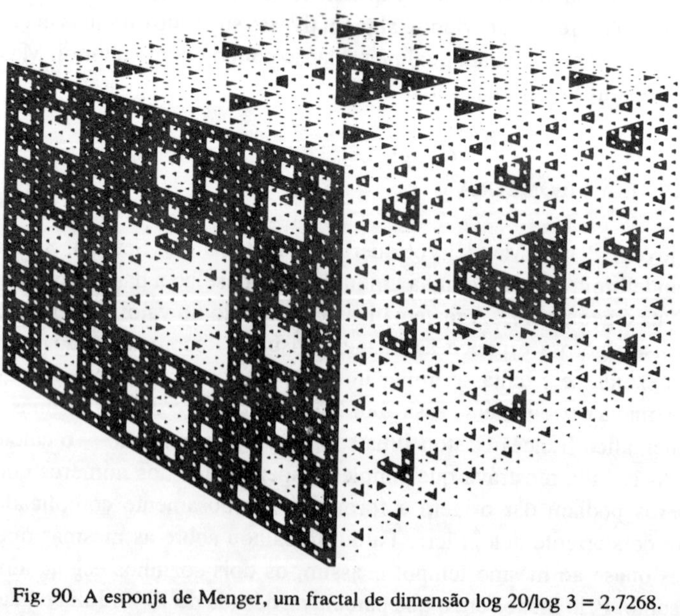

Fig. 90. A esponja de Menger, um fractal de dimensão log 20/log 3 = 2,7268.

superar a mera descrição e adquirir algum significado mais profundo, operacional, para a ciência? Poderia ser usada para prever novos fenômenos e alargar nosso conhecimento da natureza? Ou seria meramente descritiva?

E que lugar lhe cabia na matemática?

Em meados dos anos 70, a teoria do caos só era conhecida por uns poucos especialistas. O livro de Mandelbrot não mencionava a dinâmica caótica como tal. Continha, no entanto, muitos tópicos estreitamente relacionados com o caos, como a turbulência nos fluidos e a estrutura de grande escala do universo. E talvez o conjunto de Cantor, o mais básico dos fractais, seja exatamente o objeto que aparece na geometria dos atratores estranhos.

Hoje tudo ficou bem mais claro. Em particular, a distinção geométrica entre formas regulares, como círculos e esferas — isto é, múltiplos — e formas irregulares, como os fractais, revelou ser precisamente a mesma que a distinção entre os atratores conhecidos da matemática clássica e os atratores estranhos do caos. Costuma-se até, hoje em dia, definir atrator estranho como um atrator que é fractal.

Mais ainda, a dimensão fractal — aquele esquisito número fracionário inventado por Hausdorff e Besicovitch, desprezado pelos cientistas da área aplicada até que Mandelbrot o ressuscitou, poliu e explorou — vem a ser uma propriedade-chave do atrator, governando várias características quantitativas da dinâmica.

Assim, atualmente, os fractais aparecem na ciência de duas maneiras diferentes. Podem ocorrer como objeto primário, uma ferramenta descritiva para o estudo de processos e formas irregulares; ou podem ser uma dedução matemática de uma dinâmica caótica subjacente. Para ver as diferenças e os raios de ação desses conceitos, devemos dar uma olhada em ambos os tipos de modelagem fractal.

O VALE DO SILÍCIO

Muitas das aplicações diretas dos fractais ocorrem na física das superfícies. Superfícies são lugares onde acontecem coisas interessantes. Dê uma espiada pela janela: a magnífica complexidade a que chamamos de vida exibe-se numa fina película, na superfície da Terra. São superfícies os limites entre regimes antagônicos, os lugares onde mundos diversos fazem contato um com o outro. A topografia das superfícies é relevante em todas as áreas da ciência. Quando anticorpos aderem a um vírus, ou enzimas a uma molécula de DNA, fazem-no em razão de alguma afinidade pela forma específica da superfície envolvida. A superfície do vírus da pólio (figura 91) é fractal, e isto afeta o modo como diferentes moléculas químicas interagem com ela. Os catalisadores químicos, tão importantes para a indústria, atuam provocando reações em superfícies. Os especialistas em metalurgia apresentam problemas relacionados às formas de superfícies fraturadas, e o mesmo ocorre com os geólogos no tocante a cadeias de montanhas. A mesma morfologia pode se manifestar em muitas escalas: fotografias feitas por microscópio para esquadrinhar os túneis da superfície do silício lembram bastante o Grand Canyon.

Outros tipos de topografia são também importantes. Os minérios raramente se distribuem de maneira uniforme nas rochas. A argila tem

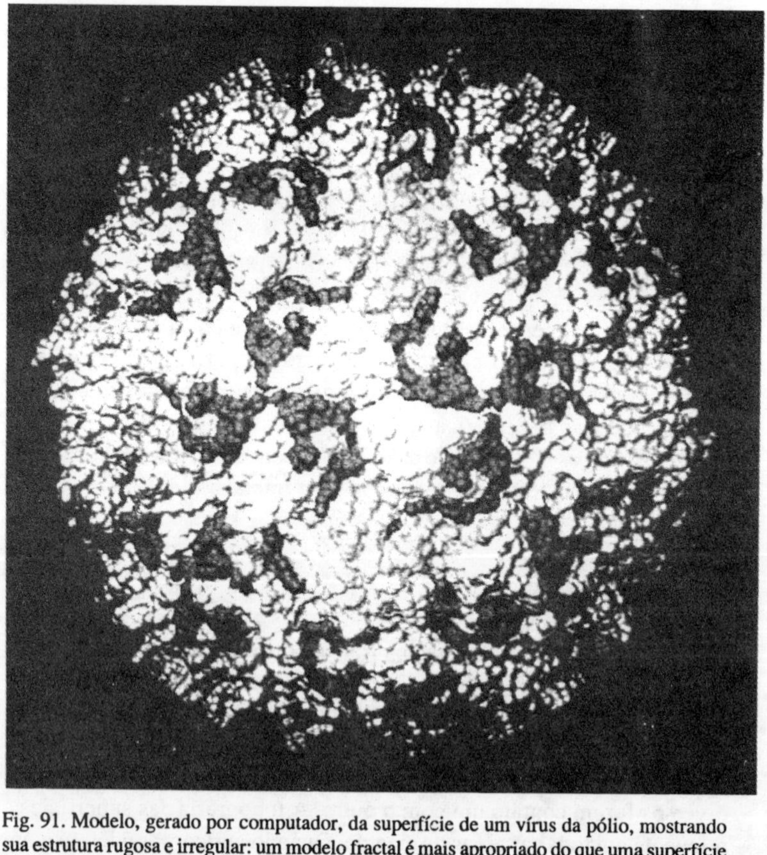

Fig. 91. Modelo, gerado por computador, da superfície de um vírus da pólio, mostrando sua estrutura rugosa e irregular: um modelo fractal é mais apropriado do que uma superfície lisa. (Arthur J. Olson, Research Institute, Scripps Clinic, La Jolla, CA, © 1987.)

uma estrutura extremamente complexa de camadas moleculares frouxamente agrupadas, e um torrão de terra aparentemente sólido pode se transformar de súbito num mar de lama se esse castelo de cartas molecular desabar, como aconteceu no México por ocasião do terremoto de alguns anos atrás. O destino final do universo depende do modo como a matéria se distribui nele.

Em 1980, Harvey Stapleton investigou as propriedades magnéticas de moléculas de proteína portadoras de ferro. Se um cristal for colocado num campo magnético e este depois for removido, perde sua magnetização de uma maneira característica. Essa "taxa de relaxamento" pode ser quantificada e, no caso dos cristais, é sempre igual a 3. Para as proteínas, porém, Stapleton obteve valores como 1,7. Mostrou que isso podia ser explicado pela geometria delas. Uma molécula de proteína típica apresenta pregas e enroscamentos muito irregulares. Assemelha-se a um fractal, e o número 1,7 pode ser definido como sua dimensão fractal.

Mais recentemente, Douglas Rees e Mitchell Lewis mostraram que as superfícies das proteínas — por exemplo, a hemoglobina, que transporta oxigênio no sangue — são fractais. Usando análise computacional de dados de difração de raio X, descobriram que as superfícies das proteínas têm uma dimensão fractal de cerca de 2,4. Isto sugere que elas são muito irregulares — de fato, tanto quanto uma bola de papel amassado, cuja dimensão fractal é de cerca de 2,5. Rees e Lewis descobriram também que algumas regiões da superfície de uma proteína são mais lisas — isto é, têm menor dimensão fractal — que outras. Como velcro, as proteínas aderem mais uma à outra ali onde suas superfícies são mais crespas. As regiões mais lisas parecem ser sítios ativos para as enzimas, que se prendem mais frouxamente a elas. Assim, a geometria fractal permite aos biólogos quantificar a estrutura da superfície de importantes moléculas biológicas e relacionar isto às suas funções.

AGREGAÇÃO E PERCOLAÇÃO

Morei numa aldeia, e tínhamos uma lareira em que queimávamos troncos de olmos corroídos por besouros. Até hoje temos uma escova de limpar chaminé — era mais barato comprar uma que pagar pelo serviço. Mas limpar chaminé nunca foi tarefa do meu agrado: sempre tinha visões de uma cascata de fuligem despencando sobre a mobília.

A fuligem penetra por toda parte porque é tênue e quebradiça. É tênue e quebradiça pois consiste em um frouxo agregado de partículas

Fig. 92. Aglomerado de partículas por DLA, desenvolvido num computador. (Reprodução autorizada de *Nature*, vol. 322, p. 791, © Macmillan Magazines Ltd.)

de carvão. Processos similares ocorrem na deposição eletrolítica de metais (galvanoplastia) e na corrosão. Em 1983, T. A. Witten e Leornard Sander formularam um poderoso modelo desses processos, conhecido como Agregação Limitada por Difusão, ou simplesmente DLA (de Diffusion Limited Aggregation). No modelo DLA, partículas singulares se difundem randomicamente até colidir com o agregado em crescimento, e então aderem ao sítio de colisão (figura 92). Simulações de computador desse processo numa superfície plana produzem estruturas que se ramificam frouxamente, como samambaias irregulares, com dimensão fractal 1,7. Processos similares em espaço tridimensional dão lugar a aglomerados de fractal de dimensão por volta de 2,5.

Quando se deposita ouro numa superfície, aglomera-se em cachos de gotas, como a água que fica na banheira depois de uma chuveirada, ou o orvalho numa teia de aranha. O crescimento desses aglomerados corresponde bem ao modelo DLA. Colóide de ouro depositado em superfícies planas produz aglomerados com dimensão de cerca de 1,75, próximo do valor simulado. Há também uma interessante transição de fase fractal na deposição do ouro. À medida que mais e mais ouro é adicionado, os aglomerados ramificados começam a se juntar, até que, num estado crítico exatamente definido, unem-se todos numa única massa. Essa *transição de percolação* tem considerável importância, e versões dela ocorrem em muitos sistemas físicos diferentes. A própria percolação pode ser modelada por fractais.

POR QUE O ÓLEO E A ÁGUA NÃO SE MISTURAM

Um processo de ramificação muito similar, e muito mais longamente estudado, é conhecido como *dedos viscosos* (*viscous fingering*), um tópico de certa importância para a indústria petrolífera (figura 93). Para extrair óleo de um poço, bombeia-se água em seu interior, sob pressão. Como água e óleo não se misturam, este último é empurrado para cima em poços de produção. Entretanto, o modo como a água flui através do óleo é surpreendentemente complicado, e a quantidade de óleo extraído

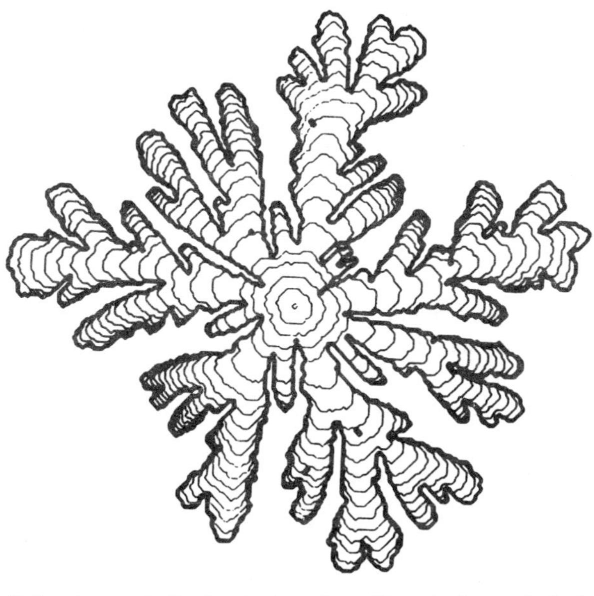

Fig. 93. Dedos viscosos de óleo bombeado na água. (Reprodução autorizada de *Nature*, vol. 321, p. 668, © Macmillan Magazines Ltd.)

não é tão grande quanto se desejaria. Uma melhor compreensão desse processo alimenta a esperança de uma produção mais eficiente.

O dispositivo experimental padrão para o estudo desse problema é conhecido como *célula de Hele-Shaw*: duas lâminas planas de vidro entre as quais está uma fina camada de óleo, como num sanduíche. Introduz-se água por um buraco existente numa das placas. De início ela se espalha num disco circular, mas se a interface óleo/água fica muito justa, a água fica instável e cria protuberâncias; estas se desenvolvem em "dedos" que penetram no óleo num padrão com forma de estrela. Esses dedos, por sua vez, sofrem repetidamente o mesmo tipo de instabilidade, o que os leva a se dividir nas pontas quando ficam largos demais. O resultado é um crescimento ramificado repetido, não muito diferente do de uma planta em desenvolvimento. Segundo os experimentos de J. Nittman, H. Eugene Stanley e colegas, a dimensão é de cerca de 1,7. Este valor é notavelmente próximo do obtido para o DLA, e há hoje crescente evidência de que os dois processos são matematicamente relacionados.

Na prática, o petróleo não ocorre em grandes espaços livres, mas misturado com partículas de rocha ou de areia. Jens Feder e colaboradores investigaram a formação de dedos viscosos num meio poroso e verificaram que a dimensão se reduz a cerca de 1,62. Isto significa que o bombeamento de água é menos efetivo quando o óleo está disperso em estratos rochosos porosos. Esse tipo de análise matemática pode ajudar às companhias exploradoras de petróleo a extrair o precioso líquido de maneira mais eficiente.

O Universo e Tudo

"Quando um jovem, no meu laboratório, usa a palavra 'universo'", disse Rutherford, "comunico-lhe que está na hora de ir embora." Mas a Grande Questão da Vida, O Universo e Tudo, tem um charme fatal. Os fractólogos não são imunes a ela.

Houve tempo em que os astrônomos pensavam que, em grandes escalas, a estrutura do universo era a mesma por toda parte — uma mistura homogênea, uniformemente agitada, de galáxias e vácuo. De fato essa crença deu origem a um paradoxo. Em 1826, Wilhem Olbers observou que, uma vez que tanto o diâmetro de uma estrela quanto a luz que emite diminuem proporcionalmente ao aumento de sua distância, o céu noturno deveria ser uniformemente brilhante, o que obviamente não acontece. As soluções propostas para esse paradoxo concentram-se em geral em mecanismos que filtram a luz de estrelas distantes, como nuvens de poeira entre as galáxias. De acordo com uma proposta recente, a aparência do céu noturno se deve ao fato de que o universo não existe há um período infinito de tempo, de modo que grande parte da luz distante ainda não chegou até nós. Se esperarmos o suficiente, afirma essa teoria, ficará comprovado que Olbers tinha razão. Terá se adiantado um bocadinho a seu tempo, questão de uns poucos bilhões de anos.

Na década de 1960, Mandelbrot apresentou uma proposta diferente. A estrutura do universo pode ser homogênea, afirmou, sem que isto implique uma distribuição *uniforme* de matéria — desde que a distribuição seja fractal. O Paradoxo de Olbers ainda não parece ter sido definitivamente resolvido, mas o universo tem de fato uma estrutura complexa que se assemelha mais a um fractal do que a qualquer coisa uniforme (figura 94).

A posição de uma galáxia pode ser medida com muita precisão, mas para traçar mapas tridimensionais da distribuição das galáxias, é preciso avaliar também a distância que as separa. O método padrão é explorar uma hipótese empírica conhecida como *Lei de Hubble*, proposta em 1921 por Edwin Hubble, um astrônomo norte-americano. Os astrônomos são capazes de medir as diferentes cores da luz emitida por uma estrela ou galáxia, obtendo assim seu *espectro*. A Lei de Hubble estabelece que quanto mais distante é uma galáxia, mais seu espectro desvia para o vermelho. Trata-se exatamente do efeito Doppler, que permite aos físicos usar *lasers* para medir a velocidade de fluidos: a idéia é de que o universo está em expansão, portanto as galáxias mais distantes estão se movendo mais depressa, por isso o desvio para o vermelho.

Novos instrumentos e emulsões fotográficas tornaram mais fácil medir o desvio para o vermelho de galáxias distantes e esmaecidas, e um quadro muito mais detalhado do universo está prestes a emergir. As galáxias não se distribuem uniformemente — formam, isto sim, uma rede de aparência esponjosa, com longos fios torcidos de matéria galáctica em meio a enormes lacunas. A distribuição é grumosa em todas as escalas, com uma dimensão fractal determinada em 1,2.

Margareth Geller e John Huchra estão usando modelos fractais de uma maneira bastante diferente para investigar as estatísticas da distribuição galáctica. Uma série de fatores, como o obscurecimento de aglomerados por poeira interestelar, distorce as observações, e o problema é desenvolver técnicas que levem isso em consideração. O ponto de partida de Geller e Huchra é um modelo fractal simulado de distri-

Fig. 94. A distribuição das galáxias no espaço de mil anos-luz a partir da Terra. Será uma distribuição fractal?

buição galáctica, no qual as "verdadeiras" posições são conhecidas pelo investigador. Efeitos de distorções também podem ser simulados. Torna-se assim possível testar métodos de remoção das distorções com base nos dados simulados para ver com que eficiência reconstroem a distribuição original.

Os resultados mais recentes sugerem que, nas escalas muito grandes, o universo *não* é um fractal puro. Parece, entretanto, ser um "multifractal", tendo estrutura detalhada mas não auto-similar em muitas escalas. A possibilidade de modelar o universo por um fractal depende portanto da escala do fenômeno em que se está interessado.

Simulações Fractais

Uma das primeiras "aplicações" de fractais foi a geração de gráficos por computador (figura 95). Para armazenar num computador os dados precisos necessários para reconstruir a superfície cheia de crateras da Lua seria necessária uma quantidade fabulosa de memória: o que seria razoável em se tratando de elaborar um catálogo de geografia lunar,

Fig. 95. Simulação fractal de Richad Voss: *Planetrise over Labelgraph Hill.*

mas sem cabimento quando o objetivo é produzir um cenário convincente para um seriado de ficção científica em televisão. A resposta é "simulação fractal", que imita as formas desejadas sem exigir preocupação com detalhes precisos.

De fato, fractais e computadores fazem um par perfeito. Uma das mais poderosas técnicas de programação é a *recursão*, pela qual um procedimento é fragmentado numa seqüência de repetições de si mesmo. (Exemplo: para construir um muro de alvenaria, forme uma única camada de tijolos e depois erga o muro sobre ela. O procedimento "erga o muro" é definido em termos de si mesmo. Na prática, é preciso especificar também quando o procedimento deve parar. Neste exemplo, pararia quando o muro tivesse alcançado a altura desejada.) Fractais também se fragmentam em cópias de si mesmos: são geometria recursiva. Para os fractais, diferentemente do que ocorre com os muros, o processo recursivo prossegue para sempre.

Alguns anos atrás, Loren Carpenter fez, com o auxílio de um computador, um filme de um vôo sobre uma paisagem fractal, e foi contratado pela Pixar, a divisão de computação gráfica da Lucasfilms. No filme *Jornada nas estrelas II: a ira de Khan*, usaram-se fractais na paisagem do planeta Gênesis e, em *O retorno de Jedi*, para criar a

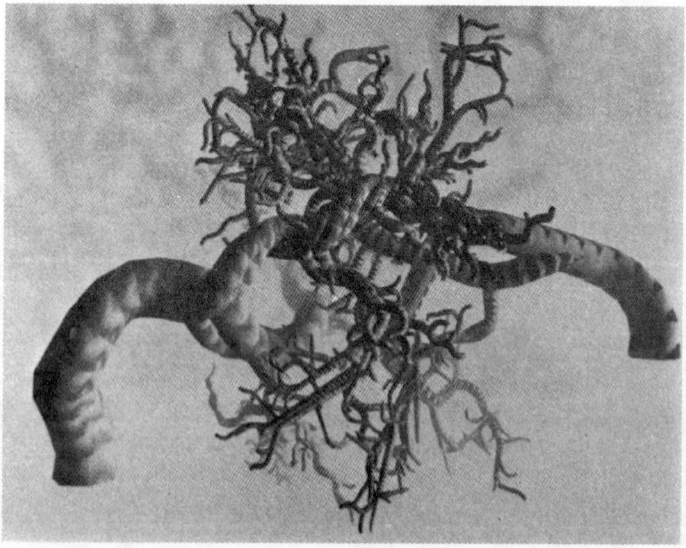

Fig. 96. *The Kiss*. (New York Institute of Technology [Peter Oppenheimer].)

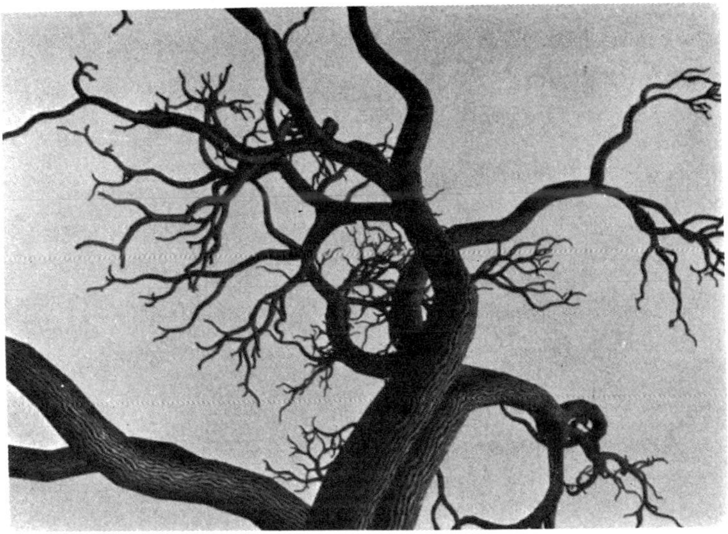

Fig. 97. Simulação fractal de uma árvore. (New York Institute of Technology [Peter Oppenheimer].)

geografia das luas de Endor e os contornos da Estrela da Morte. Peter Oppenheimer usou processos de ramificação fractal num computador para produzir obras de arte abstratas (figura 96), além de árvores e outras plantas de aparência natural ou estilizada (figura 97). Richard Voss, que inaugurou todo este campo, continua em atividade: um recente triunfo seu foi conseguir gerar por computador nuvens *convincentes*.

Nuvens e Chuva

Por falar em nuvens... analisando nuvens de verdade com dados do satélite *Geosat*, Shaun Lovejoy chegou à notável conclusão de que as nuvens não só são fractais, como têm a mesma dimensão fractal em sete ordens de magnitude (figura 98). Esse grau de uniformidade, quase sem precedentes entre os fenômenos naturais, significa que as nuvens não têm escala de comprimento natural. É uma surpresa. A atmosfera tem cerca de 10 km de altura e as nuvens são um fenômeno convectivo; seria portanto de esperar que uma escala de comprimento específica, de cerca de 10 km, se evidenciasse. Isso ainda pode ocorrer, mas não se manifesta na *forma* das nuvens.

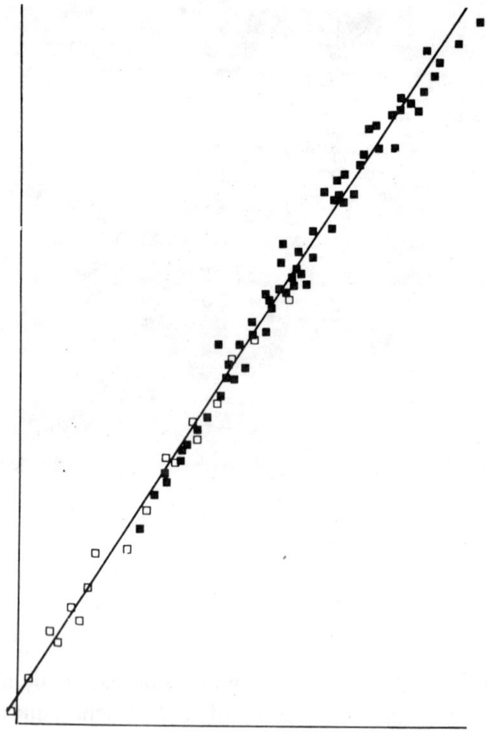

Fig. 98. Os dados obtidos por Sean Lovejoy sobre as propriedades de escala de nuvens mostram uma dimensão fractal constante (representados pela inclinação constante da linha) numa série surpreendentemente ampla de escalas. O gráfico representa o logaritmo da área de uma nuvem *versus* o logaritmo de seu perímetro. (Os quadrados cheios indicam dados de satélite e os vazios, dados de radar.)

Lovejoy estudou também a chuva, e descobriu que os limites das áreas de chuva são fractais. Mais ainda: a chuva tende a cair em rajadas irregulares, e as variações em escalas de tempo longo e curto são similares, o que revela que a estrutura temporal da chuva também é fractal. Harold Hastings fez análises similares da chuva ácida, com a finalidade de aperfeiçoar a previsão de estresses a que um ecossistema pode estar sujeito. Outro objetivo seu é identificar boas espécies indicadoras, que possam atuar como "instrumentos de aviso antecipado" dos danos da chuva ácida.

ALMAS IRMÃS

Os fractais são novos sob tantos aspectos que é fácil cometer o erro de vê-los como um mundo totalmente inédito, isolado da matemática existente. Prova de que isto não é verdade é o crescente contato entre fractais e a dinâmica caótica. Um terreno em que fractais e caos se encontraram foi o estudo do fluxo turbulento. Vimos que a abordagem clássica da turbulência, proposta por Lewis Richardson em 1922, consistia em vê-la como uma cascata em que a energia do movimento do fluxo passava para vórtices progressivamente menores. Este é um processo claramente fractal.

Como vimos também, a turbulência é um tópico atraente para os devotos da dinâmica caótica. Essas duas teorias da turbulência têm "almas irmãs". Atratores estranhos *são* fractais. A mesma complexidade de estrutura que permite aos fractais modelar a geometria irregular do mundo natural é o que conduz ao comportamento randômico na dinâmica determinística. Itamar Procaccia estudou extensamente as conexões entre fractais e a turbulência, inclusive a difusão turbulenta, com aplicações para as observações das formas das nuvens feitas por Lovejoy, que mencionamos. Já descrevi como Harry Swinney e seu grupo reconstruíram atratores estranhos a partir de dados experimentais sobre a convecção turbulenta. Computaram também suas dimensões fractais, para confirmar que os atratores são realmente estranhos e para quantificar a estranheza.

Em 1986, K. R. Screenivasan e C. Meneveau publicaram um estudo experimental da turbulência do ponto de vista fractal. Observaram jatos turbulentos rodeados por fluido parado. Sabe-se que a superfície do jato tem uma estrutura muito complicada. A indagação que faziam era se a superfície do jato é um fractal auto-similar, e, se fosse, qual sua dimensão fractal. Seus experimentos mostram que a resposta é "sim". Para uma camada turbulenta que está se desenvolvendo numa lâmina plana, a dimensão obtida foi 1,37. Isto sugere que, para um fluxo num fluido tridimensional, a interface turbulento/não-turbulento deve ter uma dimensão uma unidade maior, cerca de 2,37. "A conclusão inescapável deste trabalho", dizem eles, "é de que diversos aspectos da turbulência podem ser grosseiramente descritos por fractais, e sua dimensão fractal pode ser medida." Advertem, entretanto, que muito trabalho ainda é necessário antes que se possa afirmar que "a turbulência é fractal", sem restrições. Uma advertência similar se aplica às teorias do atrator estranho: elas funcionam melhor no *início* da turbulência, e podem não ser tão úteis para a turbulência plenamente desenvolvida.

BONECO DE PÃO DE MEL

Há muitas ironias na história da ciência. Uma que chega a impressionar é o fato de o trabalho de Fatou e Julia, que levou o jovem Mandelbrot a desistir de fazer matemática pura por carecer de conteúdo geométrico, ter ressurgido como uma aplicação central dos fractais à corrente principal da matemática, amplamente aclamada por sua notável beleza pictórica. Será preciso dizer que o responsável por essa virada do destino foi o próprio Mandelbrot?

Gaston Julia, aluno de Poincaré, estudou as iterações de mapeamentos do plano complexo. Hoje é impossível escrever uma frase como esta sem passar imediatamente a uma conclusão: "Dinâmica discreta!", mas no tempo de Julia não passava pela cabeça de ninguém que a iteração de um mapeamento tivesse algo a ver com dinâmica. A dinâmica era contínua; a iteração, discreta — tão diferentes quanto água e vinho.

Um número complexo é um número da forma $z = x + y\sqrt{-1}$, onde x e z são números reais ordinários. A palavra "complexo" tem aqui o significado de "ter vários componentes" e não de "ser complicado": dois números reais x e y correspondem a um único número complexo z. Mas sabemos que duas coordenadas reais definem um ponto no plano. Portanto, assim como visualizamos números reais como enfileirados ao longo de uma linha de números, podemos falar dos números complexos como vivendo no *plano complexo*. Os números complexos têm suas próprias aritmética, álgebra e análise; são uma das mais importantes e belas idéias de toda a matemática. Sua existência baseia-se num ato de imaginação puramente matemática: admitir que −1 pode ter uma raiz quadrada, e alargar o conceito de número de modo a que dê lugar a essa formidável conjectura.

A teoria de Julia é sobre mapeamentos complexos; por exemplo, $z \to z^2 + c$, onde c é uma constante. Por meio de um pequeno e inofensivo malabarismo matemático, isto pode ser considerado um análogo complexo do mapeamento logístico. A idéia é fixar um valor de c, e perguntar o que acontece a qualquer valor inicial dado z à medida que essa fórmula é iterada.

No nível mais grosseiro, há uma distinção básica a ser observada. Alguns valores iniciais z se afastam rapidamente rumo ao infinito; os outros, não. Imagine que você pega um pincel e pinta os pontos do plano complexo. Pinte de preto os que se afastam para o infinito sob a iteração do mapeamento; pinte de branco os que não o fazem. Você está delineando o *domínio de atração* do ponto no infinito. O *conjunto de Julia* é sua fronteira.

Como Julia e Fatou observaram, as formas resultantes podem ser incrivelmente complicadas. Facilmente desenháveis com os computadores modernos, revelam-se também incrivelmente bonitas. Formas de cavalos-marinhos e de coelhos, de nebulosas e de cata-ventos — uma variedade sem fim (figura 99).

Para pôr nossas idéias em ordem, vou fazer uma analogia entre o mapeamento complexo $z \to z^2 + c$ e o nosso velho amigo, o mapeamento logístico $x \to kx(1 - x)$. Neste caso x e z desempenham papéis

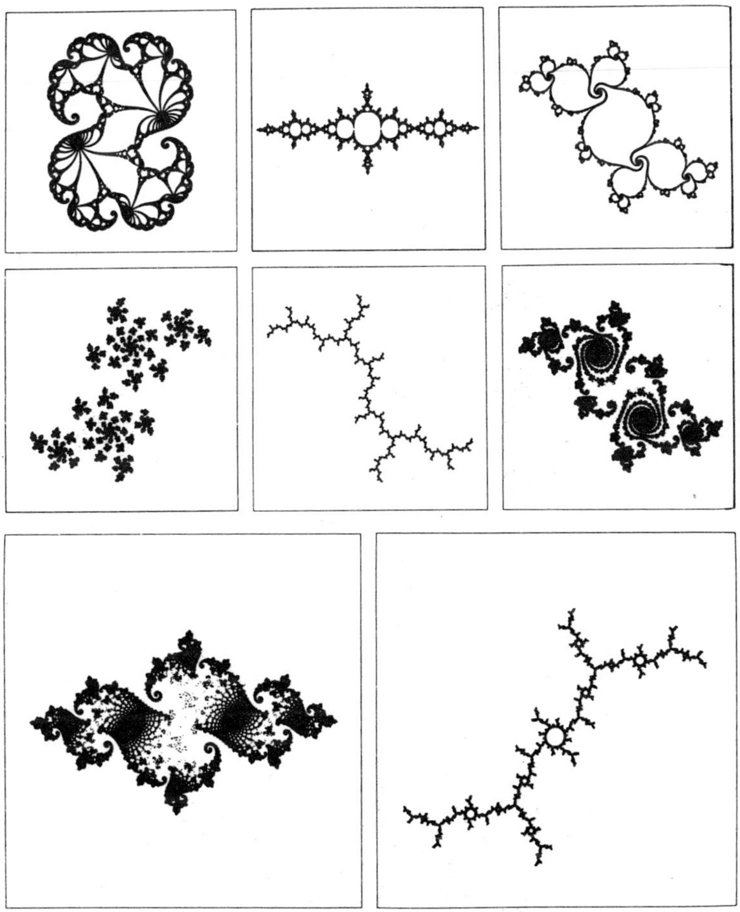

Fig. 99. Conjuntos de Julia: uma idéia simples conduz a uma intricada beleza e a uma variedade inesgotável.

similares, como o fazem k e c. Cada c tem seu próprio conjunto de Julia; analogamente, cada k tem seu próprio atrator. (Aqui, forcei tanto a analogia que ela esteve a ponto de quebrar. O conjunto de Julia é o domínio de atração do ponto no infinito, o conjunto de condições iniciais que se movem em direção a ele sob iteração. O atrator é, ele próprio, apenas o ponto no infinito. Acredite-me: a vida ficará mais fácil se ignorarmos essa distinção.)

Para o mapeamento logístico, inventamos uma figura que transmite não só o que é o atrator para um dado k, mas como ele muda com k. Trata-se do diagrama da bifurcação, que nos conduz a uma maravilhosa descoberta: a figueira. Há um objeto similar que proporciona uma visão panorâmica do modo como o conjunto de Julia para um dado c muda à medida que c percorre o plano complexo; mas, em vez da figueira, o que obtemos é o *boneco de pão de mel*. Mais propriamente, é chamado de *conjunto de Mandelbrot* (figura 100), mas, como veremos logo, é muito parecido com um boneco de pão de mel, com corpo balofo e cabeça redonda; e como *Mandelbrot*, em alemão, significa pão de amêndoas, o jogo de palavras fica irresistível. (Este foi o segundo trocadilho germânico. Prometo que não haverá mais nenhum.)

O conjunto de Julia pode ter uma ampla variedade de formas. Vejamos uma única característica, grosseira mas distintiva. Alguns conjuntos de Julia formam uma só peça; outros se fragmentam. Isto é, podem ser conexos ou desconexos. Os desconexos parecem centenas de grãos de poeira; os conexos parecem curvas, ou intricados desenhos.

Para construir o boneco de pão de mel, pegue de novo o pincel. Escolha um ponto c no plano complexo. Itere o mapeamento $z \to z^2 + c$ para todos os z possíveis, encontrando o conjunto de Julia para c. Veja se isso é não conexo. Se for, pinte c de preto. Se não for, pinte-o de branco. Faça isso para cada c.

O resultado, notável por sua intricada e curiosa geometria, é uma surpresa total: o boneco de pão de mel.

A melhor maneira de apreender a complexidade e a beleza da estrutura do boneco de pão de mel é pedir, tomar emprestado, surrupiar ou (o que recomendo) comprar *The Beauty of Fractals*, de Heinz-Otto Peitgen e Peter Richter. Trata-se de um objeto ímpar: o único livro de matemática decorativo do mundo, como um álbum de luxo. Suas impressionantes figuras não são, porém, simulações de arte psicodélica geradas por computador: são instantâneos de um objeto denso, natural e maravilhoso, o boneco de pão de mel. Ele já foi apontado, corretamente, como a mais complexa forma matemática jamais inventada. (Embora as pessoas continuem tentando inventar outras ainda mais

Fig. 100. O conjunto de Mandelbrot ou o "boneco de pão de mel". (Reprodução autorizada de H.-O. Peitgen e P.H. Richter: The Beauty of Fractals, 1986. © 1986 Springer-Verlag Berlim – Heidelberg.)

complexas.) Não obstante, você pode convencer um computador a desenhá-lo com mais ou menos dez linhas de programa de computação. Com ele, a palavra "complexidade" passa a ser vista sob uma nova luz.

A característica mais notável do conjunto de Mandelbrot é o modo como conserva sua estrutura extremamente complicada quando submetido a *zooms*, com ampliações a níveis cada vez mais elevados (figura 101). Uma incursão como essa pelo boneco de pão de mel é uma experiência que não se pode perder; mas é preciso ter um computador muito rápido para fazer a viagem com velocidade e conforto. Cada

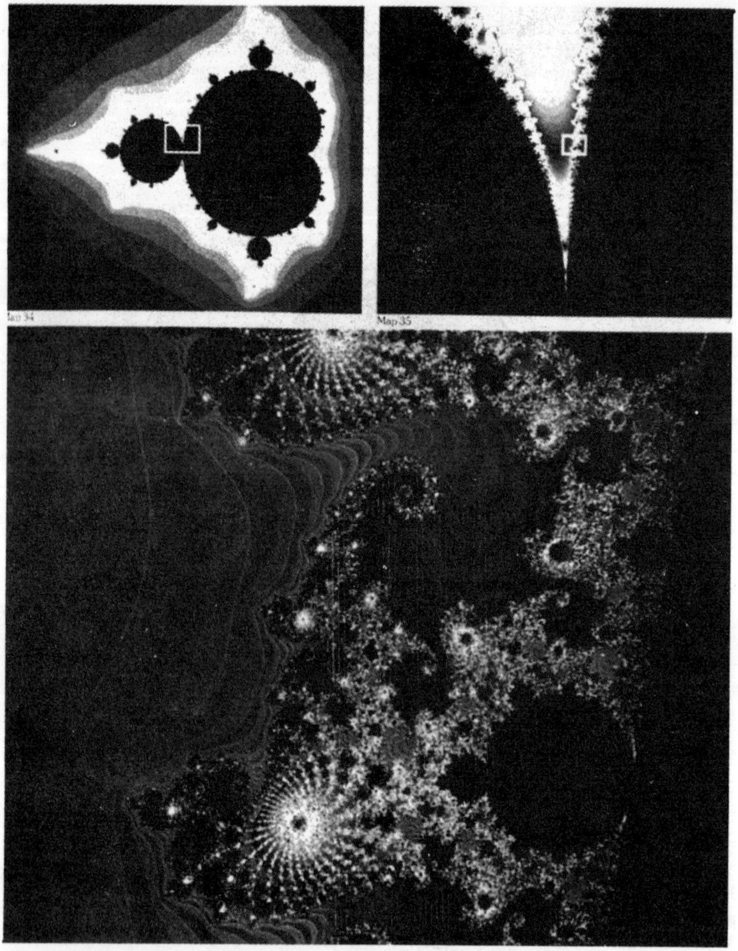

Fig. 101. Um *zoom* no boneco de pão de mel... (Reprodução autorizada de H.-O. Peitgen e P.H. Richter: *The Beauty of Fractals*, 1986. © 1986 Springer-Verlag Berlim – Heidelberg.)

novo nível de detalhe revela estruturas novas e sempre surpreendentes (figura 102). Remoinhos, arabescos, cavalos-marinhos, torrões, brotos, cactos em flor, finas serpentes, espirais, bolhas com formas de insetos, raios em ziguezague.

E de vez em quando, profundamente enterrados dentro do boneco de pão de mel, talvez um milhão de vezes menores (figura 103), você pode encontrar...

Minúsculos bonecos de pão de mel.

Completos em todos os detalhes, a ponto de terem, também eles, seus próprios sub-bonecos de pão de mel, exatamente como o conjunto da bifurcação do mapeamento logístico tem janelas que contêm réplicas perfeitas de si mesmas.

Pulgões, pulguinhas...

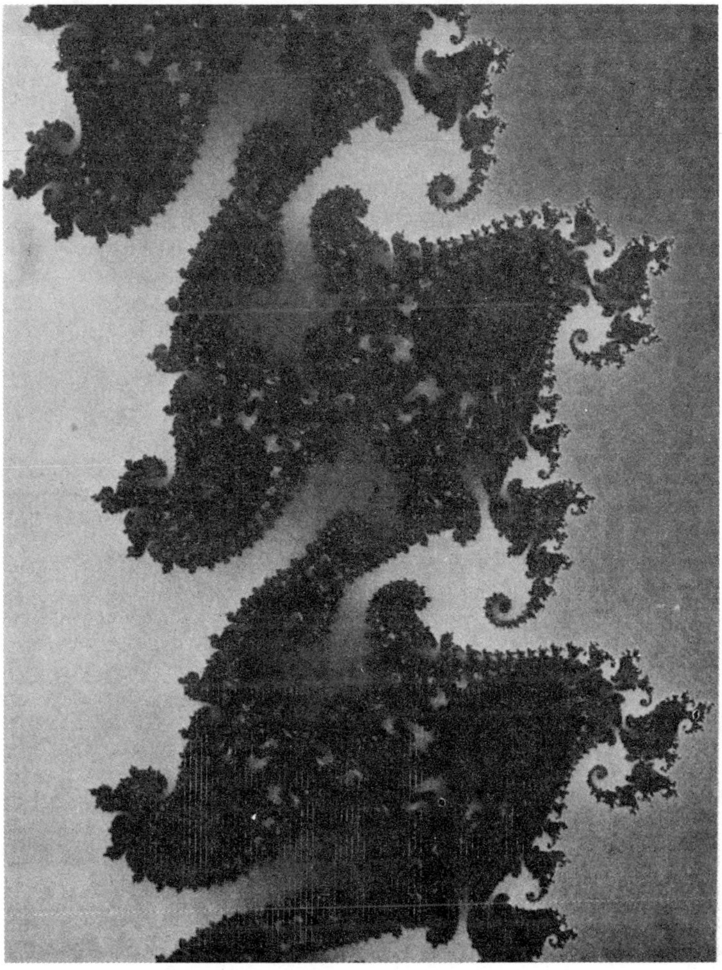

Fig. 102. ... leva às profundezas do vale dos Cavalos-Marinhos... (Reprodução autorizada de H.-O. Peitgen e P.H. Richter: *The Beauty of Fractals*, 1986. © 1986 Springer-Verlag Berlim – Heidelberg.)

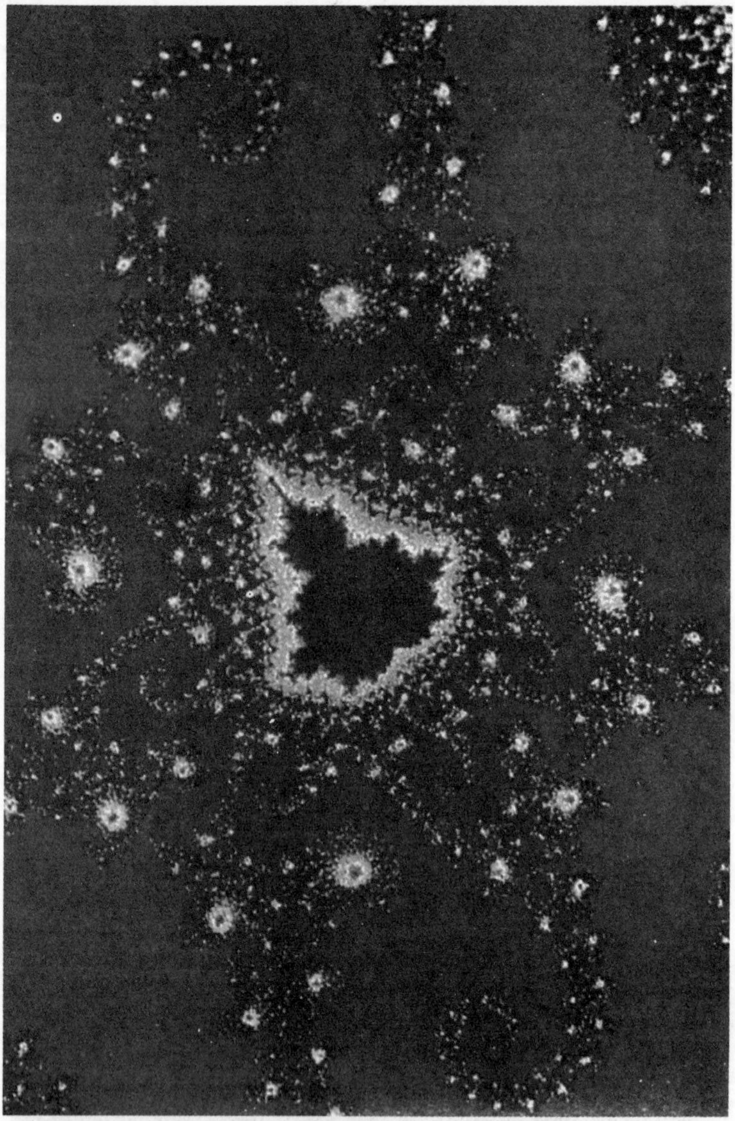

Fig. 103. ... e revela um sub-boneco de pão de mel, perfeito em todos os detalhes! (Reprodução autorizada de H.-O. Peitgen e P.H. Richter: *The Beauty of Fractals*, 1986. © 1986 Springer-Verlag Berlim – Heidelberg.)

Bonecões e bonequinhos de pão de mel.

Esta auto-similaridade do conjunto de Mandelbrot é apenas uma de suas características notáveis. Aqui está outra. Escolha um ponto c na borda do conjunto de Mandelbrot e renormalize a sua forma nas proximidades de c, ampliando cada uma das menores peças ali presentes um número de vezes progressivamente maior. Que forma obterá?

O conjunto de Julia correspondente àquele valor de c.

Dentro do conjunto de Mandelbrot estão *todos os conjuntos de Julia possíveis*, em escala infinitesimal, fundindo-se facilmente uns com os outros, e cada um situado precisamente sobre seu valor da constante c.

Trata-se apenas do começo da história. Toda uma nova disciplina, a dinâmica complexa, está em gestação. ("Complexa" no sentido dos "números complexos", não de "complicada". Embora sem dúvida *seja* complicada, mas também bela.) Entre suas complicações, estão os métodos pelos quais a análise numérica resolve equações por aproximações sucessivas. Pois o que é uma aproximação sucessiva, senão a iteração de algum mapeamento? Esta é uma velha idéia, do tempo de *Sir* Isaac Newton ou anterior. Mas os fractais e o caos deram vida nova aos velhos ossos.

A Vaca Fractal

Da simplicidade do floco de neve à complexidade do conjunto de Mandelbrot: uma progressão matemática natural, mas uma perspectiva drasticamente diversa.

A curva do floco de neve de Koch interessa aos matemáticos porque, tendo comprimento infinito, encerra uma área finita, e, sendo contínua, não tem direção bem definida em nenhum ponto. Como muitos objetos similares, foi inventada na virada do século para pôr em evidência estas e outras patologias. Havia curvas que ocupavam espaço e curvas que se cruzavam a si mesmas em todos os pontos. Segundo Voss:

> As mentes concebiam estranhos monstros sem contrapartida na natureza. Após descobrir tais monstros (e se congratularem por uma criatividade que superava a natureza), os matemáticos baniam as bestas patológicas, em geral sem examiná-las, encerrando-as num zoológico matemático. Não podiam imaginar que suas criações pudessem ter qualquer uso ou interesse para cientistas naturais. A natureza, entretanto, não se deixava suplantar tão facilmente.

Essas invenções prematuras de matemáticos puros, e várias investigações sem vínculo aparente com elas em outros campos da ciência, se fundiram na imaginação de Benoît Mandelbrot, dando origem a um novo tipo de modelo matemático da natureza. Quase todo o trabalho que se faz hoje sobre fractais — teoria e aplicações — tem origem no seu livro de 1975. Tratava-se de um espetacular exercício de imaginação matemática.

Mas agora a teoria dos fractais está avançando. As primeiras especulações serviram a seus propósitos, estimulando novas investigações, mais profundas. Como ocorre em qualquer campo de pesquisa em desenvolvimento, as atraentes simplicidades do início se chocam com as obstinadas complexidades da natureza. Por exemplo, o conceito apropriado de dimensão fractal parece variar de uma aplicação para outra. Um importante problema matemático é compreender como todas essas várias dimensões se relacionam entre si. Resta muito a compreender.

A aplicabilidade dos fractais é ampla, mas não universal. A vaca fractal não é necessariamente mais realística do que a esférica. É preciso advertir também que nem todas as aplicações fazem uso do conceito de fractal em sua essência. Trabalhos que vinte anos atrás teriam sido apresentados como uma lei de exponencial derivada de uma representação log-log dos dados, hoje aparecem com o detalhamento de uma dimensão fractal. Há modas em ciência, e elas acompanham tanto os *slogans* quanto as grandes rupturas.

Os fractais encerram mais coisas, porém, do que um punhado de palavras novas e chamativas. "Hoje, ninguém que não tenha familiaridade com os fractais será considerado cientificamente alfabetizado", diz o físico John Wheeler. Os fractais revelam um novo regime da natureza susceptível de modelagem matemática. Abrem nossos olhos para padrões que, não fossem eles, poderiam ser considerados sem forma. Suscitam novas questões e fornecem novas respostas. "Os fractais", diz Jeanne McDermott, que escreve sobre ciência, "captam a textura da realidade."

12

Retorno a Hipérion

Blazing Hyperion on his orbed fire
Still sits, still snuffs the incense teeming up
From man to the Sun's God: yet unsecure.
For as upon the earth dire prodigies
Fright and perplex, so also shudders he:
Not at dog's howl or gloom-bird's Even screech,
Or the familiar visitings of one
Upon the first toll of his passing bell:
But horrors, portioned to a giant nerve,
Make great Hyperion ache.*

John Keats, *Hyperion*

Duas constantes perpassam a história da dinâmica: o *lá em cima* e o *cá embaixo*. Tales, com os olhos pregados no céu e a cara no poço. Galileu, com as luas de Júpiter e uma lâmpada de igreja a balançar na aragem. A grande unificação da gravitação newtoniana: os planetas e a trajetória de uma bala de canhão. As observações astronômicas deram grande estímulo à criação da estatística; mas as alturas das crianças também. Poincaré viu seus emaranhados homoclínicos primeiro na matemática de uma partícula de poeira nos poços de gravidade de Júpiter e Saturno, mas a compreensão que Smale teve deles foi indiretamente inspirada por um problema relacionado com o radar.

Até agora nossa discussão do caos se manteve quase sempre com os pés no chão, ficando até confinada, em sua maior parte, ao laboratório. Mas lá em cima há caos na maior das escalas. O movimento

* Resplandecente em sua órbita de fogo/Hipérion queda imóvel, e imóvel aspira o incenso que se evola/Do homem ao Deus Sol: inseguro, porém./Pois, assim como na terra medonhos prodígios/Apavoram e perturbam, assim também ele estremece:/Não ao uivar do cão ou ao canto monocórdio da ave negra,/Ou às visitas que soem fazer as pessoas/ Tão logo os sinos se põem a dobrar por elas:/São horrores destinados a um nervo gigante/ Que fazem o grande Hipérion padecer. (N. da T.)

dos satélites, o comportamento de longo prazo de Plutão, a estrutura do próprio universo.

No capítulo de abertura, mencionei o estranho comportamento de Hipérion, um satélite de Saturno: caos celeste. Comecemos por aí.

BATATA CÓSMICA

A forma mais conhecida dos corpos celestes é uma esfera, ou, mais precisamente, um esferóide: a terra, por exemplo, tem um achatamento de alguns pontos percentuais nos pólos. Já Hipérion é um elipsóide cujos eixos principais (comprimento, largura e altura, por assim dizer) têm 190, 145 e 114 km. Uma batata cósmica (figura 104).

Como Kepler e Newton haviam verificado, a órbita de Hipérion em torno de Saturno é aproximadamente elíptica. A extensão em que uma elipse se desvia da forma circular é medida por uma quantidade conhecida como *excentricidade*. A órbita de Hipérion tem uma excentricidade de cerca de 10 por cento. Embora excepcionalmente grande para planetas e satélites do Sistema Solar, ela significa apenas que a órbita é um círculo ligeiramente achatado.

A *posição* de Hipérion em órbita é regular e previsível. Seria possível tabulá-la para décadas adiante e prevê-la com uma exatidão de fração de segundo. O que torna Hipérion virtualmente único entre as luas e planetas de nosso Sol é sua *atitude* em órbita: as direções em que seus três eixos apontam. A maioria dos planetas rola como uma bola de futebol num passe rasteiro: Hipérion mais parece uma bola de *rugby* quicando pelo campo de refrega. Se pudesse congelar a posição do ponto central de Hipérion e olhar apenas o modo como se move em relação a esse ponto, você o veria saltitar quase randomicamente em todas as direções possíveis.

Tanto sua posição quanto sua atitude são determinadas pelas mesmas leis físicas, as mesmas equações matemáticas. A posição corresponde a uma solução regular dessas equações; mas a atitude corresponde a uma solução irregular. As cambalhotas de Hipérion não se devem a influências externas aleatórias, mas ao caos dinâmico.

Por que Hipérion é caótico? Por que, sob este aspecto, todos os demais corpos celestes são regulares? Será por causa da forma de batata? Serão todas as batatas caóticas?

De maneira alguma. As razões são mais sutis, mais complicadas, e muito mais interessantes. O movimento caótico de Hipérion é uma coincidência cósmica. Em vários momentos, na história do Sistema

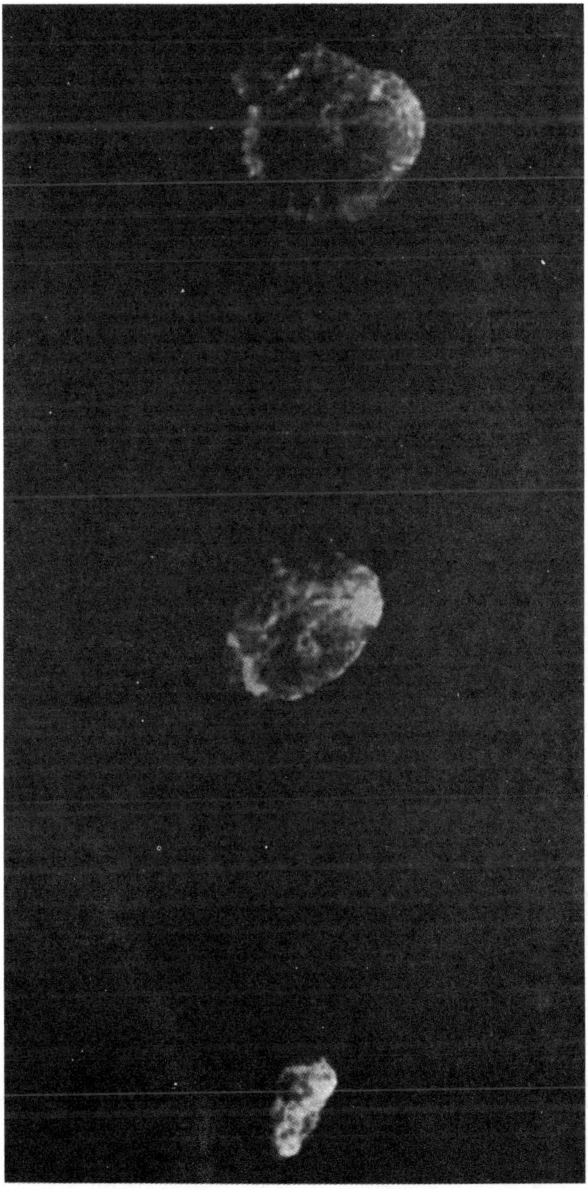

Fig. 104. Três imagens da *Voyager* mostrando Hipérion, o satélite indisciplinado de Saturno.

Solar, outros corpos evolveram para um período de caos dinâmico e saíram dele. Acontece que Hipérion está sofrendo esse processo no exato momento em que a raça humana se interessa por ele.

ESPECTRO VAMPIRESCO

O movimento de um corpo rígido é um problema clássico enfrentado pela primeira vez por Euler. Da análise que fez, emergem vários princípios importantes. Primeiro, podemos supor que o centro de gravidade do corpo é fixo, e lidar apenas com o movimento relativo a esse centro. Segundo: a forma do corpo é em grande medida irrelevante. O que determina o movimento são seus eixos de inércia. A cada corpo sólido, seja qual for a irregularidade de sua forma ou densidade, corresponde um *elipsóide de inércia*. Trata-se de um companheiro fantasma, firmemente preso ao corpo mas sem massa alguma, e, como seu nome indica, de forma elipsoidal. Os comprimentos de cada eixo do elipsóide inercial são proporcionais à inércia do corpo quando girado em torno daquele eixo, de modo que eixos longos correspondem a maior inércia.

Quando o corpo se move, o mesmo faz o fantasma: é um espectro. Se o corpo se movimenta regularmente, assim faz o fantasma; se saltita, o fantasma saltita também. Mas agora ocorre uma transfiguração. Deixemos que o fantasma absorva, vampirescamente, a essência material do corpo, de tal modo que passamos a ter um fantasma sólido e um misterioso corpo espectral ainda preso a ele como um invólucro vivo. Que mudança ocorre no movimento? *Absolutamente nenhuma*. O corpo e seu fantasma têm as mesmas propriedades inerciais; logo, seu movimento é idêntico.

Em outras palavras, ao pensar sobre o movimento de corpos sólidos, você pode restringir sua atenção a elipsóides uniformes. O fato de Hipérion parecer uma batata é irrelevante; mas o fato de o elipsóide fantasma de uma batata ter três eixos *desiguais* é decisivo.

Apesar disso tudo, Euler não foi capaz de resolver as equações para corpos rígidos em sua plena generalidade. Descobertas clássicas, complicados expedientes de análise permitiram resolver uns poucos casos especiais, tal como o movimento de um pião circularmente simétrico. Mas os matemáticos encontraram alguns princípios gerais. Por exemplo, um dos tipos mais simples de movimento ocorre quando o corpo gira em volta de um de seus eixos de inércia. Quando é que tal movimento é estável? Resposta: quando o eixo é o maior, ou o menor, mas não quando é o de tamanho intermediário.

Isto pode ser facilmente verificado por um experimento. Um livro é um exemplo acessível de corpo com três eixos de inércia desiguais. Eles passam pelo ponto central do livro, profundamente encravados nas suas páginas. O eixo inercial mais longo vai do meio da contracapa ao meio da capa. O mais curto vai do meio da borda superior ao meio da borda inferior. O terceiro, intermediário, vai do meio da lombada ao meio da borda vertical (figura 105).

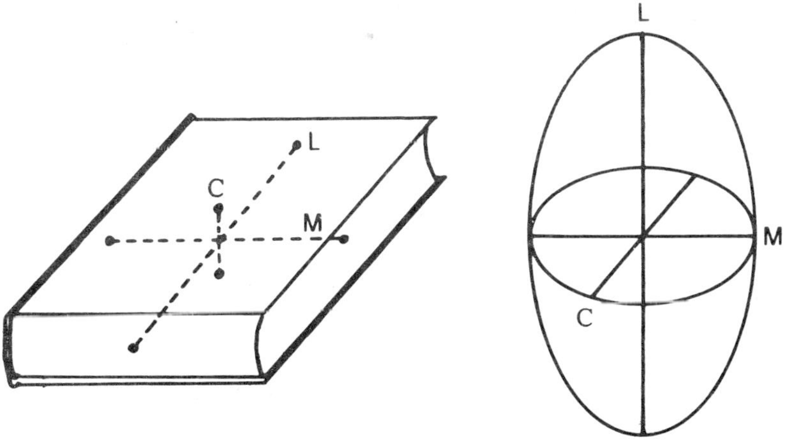

Fig. 105. Um livro e sua elipsóide inercial. Observe que o eixo mais curto (C) do livro corresponde ao eixo mais longo (L) da elipsóide, e vice-versa, e que os dois eixos médios (M) se correspondem.

Você por certo notou que o maior eixo de inércia é o eixo mais curto do livro, e vice-versa. Não é um erro: a inércia é maior ali onde a massa se movimenta mais depressa. Se você girar o livro, em determinada velocidade, em torno do seu eixo físico mais curto, os pontos nos cantos do livro estarão muito distantes do eixo e se moverão mais depressa. Por outro lado, se você girá-lo na mesma velocidade em torno de seu eixo físico mais longo, os pontos estarão mais perto do eixo e portanto se moverão mais lentamente. Aliás, minha metáfora do fantasma se aplica a esse problema também — o fantasma não é de fato o próprio elipsóide de inércia, mas um corpo elipsoidal uniforme *que tem o mesmo elipsóide de inércia* que o corpo original. É gordo onde o elipsóide inercial é magro, magro onde ele é gordo.

Seja como for, pegue um livro. Algo de pesado (no sentido físico, não no metafórico) é preferível: *Guerra e paz*, ou um dicionário.

Segure-o entre as palmas das mãos com o título da lombada de frente para você, e gire-o em torno de seu eixo mais curto. Não terá nenhuma dificuldade em fazê-lo. Agora segure-o pelas bordas superior e inferior, com a lombada na horizontal, e gire-o em torno do seu eixo mais longo. Mais uma vez, nenhum problema. Finalmente, porém, segure-o no meio da lombada e no meio da borda vertical e tente fazê-lo girar em torno do eixo intermediário. Descobrirá que ele se recusa a girar adequadamente: o que faz é começar a se torcer e a balançar. Isto acontece porque as rotações em torno do eixo de tamanho intermediário são instáveis. A próxima vez que for a uma praia pedregosa, escolha uma pedra (grosseiramente) elipsoidal, com eixos desiguais, e tente girá-la em torno do eixo do meio. Verá que é muito difícil fazê-la parar de balançar.

GEOMETRIA DE *SPIN*-ÓRBITA

Em 1984, Jack Wisdom, um astrônomo do Instituto de Tecnologia de Massachusetts, e seus colegas Stanton Peale e François Mignard publicaram um artigo na revista *Icarus* com o título "A rotação caótica de Hipérion". Nele, previram que Hipérion devia saltitar caoticamente. A análise que fizeram, em forma um tanto simplificada, foi a seguinte.

A órbita de Hipérion é uma elipse, mas esta muda lentamente. Ignorando isto, podemos modelar o movimento orbital do satélite por uma elipse fixa. A aproximação é aceitável porque Hipérion saltita muito mais rapidamente do que sua órbita varia. Modele o próprio Hipérion por um elipsóide adequado que gire em torno de seu eixo mais longo; suponha então que esse eixo é perpendicular ao plano da órbita. Logo veremos por quê. Sua agitação pode ser captada pela geometria de *spin*-órbita, que passo a descrever. Como você fixou a direção do eixo de inércia mais longo, um ângulo a mais, apenas, nos dirá exatamente qual é a atitude de Hipérion. Ou seja, precisamos saber agora em que direção o eixo menor aponta. (Com isto, o eixo do meio, que faz ângulo reto com estes dois, fica também determinado.) Chame-o de *ângulo de spin*. Um número adicional nos dirá onde, em sua órbita, está Hipérion: a saber, o ângulo entre sua posição e algum ponto fixo da órbita. Por conveniência, escolhe-se o periastro — o ponto mais próximo de Saturno — para ser este ponto fixo, e o ângulo correspondente é o ângulo de órbita, ou "anomalia verdadeira", numa linguagem mais convencional. A atração gravitacional que Saturno exerce sobre Hipérion depende do ângulo de órbita, que por sua vez depende do tempo. Portanto, a gravidade de Saturno pode ser representada com um campo gravitacional variável no tempo, de um tipo particular.

Seja como for, você pode escrever as equações para tudo isto, e terminará num modelo matemático simplificado com três ingredientes. Um é o ângulo de *spin*, o segundo é a taxa de variação do ângulo de *spin*, e o terceiro é o tempo — ou seu equivalente, o ângulo da órbita.

A atração gravitacional exercida por Saturno entra como uma força *variável no tempo*. Se fosse constante no tempo, as equações seriam um "sistema com um grau de liberdade", e seria possível resolvê-las explicitamente. Isso significaria ausência de caos. Mas a variabilidade no tempo do termo gravitacional transforma as equações num sistema com "um grau de liberdade e meio", no qual o caos é uma opção viável. (O meio grau de liberdade extra é o tempo. Convencionalmente, um sistema hamiltoniano com n variáveis tem $n/2$ graus de liberdade, porque as variáveis geralmente surgem em pares de posição e momento. Aqui o ângulo de *spin* e sua taxa de varição formam um par assim. O tempo não, daí a curiosa terminologia.)

A equação pode ser introduzida num computador e resolvida numericamente. O meio mais simples de representar o resultado é traçar uma seção de Poincaré (figura 106). Ela mostra o ângulo de *spin* e sua taxa de variação a intervalos de tempo regulares. De um intervalo para o seguinte, o ponto que representa o estado do satélite salta de uma posição para outra na seção de Poincaré. A seção não mostra para onde o ponto vai entre uma posição e outra, mas não precisamos nos preocupar com isto para distinguir entre regularidade e caos.

A seção de Poincaré mostra uma série de curvas fechadas, depois uma larga região pontilhada em forma de X. As curvas representam movimento regular periódico ou quase-periódico: a cada intervalo o ponto indicativo salta regularmente em torno de uma das curvas fechadas. A região pontilhada representa o movimento caótico: em sucessivos intervalos, o ponto indicativo salta "aleatoriamente" *por toda a região pontilhada*. Hipérion pode, em princípio, estar se comportando de uma ou outra dessas maneiras. Mas a energia de seu movimento determina em qual, e o caos é o vencedor.

Cada ponto na figura representa o estado de Hipérion. A coordenada horizontal é o ângulo de *spin*, e a vertical é a taxa em que esse ângulo está mudando. Entre uma revolução orbital e a seguinte, o ponto salta de uma posição da figura para outra. Em movimento quase-periódico, esse ponto indicativo dá saltos mais ou menos do mesmo tamanho em torno de uma das curvas fechadas. Tudo bastante regular.

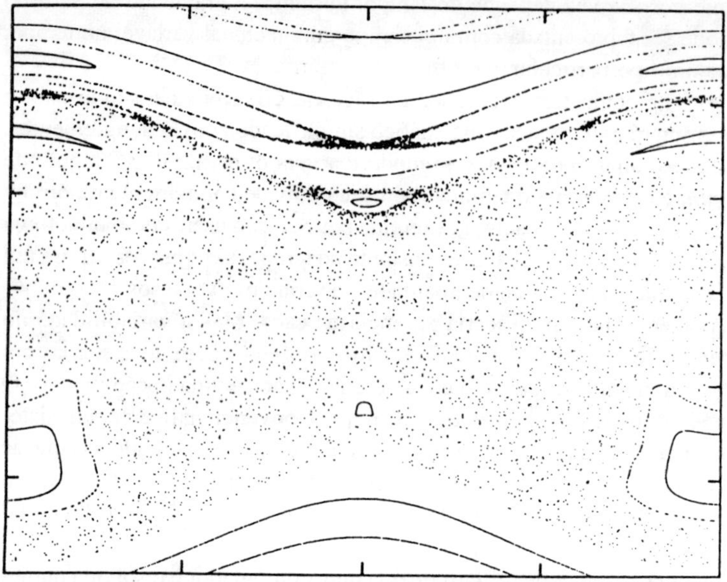

Fig. 106. Uma seção de Poincaré para Hipérion. A região pontilhada indica movimento caótico: todos os pontos correspondem a uma única trajetória. As voltas fechadas indicam regiões de movimento regular quase-periódico.

Em movimento caótico, ele salta aleatoriamente por toda a região pontilhada que domina a maior parte da figura. *Toda essa região* é traçada por uma única trajetória, se a observação for suficientemente longa.

Os leitores mais perspicazes terão notado uma segunda zona caótica, muito menor, na forma de um fino X com longos braços que se estendem, logo acima da grande zona caótica. Trata-se de um movimento caótico diferente e, como cobre uma região tão pequena, não é muito importante.

ATRITO DE MARÉ

O campo gravitacional de Saturno exerce também uma influência mais sutil sobre Hipérion. Como a força da gravidade decresce com o aumento da distância, Saturno atrai a face mais próxima de Hipérion com mais força do que a mais distante. Entre outras coisas, essa atração "de maré" faz com que Hipérion gire em torno de seu eixo de inércia mais longo, e não do mais curto, quando ambos seriam estáveis na ausência da gravidade de Saturno. Imagine Hipérion numa órbita horizontal, parado numa posição inclinada, com uma face abaulando-se em direção a Saturno, a outra para fora. Suponha, para efeito de maior precisão, que a face mais próxima de Saturno está inclinada abaixo da horizontal. (Como no espaço, não há distinção entre "em cima" e "embaixo", para usar esse tipo de linguagem descritiva é preciso especificar qual é qual.) Então Saturno puxa com um pouquinho mais de força a face bojuda mais próxima. Isto faz o satélite tombar um pouco para cima, colocando o eixo de *spin* mais próximo da vertical. Após longos períodos de tempo, o efeito da força de maré é tornar o eixo de *spin* perpendicular ao plano orbital. Isto se aplica a todos os corpos, não apenas a Hipérion. O processo demanda um longo tempo, entretanto, porque a diferença nas forças que atuam sobre as duas faces é muitíssimo pequena e outros fenômenos podem militar contra o efeito.

Wisdom descreve uma analogia experimental: "Este processo é lindamente ilustrado arremessando-se no ar um frasco parcialmente cheio de Liquid Paper que foi antes posto a girar em torno do eixo mais longo." Experimente. (Não sem antes verificar se a tampa está bem enroscada.) Lembre que o eixo físico mais longo — o eixo de simetria, que corre pelo meio de alto a baixo do frasco — é o eixo de inércia mais curto. Você descobrirá que o frasco se recusa a girar em torno do eixo mais longo (ainda que um frasco cheio faça isso com muita satisfação, exatamente como *Guerra e paz*). Em vez disso, serpenteia até passar a girar em torno do eixo físico mais curto — o eixo de inércia longo. O movimento do líquido no frasco introduz uma espécie de atrito de maré, de efeitos similares aos das forças de maré que Saturno impõe a Hipérion.

É por essa razão que o modelo pressupõe que o eixo de *spin* é perpendicular ao plano orbital. Há outros pressupostos ainda. Felizmente, pode-se demonstrar por meio de uma análise mais acurada que, uma vez que o sistema está na zona caótica, o caos persiste, ainda que os pressupostos do modelo sejam relaxados. Na zona caótica, entretanto, a orientação em que está o eixo de *spin*, formando ângulos retos com o plano original — a qual, como acabamos de ver, é determinada por efeitos de maré — torna-se *instável* nesse modelo mais detalhado.

COMO TUDO ACONTECEU

Isto complica o quadro, mas finalmente estamos em condições de ver como Hipérion ingressou no seu estado caótico atual.

No passado distante, o período rotacional de Hipérion ("dia") era muito mais rápido do que seu período orbital ("ano"). Seu movimento então era regular e quase-periódico. Ao longo de eras, as forças de maré de Saturno foram tornando suas rotações mais lentas e (como vimos no experimento do Liquid Paper) acabaram por erguer Hipérion, de modo que seu eixo de *spin* fosse seu eixo de inércia mais longo e este fosse perpendicular ao plano orbital. Entretanto, a partir do momento em que Hipérion perdeu energia suficiente para poder ingressar na zona caótica, o trabalho de milhões de anos perdeu-se em uns poucos dias. O satélite começou a saltar em todas as direções, em três ou quatro órbitas.

Devo advertir que essa previsão da agitação caótica de Hipérion ainda não foi plenamente confirmada por observação direta. As imagens da *Voyager* são, contudo, compatíveis com a agitação caótica, ao mesmo tempo em que não são condizentes com nenhum estado regular conhecido. A teoria parece uma ótima aposta. Talvez seja possível testá-la por um período mais longo de tempo através da análise da intensidade da luz refletida de volta à Terra por Hipérion: ela deve variar irregularmente também.

Hipérion é o único satélite no Sistema Solar que, neste exato momento, pode estar saltitando dessa maneira. Mas a mesma análise sugere que *todos* os satélites de forma irregular devem passar, em algum estádio de sua evolução, por um período de agitação caótica. Fobos e Deimos, as duas luas de Marte, devem ter se revirado caoticamente em algum momento no passado distante. Assim também Nereida, a menor lua de Netuno.

RESSONÂNCIA

Há mais coisas na figura, além do caos. Na parte inferior, à esquerda e à direita, na direção da borda da zona caótica, você vê uma "ilha" de movimento regular. Isto corresponde a um movimento sincrônico, em que Hipérion volta sempre a mesma face para Saturno (como a Lua faz em relação à Terra). Hipérion poderá, ao fim e ao cabo, emergir do caos para a sincronia. Outras ilhas podem ainda ser vistas. Por exemplo, aquela pequena, no alto da zona caótica, corresponde a duas rotações de Hipérion em cada período orbital. Essas ilhas são similares àquelas descobertas por Hénon e Heiles, e por Chirikov: ver Capítulo 8. Elas correspondem a *ressonâncias*, ali onde diferentes aspectos de seu movimento ocorrem com períodos que estão em uma relação numérica simples, tal como 1:1, 2:1, 3:2 etc. Assim, Titã, outro satélite de Saturno, tem um período orbital que está próximo de uma ressonância 4:3 com o de Hipérion. Especificamente, Hipérion leva 21,26 dias para completar uma órbita e Titã leva 15,94. A razão entre os dois é 1,3337, convincentemente próxima da razão 4:3.

Na linguagem comum, ressonância é um som rico. Na fantasia de Bashô:

Breaking the silence
Of an ancient pond
A frog jumped into water —
*A deep resonance.**

A idéia matemática de ressonância não deixa de ter relação com isso — o rico som ouvido pelo poeta é causado pelos movimentos concatenados das partes de um objeto vibrante (no caso, a água).

As ressonâncias, que são importantes na dinâmica hamiltoniana, têm freqüentemente o caos associado a elas. Para ver como isso ocorre, vamos considerar primeiro a figura clássica de um sistema hamiltoniano próximo de uma órbita periódica. Numa seção de Poincaré, ela consiste simplesmente em uma série de círculos concêntricos (figura 107). O ponto central representa a órbita periódica; cada círculo em torno introduz um segundo período, independente do primeiro, em que o movimento é quase-periódico.

A figura tem a virtude da simplicidade — mas o vício do erro. De fato, para os que são capazes de lê-los, há claros sinais de que algo mais delicado deve estar se passando. Acabei de dizer que o período adicional é independente do primeiro. Na verdade, nem sempre é assim. O segundo período varia continuamente de um círculo para o seguinte. Considere a razão entre os dois períodos. Se ela for irracional, os períodos são independentes. Se for racional, porém, eles se combinam para produzir um movimento genuinamente periódico. Estão em ressonância. Ora, os números racionais são *densos*: todo intervalo, por menor que seja, contém um número racional. E a análise clássica fracassa nas proximidades das ressonâncias, pelo tipo de razão que Poincaré descobriu. Assim, perto de um conjunto denso de círculos clássicos — os ressonantes — espere dificuldades.

Apesar desse problema, o quadro clássico mantém-se adequado para alguns sistemas muito incomuns, os chamados *integráveis*. Por uma maliciosa ironia do destino, sistemas integráveis são aqueles que podem ser resolvidos explicitamente por uma fórmula. Assim, a ênfase

---

* Quebrando o silêncio / Do antigo poço, / A rã pulou na água — / Uma profunda ressonância.

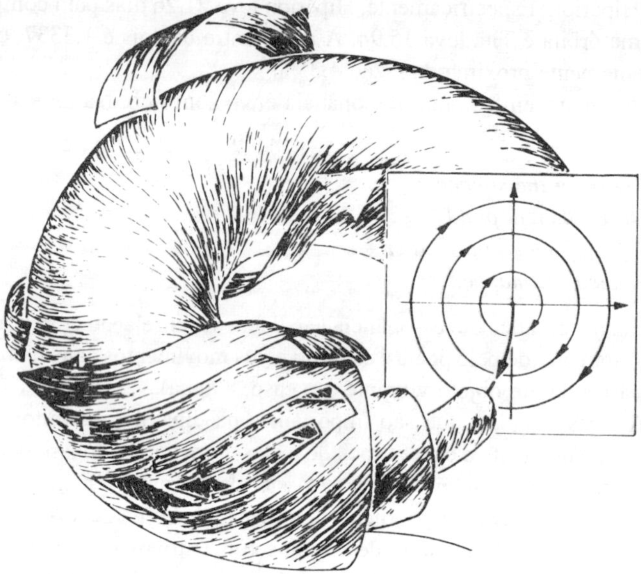

Fig. 107. A figura clássica de uma seção de Poincaré nas proximidades de uma trajetória periódica. Cada círculo representa um movimento quase-periódico com dois períodos diferentes.

clássica em soluções explícitas nos leva a estudar sistemas que não são verdadeiramente representativos. Mas, seguindo o caminho indicado por Poincaré e Birkhoff, podemos chegar a conceber o que é a figura verdadeira, típica.

É quase inacreditavelmente complexa. Uma descrição sugestiva foi feita há alguns anos pelo físico Michael Berry:

> Imagine-se enrolando um cabo a partir de uma volta única "primária" de arame fino. Envolva-o com folhas concêntricas de plástico. Interrompa esse revestimento para encontrar uma volta secundária embainhada em espiral em redor da primeira, para se fechar após algumas curvas. Nesta volta secundária há voltas terciárias, quaternárias.... Alongue as bainhas primárias interrompidas de modo a envolver as secundárias. Repita *ad infinitum*. Quando o processo tiver sido completado, haverá alguns espaços vazios. Encha cada um com arame emaranhado, infinitamente longo.

As voltas de plástico representam movimento regular, quase-periódico. Bainhas secundárias são ressonâncias; bainhas terciárias e outras são ressonâncias múltiplas, mais delicadas. Os arames emaranhados são trajetórias caóticas.

Isto não é um experimento de computador: é um teorema. Um teorema muito difícil. Andrei Kolmogorov foi o primeiro a perceber que tal resultado podia ser verdadeiro, e traçou um plano de ataque. Vladimir Arnold, um aluno de Kolmogorov que se tornou um expoente da matemática mundial e uma autoridade em dinâmica, planejou uma prova rigorosa, superando sérias dificuldades técnicas no processo. Os resultados foram depois generalizados por Jürgen Moser. Seus esforços combinados levaram ao que hoje é chamado o teorema de KAM (das iniciais de Kolmogorov-Arnold-Moser). As trajetórias regulares quase-periódicas previstas por esse teorema são chamadas toros de KAM. O trabalho de Chirikov, descrito no Capítulo 8, estabelece limites para a existência de toros de KAM e, portanto, para a validade do teorema de KAM.

Ralph Abraham e Jerry Marsden, matemáticos norte-americanos que escreveram uma das bíblias da teoria dos sistemas dinâmicos, chamam essa figura de VAK (figura 108). São as iniciais de Vague Atractor de Kolmogorov, mas formam também o nome da deusa da vibração em Rig-Veda, o que vem a calhar.

O VAK tem a mesma qualidade perturbadora que os fractais de Mandelbrot e a figueira de Feigenbaum: a auto-similaridade. As minúsculas ilhas existentes no seu interior assemelham-se, à primeira vista, à figura clássica de voltas concêntricas. Mas isto é apenas efeito das limitações dos desenhos. Cada ilha tem a mesma complexidade, e de fato a mesma forma qualitativa, que o próprio VAK em seu todo. E enquanto a simples figura clássica é atípica e enganosa, a complicada estrutura auto-similar do VAK não é uma visão de pesadelo de algum matemático louco: é o que realmente acontece.

LACUNAS DE KIRKWOOD E AMONTOADOS DE HILDA

As ressonâncias desempenham um papel preeminente em uma outra charada astronômica: as lacunas no cinturão de asteróides. O maior asteróide, Ceres, foi descoberto em 1802 por Wilhelm Olbers — o homem do paradoxo — e tem cerca de 690 km de diâmetro. Os menores não passam muito de enormes pedras. Há dezenas de milhares deles. A maioria dos asteróides gira entre as órbitas de Marte e Júpiter, embora alguns se aproximem mais do Sol.

As órbitas dos asteróides não se distribuem uniformemente entre Marte e Júpiter. Seus raios tendem a se aglomerar em torno de alguns

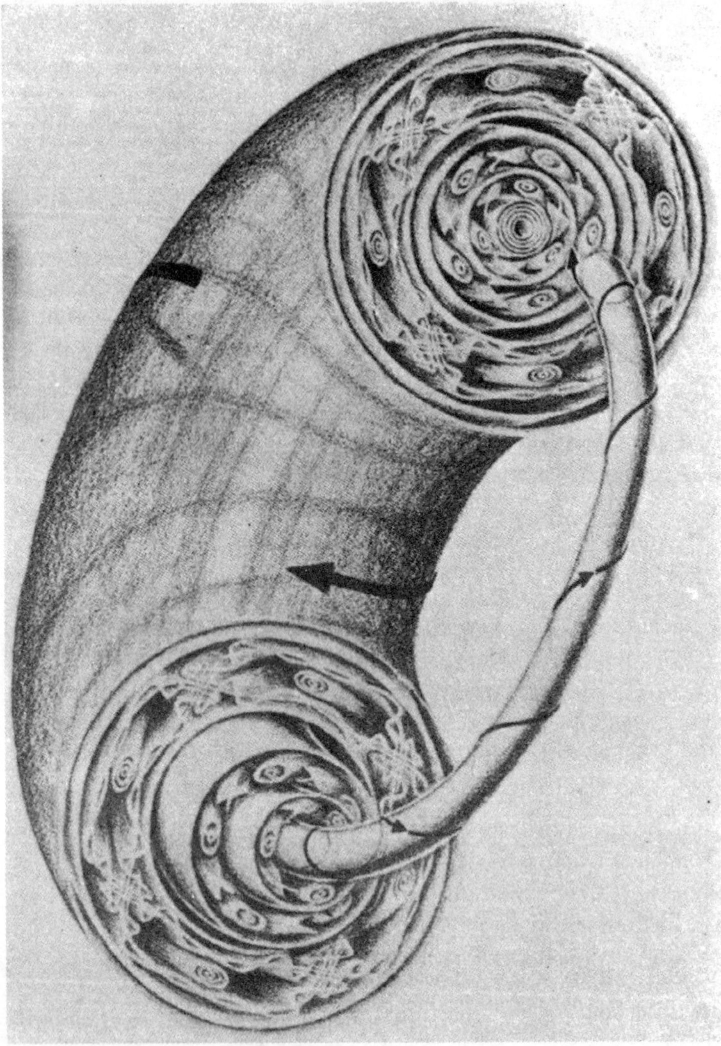

Fig. 108. O que de fato acontece nas proximidades de uma trajetória periódica típica: o VAK (Vague Atractor de Kolmogorov). Apenas alguns dos movimentos quase-periódicos clássicos sobrevivem. Nos demais lugares, trajetórias caóticas enroscam-se entre ilhas de ressonância. (Ralph Abraham e Jerrold E. Marsden, *Foundations of Mathematics*, © 1978 Addison-Wesley Publishing Company Inc.)

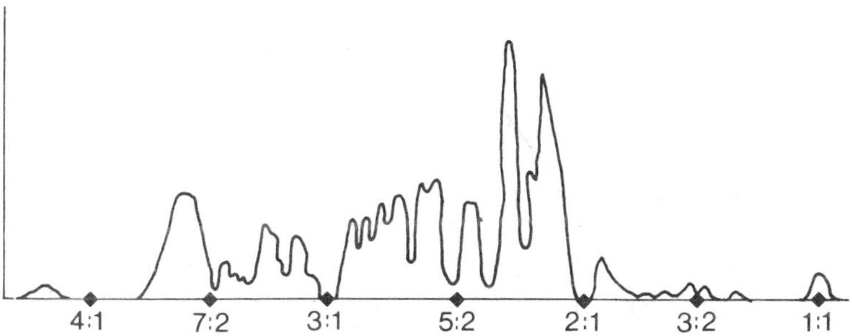

Fig. 109. Os asteróides formam aglomerados a algumas distâncias do Sol e deixam lacunas a outras. Ao que parece, isso é provocado por ressonâncias com Júpiter. O gráfico representa a proporção de asteróides *versus* a razão entre o período de Júpiter e o período dos asteróides.

valores e a se manter distantes de outros (figura 109). Daniel Kirkwood, um astrônomo norte-americano que, por volta de 1860, chamou atenção para essa ausência de uniformidade, observou também onde ocorriam as lacunas mais significativas. Se um corpo fizesse a volta do Sol em uma dessas lacunas de Kirkwood, seu período orbital iria entrar em ressonância com o de Júpiter. Conclusão: a ressonância com Júpiter perturba de alguma maneira quaisquer corpos nessas órbitas e causa algum tipo de instabilidade que os afasta para distâncias em que a ressonância já não ocorre. O papel especial desempenhado por Júpiter não surpreende: sua massa é muito maior do que a dos outros planetas.

As lacunas são óbvias nos dados recentes, especialmente nas ressonâncias 2:1, 3:1, 4:1, 5:2 e 7:2. Por outro lado, na ressonância 3:2 há um *amontoado* de asteróides, o grupo de Hilda.

As ressonâncias têm sido usadas pelos astrônomos para explicar todo tipo de problema. A Lua volta sempre a mesma face para a Terra — uma ressonância de 1:1 entre seus períodos orbital e rotacional. Mercúrio leva 88 dias para fazer uma revolução em torno do Sol e 59 para fazer sua rotação em torno de seu eixo. Dois terços de 88 é algo muito próximo de 59, portanto os períodos orbital e rotacional de Mercúrio são presumivelmente estáveis (de outro modo, os corpos em questão nunca teriam estabelecido uma tal relação). Assim a estabilidade das ressonâncias "explica" o fenômeno observado.

Com relação aos asteróides, porém, excetuando-se o grupo de Hilda em 3:2, a explicação parece ser a *instabilidade* das ressonâncias! A única maneira de resolver essa dificuldade é, claramente, analisar o mecanismo da instabilidade: presumivelmente ele é diferente em cada contexto. Ademais, deve haver algo de excepcional com a ressonância 3:2, o que explica o grupo Hilda.

PICOS DE ALTA EXCENTRICIDADE

Até recentemente, nem os métodos analíticos, nem os numéricos, permitiram a realização de uma análise de duração suficientemente longa de qualquer dessas ressonâncias. Mas os avanços nas técnicas de computação e a introdução de novos princípios teóricos estão começando a clarear algumas coisas. A ressonância 3:1, em particular, já é amplamente compreendida hoje.

Os cálculos de computador mostram que um asteróide que orbite a uma distância tal que sua ressonância com Júpiter seja 3:1 pode seguir uma trajetória muito irregular. De fato, a excentricidade de sua órbita pode mudar bruscamente e de modo quase randômico (figura 110).

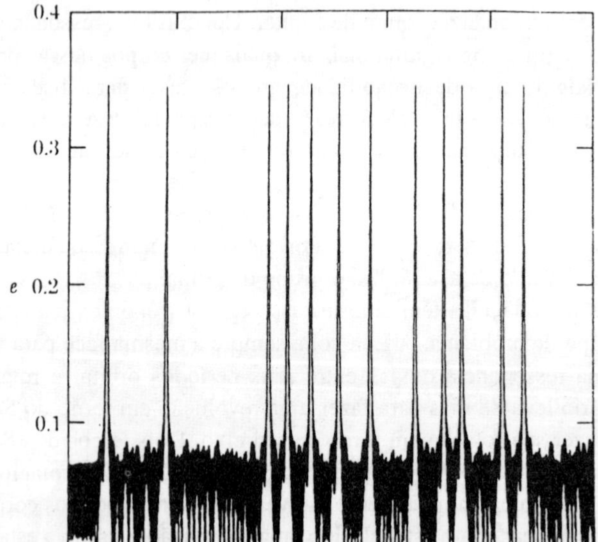

Fig. 110. A excentricidade *e* da órbita de um asteróide em ressonância 3:1 com Júpiter. Os picos correspondem a mudanças repentinas e grandes na excentricidade. A escala de tempo horizontal *t* é em milhões de anos.

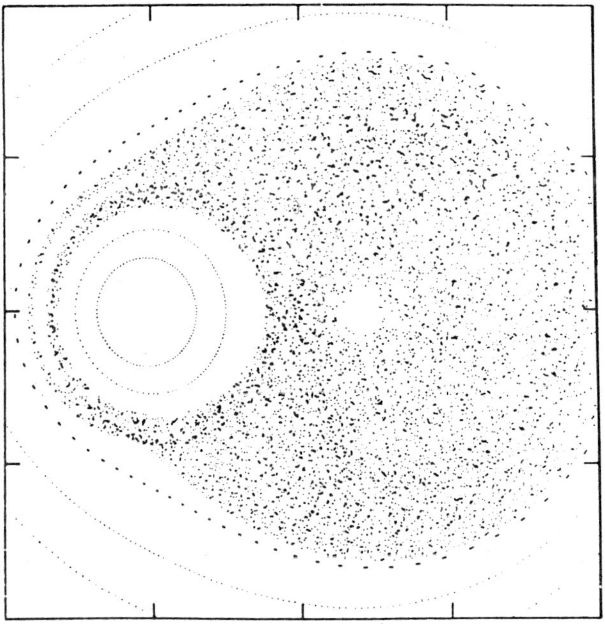

Fig. 111. A seção de Poincaré para um asteróide em ressonância 3:1 com Júpiter tem duas faixas caóticas distintas, explicando os picos de excentricidade.

Este é mais um exemplo de caos dinâmico. As irregularidades ocorrem numa escala de tempo curta pelos padrões cósmicos, mas longa pelos padrões computacionais: cerca de 10.000 anos.

Para ver o que *realmente* acontece é preciso recorrer a escalas de tempo muito maiores, que abranjam milhões de anos. Uma trajetória caótica típica exibe, portanto, explosões de alta excentricidade, entremeadas por períodos de baixa excentricidade, com alguns "picos" ocasionais de alta excentricidade. Um corpo numa órbita como esta seguirá uma trajetória grosseiramente circular quando a excentricidade for baixa, mas terá uma trajetória elíptica, muito mais longa e estreita quando ela for alta.

Uma seção de Poincaré numericamente computada (figura 111) ajuda a explicar tais resultados. Ela mostra duas faixas caóticas distintas. Numa a excentricidade é baixa; na outra, é alta. Ora, o que a seção de Poincaré mostra são sucessivos "instantâneos" do movimento de um corpo em órbita. O corpo saltita pela figura, aparecendo ora numa faixa, ora na outra. Uma análise mais detalhada mostra que, na maior parte do tempo, o corpo gira em torno da faixa de baixa excentricidade.

Ocasionalmente, é capturado pela faixa de alta excentricidade. Como ali o movimento é bastante rápido, ele não permanece muito tempo. Por isso o que se vê são breves picos de alta excentricidade.

VASSOURA MARCIANA

Em que isto contribui para a lacuna 3:1 de Kirkwood?

Numa explosão, ou pico, a excentricidade do asteróide aumenta. Ocorre que um asteróide cuja órbita tem uma excentricidade de 0,3 ou mais torna-se um *cruzador de Marte*; como você terá adivinhado, isto significa que sua órbita cruza a de Marte. Cada vez que o faz, há uma possibilidade de que se aproxime de Marte o suficiente para que sua órbita seja severamente perturbada. Um asteróide que cruze a órbita de Marte com freqüência suficiente acabará por chegar perto demais e por ser arremessado para alguma órbita diferente.

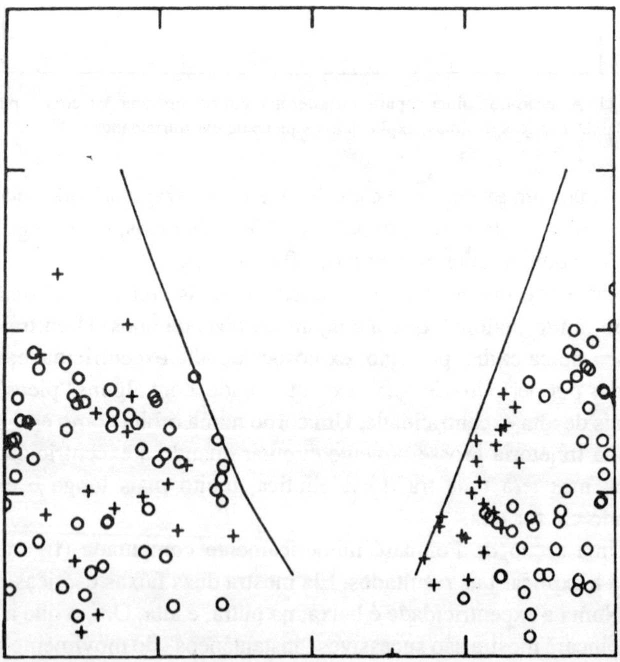

Fig. 112. Fronteiras da zona caótica 3:1: teoria e observação. Na teoria, a região entre as duas linhas não devia conter asteróide algum. Os pontos e as cruzes, que representam valores observados, confirmam essa previsão.

Até que se compreendesse que o caos podia gerar alta excentricidade, o cruzamento da órbita de Marte não era um mecanismo plausível. Esperava-se que os asteróides próximos à lacuna 3:1 de Kirkwood ficassem bem longe de Marte: não havia razão para esperar uma súbita mudança de excentricidade. Mas agora existe essa razão: a matemática do caos. Assim, é como se a lacuna 3:1 de Kirkwood estivesse lá porque Marte a mantém limpa, e não em decorrência de alguma ação de Júpiter. O que este faz é criar a ressonância que leva o asteróide a se tornar um cruzador de Marte; então Marte o chuta para o frio e as trevas. Júpiter arma a jogada; Marte faz o gol.

A comparação entre a fronteira dessa zona caótica 3:1 e a distribuição real dos asteróides mostra uma notável correspondência (figura 112). Ocorre que algumas trajetórias quase-periódicas também levam ao cruzamento da órbita de Marte, como as caóticas: isto foi levado em conta no traçado das fronteiras.

O mesmo mecanismo que faz os asteróides serem varridos por Marte pode fazer com que meteoritos alcancem a órbita da Terra. Portanto, é a ressonância 3:1 com Júpiter que parece transportar meteoritos do cinturão de asteróides até a órbita da Terra, para se inflamarem na atmosfera do nosso planeta, quando chegam a penetrá-la. Seria difícil encontrar exemplo mais impressionante da unidade essencial do Sistema Solar em seu todo, ou melhor exemplo da ubiqüidade do caos.

Planetário Digital

E o grupo de Hilda, coeso numa ressonância 3:2? E as outras ressonâncias?

Até para um supercomputador as escalas de longuíssimo prazo da mecânica celeste são um problema. Wisdom — juntamente com vários colegas, entre os quais James Applegate, Michael Douglas, Yekta Gürsel e Gerald Sussman — concluiu que só havia uma saída. Construir seu próprio computador. Devia ser um aparelho altamente especializado, com um único objetivo: computar o comportamento de um pequeno número de corpos, movendo-se em órbitas aproximadamente circulares sob a gravidade newtoniana. Máquinas feitas sob medida podem explorar recursos que não estão disponíveis nos computadores de linha: se você tem apenas um trabalho para fazer, pode encontrar atalhos.

Batizaram o computador celeste de encomenda de Planetário Digital. Um planetário é um dispositivo mecânico que simula o movimento orbital dos planetas por meio de engrenagens e rodas denteadas. Não muito diferente do mecanismo de Anticitera, exceto pelo fato de que os gregos o conceberam com 2.000 anos de antecedência.

O Planetário Digital é um computador paralelo: executa diversas tarefas ao mesmo tempo. Este é apenas um dos artifícios usados para torná-lo mais rápido. Enquanto um computador convencional tem que buscar instruções em sua memória a cada passo, à medida que roda um programa, o Planetário Digital faz boa parte dos seus cálculos em *hardware*. A matemática está permanentemente ligada. Por exemplo, embora ele leve aproximadamente o mesmo tempo que um VAX 11/780 para fazer uma única operação aritmética (1,25 microssegundo para uma multiplicação de ponto flutuante de 64 *bits*, se você insiste em detalhes), executa um passo de integração para uma equação de dez corpos cerca de sessenta vezes mais depressa que o VAX, um computador para pesquisa científica, muito apreciado (apesar da lentidão), mais ou menos do tamanho de um armário.

O Planetário Digital foi usado para estudar o movimento do Sistema Solar por cerca de 110 milhões de anos no futuro e 100 milhões de anos no passado, um intervalo total de mais de 200 milhões de anos. Plutão foi por muito tempo um enigma para os astrônomos. Sua órbita é muito mais excêntrica do que a dos outros planetas, e muito mais inclinada. Muito recentemente, Wisdom e Sussman descobriram uma outra manifestação da perversidade de Plutão: usaram o Planetário Digital para mostrar que (em seu modelo matemático) sua órbita é caótica. Para isto, rodaram o Planetário duas vezes, com Plutão em posições iniciais ligeiramente diferentes. Após várias centenas de milhões de anos, as duas órbitas previstas situam Plutão em lados opostos do Sol — um caso cósmico do efeito borboleta.

O Planetário Digital está sendo utilizado agora para observar as ressonâncias 2:1 e 3:2. Já descobriu que, para a ressonância 2:1 (onde aparece uma lacuna no cinturão de asteróides), há uma zona caótica de tamanho considerável. Quanto à ressonância 3:2, porém, onde os Hildas se juntam, *não há zona caótica alguma.*

Matematicamente, cada ressonância é um bicho único, com suas próprias características especiais. Não há razão para que a ressonância 3:2 se comporte como a 3:1 ou a 2:1, assim como o número 3/2 não tem por que ser o mesmo que 3 ou 2. Ao que parece, a ausência efetiva de caos é um dos aspectos mais notáveis da ressonância 3:2. Na ausência de caos, não há razão para que as órbitas adquiram excentricidade; sem maior excentricidade, não há razão para que um outro planeta, como Marte, os varra. Os Hildas parecem ter encontrado um "nicho ecológico" no universo do caos.

13

O Desequilíbrio da Natureza

> Não há outro limite para a natureza prolífica das plantas e animais senão o que eles próprios criam, aglomerando-se e interferindo nos meios de subsistência uns dos outros. Se fosse vazia de outras plantas, a face da Terra poderia ficar gradualmente juncada e coberta de um único tipo: funcho, por exemplo. E se fosse vazia de outros habitantes, poderia em umas poucas eras ficar locupletada com um único povo; ingleses, por exemplo.
>
> Thomas Malthus, *Um ensaio sobre o princípio da população*

Era uma vez um homem que guardava um frasco cheio de moscas.

Sim, o mundo está cheio de manias esquisitas, mas esta não é uma delas. Ele não era um excêntrico que criava bichos de estimação inusitados. Era um cientista, interessado em estudar a modificação, ao longo do tempo, de uma população de moscas-varejeiras com espaço e alimento limitados. Chamava-se A.J. Nicholson; sua disciplina era a ecologia. Hoje em dia ouvimos a toda hora a palavra "ecologia", geralmente em associação com política "verde": *a* ecologia, o ambiente em que nós — e o resto da criação — passamos nossa existência. Ecologia, como disciplina, é o estudo desse ambiente, em especial das interações entre animais e vegetais dentro dele.

Em certos dias, havia algo em torno de 10.000 moscas-varejeiras no frasco de Nicholson. Em outros, a população tinha caído a umas poucas centenas (figura 113). Quando a população de moscas estava prestes a superar o espaço do frasco, seu número caía bruscamente; em seguida, porém, com muito espaço disponível, as moscas começavam a procriar de novo. Depois de mais ou menos trinta e oito dias o ciclo se repetia; nunca exatamente igual, mas oscilando em torno de um ritmo periódico.

Os ritmos ou a falta de ritmo do crescimento das populações animais sempre foram de importância vital para a humanidade. Pragas

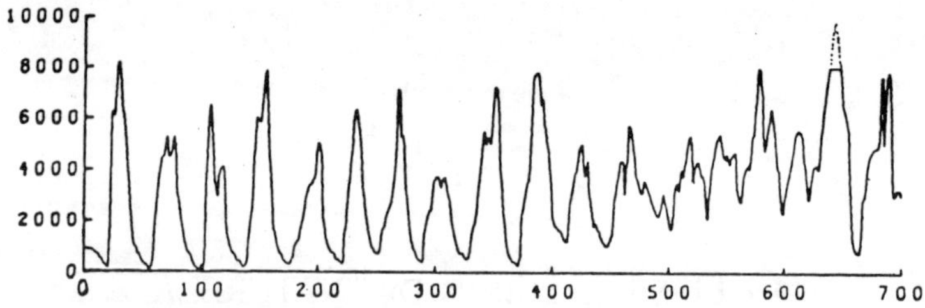

Fig. 113. Flutuações numa população de moscas-varejeiras. A escala de tempo horizontal é medida em dias.

inesperadas de gafanhotos são causa de fome e de morte. Outras pestes, sejam coelhos, cangurus ou gambás, podem devastar fazendas e pomares. Populações de bactérias e vírus — epidemias de doenças — também flutuam de um ano para outro. Uma das séries temporais mais longas de que dispomos é a dos linces e das lebres do Canadá, compilada a partir dos registros da Companhia de Comércio da Baía de Hudson.

A cigarra pertence à ordem dos homópteros, ou insetos sugadores. A maior parte dos homópteros tem vida muito curta, mas não é o caso de três espécies de cigarra. As fêmeas adultas fazem buracos nas árvores e ali põem seus ovos, que eclodem algumas semanas depois. As ninfas caem no chão, enfiam-se no solo e começam a se alimentar das raízes da árvore. Permanecem debaixo da terra por dezessete anos; treze, em algumas espécies. Depois emergem e se metamorfoseiam em adultos.

Os adultos vivem apenas algumas semanas. Parecem não ser mais que um meio para a reprodução das ninfas.

Como explicar isso? É uma verdadeira charada. Segundo uma especulação, um número primo, como 13 ou 17, evita ressonâncias com outros ciclos, mais curtos, de predadores potenciais. Mas isso é exercício de adivinhação.

Algumas dessas flutuações são regulares, outras não. Será a imagem dinâmica apenas uma metáfora? Ou é possível tomar a expressão "dinâmica populacional" mais literalmente? Quando o único fenômeno é periodicidade, é quase impossível responder a esta questão. Mas com o advento do caos, um número muito maior de testes rigorosos passa a ser disponível. Será possível discernir as pegadas do caos nas irregularidades das populações?

Muito provavelmente.

TUBARÕES E CAMARÕES

A idéia de que um sistema ecológico é movido por algum tipo de dinâmica paira no ar há muito tempo. Durante a Primeira Guerra Mundial, Vito Volterra, um matemático italiano, esteve engajado na Força Aérea, trabalhando no desenvolvimento de dirigíveis a serem usados como arma. Foi o primeiro a propor o uso de hélio no lugar do inflamável hidrogênio nesses balões. Terminada a guerra, canalizou seus pensamentos para fins pacíficos, inventando modelos matemáticos da interação entre predadores e presas. Assim, formulou um sistema de equações diferenciais para explicar por que a população de peixes do Mediterrâneo flutuava periodicamente.

Os ciclos de Volterra (figura 114) podem se tornar plausíveis por meio de uma argumentação meramente verbal. Suponha que um pequeno número de predadores — tubarões, digamos — infeste águas que contêm um grande número de presas — camarões. (Uso estes nomes só para dar colorido à explicação.) A população de camarões

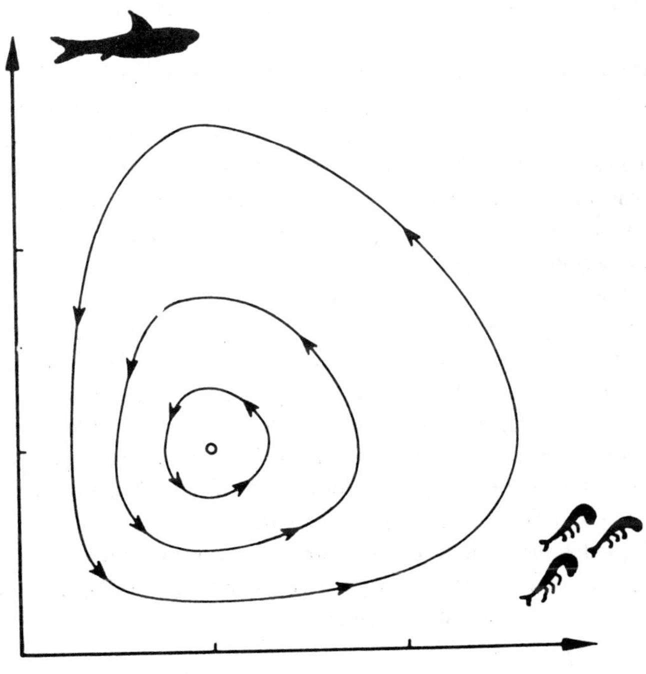

Fig. 114. Ciclos predador-presa de Volterra.

está limitada pelo alimento disponível; além disso, pode ser reduzida por predação. A população de tubarões, por outro lado, está limitada pelo número de camarões. Como de início há abundância de camarões, a população de tubarões cresce acentuadamente. A população de camarões começa a cair, à medida que os tubarões a devastam. Logo passa a haver excesso de tubarões e escassez de camarões. Tubarões famintos morrem por falta de alimento e flutuam na superfície, inchados pela deterioração. Seu número declina. A ausência relativa de predadores permite aos camarões reproduzir-se mais rapidamente, e sua população explode. Agora o ciclo está pronto para se repetir.

COELHOS MAIS VELOZES DO QUE A LUZ

É lugar-comum dizer que, na ausência de qualquer restrição, o crescimento de uma população é exponencial. Se, como em geral se propaga, a família média tem 2,3 filhos — uma taxa de crescimento de 2,3/2 = 1,15 —, após n gerações haverá $(1,15)^n$ pessoas. Sendo $(1,15)^5$ muito próximo de 2, a população dobra de cinco em cinco gerações. Calculando trinta anos por geração, a população fica dez vezes maior a cada século.

O primeiro modelo matemático de crescimento populacional pode ser encontrado na obra de Leonardo de Pisa, em 1220. Leonardo é freqüentemente chamado de "Fibonacci", embora esse nome lhe tenha sido dado no século XIX pelo historiador da matemática Guillaume Libri e não tenha fundamento histórico. Ainda que um tanto zombeteiro, mais um quebra-cabeça do que um trabalho sério de ecologia matemática, seu modelo antecipa algumas idéias importantes. Dizia respeito ao comportamento reprodutivo dos coelhos. Não no sentido biológico, mas no numérico. Leonardo tomou como unidade básica um casal de coelhos — hipótese bastante plausível. Suponha que, de início, há um casal de coelhos imaturos. Eles amadurecem para uma estação de reprodução. A cada estação a partir dessa, geram um par imaturo, que por sua vez amadurece para uma estação. E, é claro, todos os novos casais maduros geram também um casal imaturo por estação. Suponha que os coelhos e seus ímpetos reprodutivos nunca morram. Quantos casais de coelhos terão sido gerados após n estações?

Suponha que há M_n casais maduros e I_n casais imaturos na estação de reprodução n. Começamos pois na estação de reprodução 1 com $M_1 = 0$, $I_1 = 1$. As leis de crescimento são:

$$I_{n+1} = M_n$$
$$M_{n+1} = M_n + I_n$$

Isto é, na estação $n + 1$ os M_n casais maduros geram M_n casais imaturos, o que dá I_{n+1}; e os I_n casais imaturos da estação anterior amadurecem, somando-se ao contingente existente de M_n casais, para dar a fórmula de M_{n+1}.

Se tabularmos esses números, obteremos:

n	M_n	I_n	Total
1	0	1	1
2	1	1	2
3	2	1	3
4	3	2	5
5	5	3	8
6	8	5	13
7	13	8	21
8	21	13	34

e assim por diante. Estes são os famosos *números de Fibonacci*, cada um dos quais é a soma dos dois anteriores. O que vemos aqui é um sistema dinâmico discreto. O intervalo de tempo é uma estação; o estado do sistema é o par de números (M_n, I_n). A lei de crescimento é a dinâmica.

A equação tem uma solução exata. Se introduzirmos o *número áureo* $\tau = 1/2(1 + \sqrt{5}) = 1{,}618034...$ poderemos provar que

M_n é o inteiro mais próximo de $\tau^n/\sqrt{5}$,
I_n é o inteiro mais próximo de $\tau^{n-1}/\sqrt{5}$.

Não quero entrar nas razões disto, mas, se não acreditar em mim, você pode verificar na sua calculadora. O que interessa é que, com uma aproximação muito boa, o modelo de Leonardo prevê um crescimento da população por um fator de 1,618034 a cada estação de reprodução.

Mais uma vez, esse é um crescimento exponencial. Se nada ocorrer para freá-lo, após 114 gerações o volume total de coelhos superaria o do universo conhecido. Muito antes disso, a terra teria sido afogada por uma esfera de coelhos que se expandiria em velocidade superior à da luz!

Os Limites do Crescimento

É evidente que se trata de um absurdo. Na prática, alguma influência externa entrará em jogo para limitar a população a números mais razoáveis. A disponibilidade de oxigênio, por exemplo; ou, mais plausivelmente, a falta de espaço, ou de comida, ou de ambos.

O sistema dinâmico discreto de Leonardo deve portanto ser modificado de modo a prever uma interrupção quando a população alcança números elevados. No jargão ecológico, isto é chamado de "crescimento populacional dependente da densidade", porque a taxa de natalidade depende da densidade das criaturas presentes: a razão entre a população atual e a população máxima que o ambiente suportará.

O modelo de Leonardo não é discreto apenas no tempo — estações de reprodução —, mas no número de coelhos. É um pouco mais simples analisar equações que sejam contínuas em coelhos (mas permaneçam discretas no tempo). Para fazer isto, substitua o número de coelhos pela razão x entre eles e a população máxima. Assim x passa a variar entre 0 e 1. Ele o faz em passos discretos muito pequenos; se a população máxima for, digamos, um milhão, o tamanho dos passos será 0,000000001, e você dificilmente os perceberá; e tampouco o seu computador.

Os modelos mais simples de crescimento populacional são iterativos, como o de Leonardo: a densidade da população numa dada estação depende, de uma maneira previsível, daquela existente na estação anterior. Em outras palavras, temos um modelo iterativo, um sistema dinâmico discreto, do seguinte formato:

$$x_{n+1} = F(x_n)$$

onde x_n é a densidade na estação n, e F é algum mapeamento específico.

Uma enorme variedade de mapeamentos F já foi proposta, todos tentando captar alguma pretensa faceta do processo reprodutivo. Encarando-os num espírito clássico, tem-se de início a impressão de que cada mapeamento conduzirá a uma dinâmica extremamente diferente. Tenta-se então formular métodos para testar qual deles poderá se adequar melhor aos dados, na esperança de descobrir o melhor modelo, que permita aprender algo da biologia subjacente.

Isso poderia ser um erro. A maior parte dos mapeamentos referidos na literatura tem uma coisa em comum: definem uma curva de uma única corcova. Num nível qualitativo, portanto, todas se comportam exatamente como o mapeamento logístico. Em particular, várias características notáveis — em especial a figueira, com seu período duplicador de cascata — ocorrerão em todos eles. O "feigenvalor" 4,669 estará igualmente presente. E também os ciclos periódicos com períodos diferentes de 2^n. E também o caos.

Isto não significa que não é possível distinguir os diferentes modelos num nível quantitativo; mas é preciso levar em conta que, em ecologia experimental, é difícil obter dados realmente bons. Sérios problemas se apresentam, portanto. O melhor talvez seja admitir que a evidência experimental, tal como é, detecta toda uma classe de modelos e não um em particular.

Seja como for, a conclusão disso tudo é que até o mais simples modelo de crescimento populacional num ambiente restrito pode gerar periodicidade e caos. E, como vimos, a periodicidade é comum em populações reais. Igualmente comum é a flutuação randômica, o que levanta um belo problema: em que medida ela se deve a influências externas, e em que medida é caos determinístico genuíno?

COMBINAÇÃO DE CIRCUNSTÂNCIAS

A primeira pessoa a perceber exatamente o que estava em questão nesse caso parece ter sido Robert May, cujo artigo, publicado na *Nature* — com seu apelo apaixonado por uma apreciação mais ampla do comportamento complexo de modelos simples — já foi mencionado. Recentemente, May expôs — em *Proceedings of the Royal Society*, vol. 413A (1987) — algumas reflexões sobre as razões por que as pessoas demoraram tanto a perceber algo que, em essência, devia ter sido óbvio para qualquer uma que tivesse uma calculadora, ou mesmo papel e lápis.

> Uma vez que equações simples, que surgem naturalmente em muitos contextos, geram tais dinâmicas surpreendentes, é interessante indagar por que o caos demorou tanto a passar para o centro do palco, como o fez nos últimos dez anos, aproximadamente. Penso que a resposta é, em parte, que uma visão generalizada da significação do caos teve que esperar até ser descoberta por pessoas que lidavam com sistemas simples o suficiente para permitir a percepção de generalidades, em contextos ligados a aplicações práticas, e num momento em que os computadores tornavam fáceis os estudos numéricos.

Esta observação reforça a que fiz antes: faz-se necessária uma combinação de circunstâncias — tempo, lugar, pessoa, cultura — para que uma idéia nova se enraíze. E, como May acrescenta, *algumas* dessas circunstâncias estavam propícias há muito tempo. Mas não todas. Em conseqüência, a matéria nunca adquiriu suficiente senso de identidade para ser de algum modo percebida *como* matéria. O mesmo se aplica aos fractais: embora várias peças do quebra-cabeça tenham estado por aí há muitas gerações, foi necessário o talento especial de Benoît

Mandelbrot para reuni-las e convencer as pessoas de que o quadro resultante era algo que valia a pena.

De fato, nos anos 50, vários biólogos especializados em populações estavam de certa forma conscientes do caos. Exemplos são P.A.P. Moran, que estudou insetos em 1950, e W.E. Ricker, que estudou populações de peixes em 1954. Eles descobriram soluções estáveis, periodicidade e até caos. Mas na época o interesse se centrava em soluções estáveis; e o caos — observável apenas através do trabalho feito em laboratório, com calculadoras — não era nem compreendido nem considerado digno de crédito.

Na altura de 1970, a necessária combinação de fatores se formara. Dali em diante, tornou-se impossível *não* perceber a ocorrência do caos em simulações numéricas. Qualquer pessoa que brinque de iterar mapeamentos num computador — um problema de programação muito fácil — constata que, freqüentemente, a maior dificuldade está em evitar o caos, não em descobri-lo.

A não ser, é claro, que se esteja deliberadamente à procura dele.

As bactérias estão por toda parte; sem um microscópio, porém, você jamais as verá. As galáxias estão por toda parte, mas sem um telescópio parecem estrelas um pouquinho borradas. Partículas subatômicas estão não só por toda parte como em *tudo*: o que não impede que sejam necessários aceleradores de muitos milhões de dólares para mostrar que existem. Na história da ciência, a invenção de novos instrumentos sempre deu lugar a progressos imediatos. No caso do caos, o equipamento decisivo foi o computador. Mas os instrumentos, por si mesmos, não são suficientes. É necessária a perspicácia de um cientista para reconhecer a importância do que o novo instrumento revela. E é necessária uma perspicácia ainda maior para entender *por que* o instrumento está revelando aquilo.

DE VOLTA ÀS MOSCAS

Vamos olhar mais de perto os dados de Nicholson sobre as moscas-varejeiras.

Nicholson dava às suas moscas uma dieta de proteínas, uniforme mas restrita. Quando a população estava elevada, o alimento não era suficiente para permitir a procriação normal. Poucos ovos eram postos, e a população caía drasticamente. A geração de moscas-varejeiras resultante, mais reduzida, tinha assim fartura de alimento, e a população voltava a crescer.

Anteriormente, afirmei que a interação predador-presa pode produzir comportamento cíclico. O mesmo raciocínio nos levaria a esperar uma oscilação periódica da população de moscas-varejeiras de Nicholson. De fato, ao longo de um período de dois anos, a principal característica dos dados experimentais foi uma oscilação bastante regular, com um período de cerca de trinta e oito dias.

Mas não *só* isto.

Muitos dos picos são duplos, em forma de M e não de Λ. Isto sugere que um movimento adicional de alta freqüência está superposto ao período básico.

A altura dos picos forma, de maneira bastante regular, um padrão que se repete de três em três deles. Um pico pequeno é seguido por um médio, este é seguido por um grande, e então o ciclo se repete.

Além disto, após os primeiros 450 dias, ou algo aproximado, as oscilações se tornam cada vez mais irregulares.

Quem pensa — segundo a visão até há pouco predominante — que ciclos regulares são as coisas mais complicadas que uma população natural poderia fazer, quando livre de interferências, terá que descobrir fatores extras para explicar os dados de Nicholson. Era o suprimento de comida realmente constante? Havia agentes patógenos presentes? Que grau de exatidão tinha a contagem?

Hoje sabemos, porém, que *todos* os efeitos observados nos dados referentes às moscas-varejeiras são comuns em dinâmica discreta não-linear. Periodicidade, quase-periodicidade, caos.

Muitos fenômenos biológicos envolvem retardamentos. Um agente patógeno, por exemplo, passa por um período de incubação. Assim, entre o momento em que uma pessoa é infectada e aquele em que manifesta sintomas, pode haver um longo intervalo. (No caso da catapora, são quatorze a quinze dias, no da AIDS, de cinco a dez anos.) Ciclos de reprodução incluem períodos de gestação. Um animal privado de seu suprimento de comida, primeiro faz uso de sua reserva interna de excesso de gordura; só depois a fome severa se instaura.

May mostrou que um modelo muito simples, que incorpora efeitos de retardamento, podia reproduzir o ciclo de trinta e oito dias de explosão e queda da população de moscas-varejeiras (figura 115). As suaves curvas teóricas produzidas pelo modelo e as curvas denteadas dos dados experimentais se correspondem razoavelmente bem.

George Oster levou a análise adiante. Em seu modelo, há dois fatores principais a influenciar o tamanho da população. O primeiro incorpora o retardamento: é o "período de gestação" — o intervalo em que um ovo amadurece até produzir um adulto. O outro é uma depen-

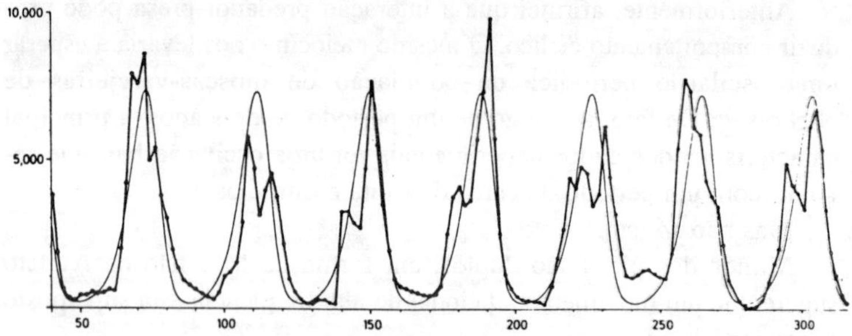

Fig. 115. Modelo da oscilação básica nos dados sobre as moscas-varejeiras, incorporando efeitos de retardamento.

dência não-linear da taxa de reprodução do adulto em relação ao suprimento alimentar. Os resultados produzidos pelo modelo (figura 116) incluem estados estáveis, estados periódicos de vários períodos, como 3 e 6, e caos plenamente desenvolvido.

Uma maneira de reproduzir retardamentos dinamicamente é usar um modelo com duas classes de idade. De fato, o modelo do coelho de Leonardo é exatamente assim: as classes são formadas pelos casais maduros e imaturos. O retardamento surge porque os casais imaturos não procriam na primeira estação. Durante esse tempo, estão se transformando em pares maduros. Mas as taxas de crescimento no modelo de Leonardo são lineares, sem nenhuma interrupção nos níveis elevados de população, de tal modo que os coelhos se multiplicam exponencialmente. O modelo de Oster contém uma interrupção não-linear.

O modelo pode gerar explosões periódicas de postura de ovos, superpostas ao ciclo básico, o que conduz a um pico duplo em forma de M na população. Pode também tornar a altura do pico modulada; e pode produzir caos. Oster seguiu em frente, tentando obter correspondência quantitativa com os dados, não apenas qualitativa. Assim, toda a série de dinâmicas que Nicholson observou pode ser tão-somente a conseqüência de uma única lei determinística. Não é necessário procurar efeitos adicionais não explicados.

EQUILÍBRIO CAMBALEANTE

Até pouco tempo atrás, os biólogos que estudam populações supunham, pelo menos implicitamente, que o estado natural das populações é estacionário, e que, na prática, esse desejável estado de coisas — o "equilíbrio da natureza" — seria perturbado por efeitos dependentes da

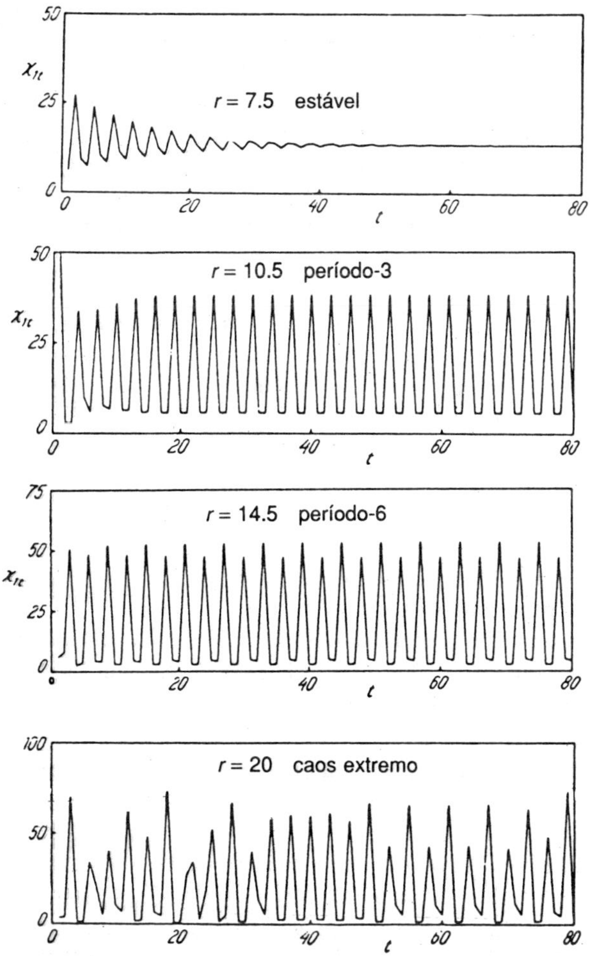

ig. 116. Períodos múltiplos e caos no modelo de ciclos populacionais de George Oster.

densidade e pelo ruído ambiental. O problema, para os naturalistas, estava pois em extrair, de dados contaminados pelo ruído, os estados periódicos ou estacionários subjacentes. Mas, se a mesma dinâmica simples que dá origem a estados estacionários e a periodicidades pode também dar origem ao caos, o estado subjacente pode ser também ele próprio caótico, e o problema de extrair a estrutura subjacente torna-se muito mais sutil.

No passado, os biólogos tendiam a considerar quantidades médias, perguntando como as médias se relacionavam umas com as outras. É um pouco como a abordagem termodinâmica de um gás: enfatize as médias, tais como as de temperatura e pressão. Funciona lindamente para gases, mas bastante mal para populações. Talvez porque o número de criaturas que compõem as populações seja menor que o das moléculas dos gases. O ruído ambiental (predadores, clima, disponibilidade ou não de alimento) atua de fato sobre os indivíduos. Mudanças na população também ocorrem no nível do indivíduo. Mais ainda, a própria dinâmica populacional pode variar drasticamente segundo efeitos muito localizados.

Um estudo recente de M.P. Hassell e May tratou da distribuição da mosca-branca, uma praga de jardim, em arbustos de viburno. Os dados obtidos os levaram à conclusão de que um mecanismo em três camadas está em operação. Primeiro, a distribuição do inseto é muito desigual. Segundo, dentro de cada trecho a densidade pode variar, de modo que efeitos dinâmicos dependentes da densidade podem variar de um trecho para outro. Terceiro, o ruído ambiente pode afetar cada trecho de maneira diferente.

Para analisar um sistema como esse, é preciso primeiro fazer a dinâmica, para depois chegar às médias dos resultados, em lugar de primeiro calcular as médias para depois fazer a dinâmica. Por exemplo, se você escolhe uma dúzia de trechos, cada um com uma diferente densidade populacional, e observa como o tamanho médio da população varia de uma geração para outra, *não* espere ver o mesmo padrão que ocorreria para uma população uniforme de densidade média. Isto ocorre porque a dinâmica é não-linear, e a não-linearidade não respeita médias.

Numa analogia, considere um carro que faça um percurso de 30 km numa velocidade de 20 km/h, e volte a 60 km/h. Qual é sua velocidade média? Se você simplesmente somar as velocidades, terá uma média de 40 km/h. Porém, trata-se de um erro. O carro leva uma hora e meia para ir e meia hora para voltar, um total de duas horas. Portanto, a velocidade média é 60/2 = 30 km/h. A razão por que somar e dividir não leva à média correta é que a velocidade é proporcional à recíproca do tempo, e isto é uma relação não-linear. Em outras palavras: é preciso achar a média no lugar certo.

Assim a dinâmica caótica suscita problemas inteiramente novos, e difíceis no tocante à interpretação e análise dos dados. Mas é melhor ter um problema claro, por difícil que seja, do que viver eternamente iludido.

CATAPORA

Bactérias e vírus são criaturas vivas, e o modo como suas populações flutuam pode ser efetivamente muito importante. Numa epidemia de sarampo, o que determina a extensão e a severidade da infecção é, em última análise, a população do vírus do sarampo. A dinâmica populacional tem portanto aplicações diretas à epidemiologia. As observações feitas na seção anterior, por exemplo, aplicam-se praticamente sem alterações à epidemiologia da AIDS, que — como você dificilmente poderia deixar de saber — é uma síndrome grave e fatal, atribuída ao Vírus da Imunodeficiência Humana (HIV). A dispersão do HIV é também muito irregular, estando relacionada a fatores tais como comportamento sexual, e estudos da AIDS que se fundem em períodos médios de incubação e comportamento sexual médio podem se mostrar enganosos. Esta é uma questão que merece ser aprofundada, porque o controle — e talvez até a cura — da doença dependem em grande parte da elaboração de bons modelos sobre seu modo de transmissão.

Se a dinâmica populacional em geral, e o caos em particular, têm alguma contribuição a dar para o controle da AIDS é por enquanto uma questão puramente especulativa. Há uma clara evidência, porém, de que algumas epidemias podem estar relacionadas com o caos. O problema da detecção de uma dinâmica caótica a partir de dados experimentais foi abordado antes, no contexto da turbulência. Mencionei o método de Packard e Takens, de conceber um número suficientemente grande de "falsas" séries temporais para reconstruir a topologia do atrator. Mas em princípio o método funciona com qualquer série temporal, não só com uma obtida num laboratório de física. Longas séries temporais de epidemias podem ser encontradas nos registros médicos.

W.M. Schaffer e M.Kot aplicaram o método Packard-Takens de reconstrução de atratores a doenças. Usaram dados referentes a cachumba, sarampo e catapora, obtidos em Nova York e Baltimore na época em que a vacinação em massa ainda não existia (figura 117). Para cada doença há uma série temporal, que registra o número de casos por mês. Os resultados que obtiveram mostram que, em todas as séries, parece haver um atrator bidimensional (figura 118). Ele tem uma seção de Poincaré unidimensional fortemente indicativa da presença do caos. De fato, a dinâmica parece ser controlada por um mapa de uma só corcova, qualitativamente similar ao do mapeamento logístico. Uma análise independente de dados sobre sarampo colhidos em Copenhague, feita por L.F. Olsen e H.Degn, conduz a um mapa de uma só corcova quase idêntico, o que indica que os resultados não são mera

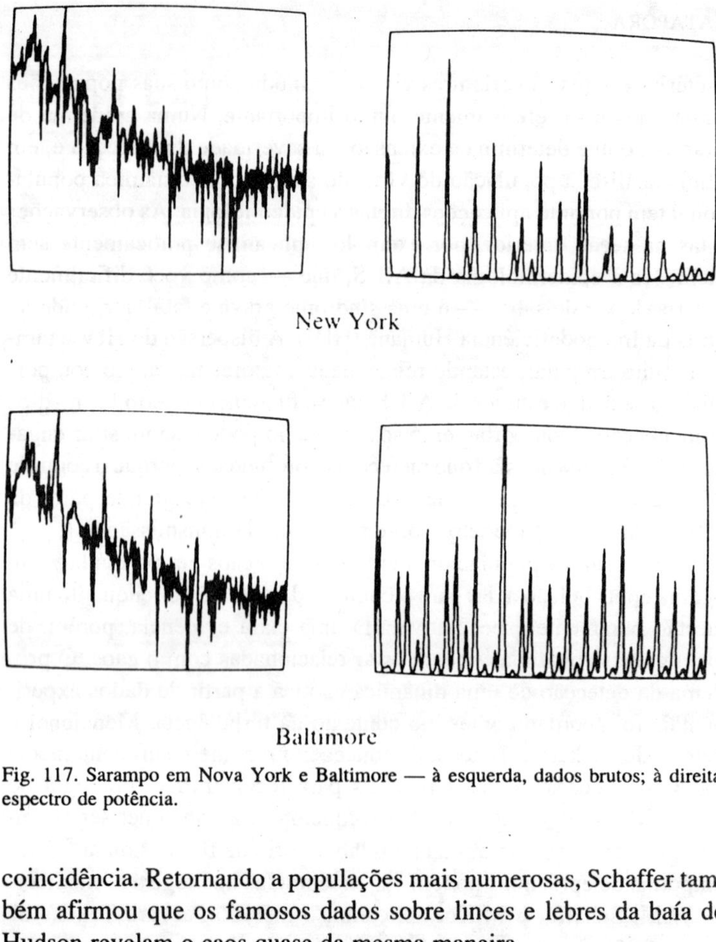

Fig. 117. Sarampo em Nova York e Baltimore — à esquerda, dados brutos; à direita, espectro de potência.

coincidência. Retornando a populações mais numerosas, Schaffer também afirmou que os famosos dados sobre linces e lebres da baía do Hudson revelam o caos quase da mesma maneira.

As abordagens convencionais da questão da difusão das epidemias baseiam-se na construção de modelos específicos dos processos fisiológicos e de transporte envolvidos. A abordagem pela via do caos é complementar a estas, concentrando-se em observações empíricas e tentando apreender diretamente a dinâmica subjacente. Sua principal desvantagem é a necessidade de séries temporais bastante longas, que raramente são disponíveis. Os dois métodos conjugados podem fazer melhor do que qualquer deles sozinho.

PARADA CARDÍACA!

A epidemiologia não é a única aplicação médica potencialmente relevante do caos. A dinâmica caótica já foi proposta para modelar o comportamento descontrolado de células que se tornam cancerosas, para analisar ondas cerebrais e para pesquisas genéticas. Há também um trabalho já bastante desenvolvido sobre irregularidades nos batimentos cardíacos (figura 119), e é nele que vou me deter. O trabalho foi feito por Leon Glass e seus colegas da Universidade McGill, em Montreal.

Um coração humano normal bate entre cinqüenta e cem vezes por minuto, a cada dia, ano após ano, sem parar. Uma série de diferentes irregularidades pode ocorrer, porém, no batimento cardíaco. Algumas podem ser mortais — a fibrilação, por exemplo, em que diferentes músculos do coração se contraem em conjunto, fora de ritmo. A importância de compreender a natureza dinâmica do batimento cardíaco é óbvia.

Os modelos matemáticos do batimento cardíaco remontam à década de 1920, com o trabalho de W. Mobitz, Balthasar van der Pol e

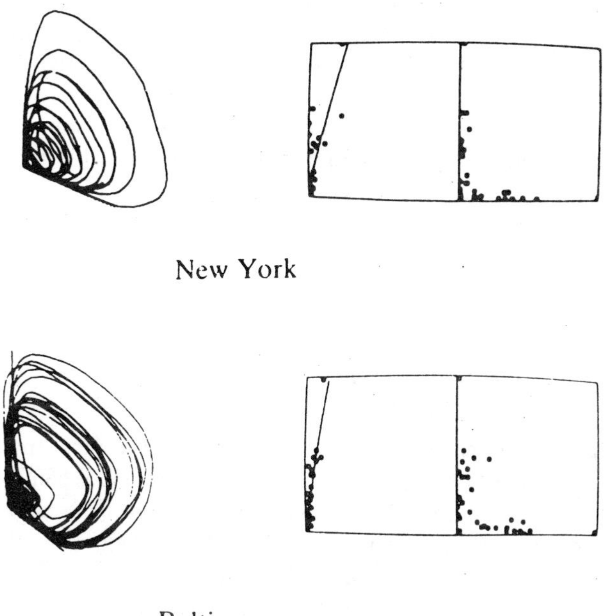

Fig. 118. Atratores estranhos reconstruídos (à esquerda) e mapas de Poincaré (à direita) para os dados referentes ao sarampo da figura 117.

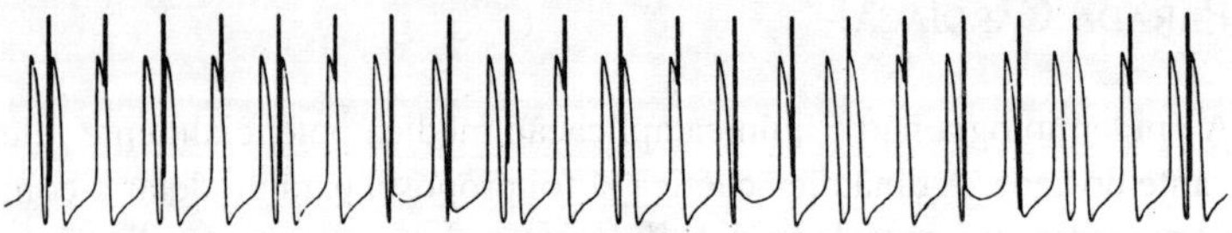

Fig. 119. O fenômeno Wenckebach: flutuações irregulares do batimento cardíaco. Observe a ausência de padrão regular no espaçamento entre os picos largos e estreitos.

J. van der Mark. O modelo de van der Pol está intimamente relacionado às suas equações para as oscilações de uma válvula eletrônica, mencionadas antes como exemplo de ciclo-limite. Van der Pol e van der Mark chegaram até a encontrar o caos; mas na época ninguém achou que isso fosse significativo. Portanto — embora nem sempre isso seja reconhecido — a dinâmica não-linear tem tido estreita relação com processos fisiológicos desde seus primeiros dias. Não espanta que avanços na dinâmica não-linear possam sugerir novas abordagens à questão dos batimentos cardíacos.

Se a dinâmica caótica é ou não responsável por irregularidades no coração humano é uma questão extremamente controvertida. Num certo sentido, a dinâmica não precisa chegar a tanta complicação para matar você: quase-periodicidade, ou mesmo oscilações periódicas com amplitude suficientemente grande darão conta do serviço perfeitamente. Isto para não falar de um estado estacionário — que, com perdão da morbidez, é onde todos nós terminaremos. Também não é fácil obter dados de observação sobre irregularidades fatais do batimento cardíaco: as equipes médicas, muito compreensivelmente, preferem tentar salvar o paciente a mensurar detalhes sobre o modo como ele ou ela morre.

MOVIDO A PANCADAS

Um tipo importante de arritmia do batimento cardíaco envolve a interação de dois efeitos periódicos regulares, conhecidos como *ritmos parassistólicos*. Um modelo matemático simples, que capta a dinâmica geral, é exatamente um oscilador forçado. Um oscilador natural é estimulado por uma perturbação externa que varia periodicamente: o que interessa aqui é a interação entre os dois modos de oscilação. Já vimos, por meio da ferradura de Smale, que um oscilador forçado de van der Pol pode ficar caótico. Não é improvável, portanto, que ritmos parassistólicos façam o mesmo.

Os físicos e matemáticos envolvidos com o caos têm seu oscilador forçado preferido. Assim como a ferradura de Smale, trata-se da mais despojada versão da dinâmica que ainda conserva as características chaves. É chamado de *rotor movido a pancadas* (*kicked rotator*). Mais parece um instantâneo estroboscópico, uma seção de Poincaré discreta, de um oscilador forçado. O estado do sistema é definido por um ponto num círculo. A cada incremento discreto no tempo, o ângulo que define sua posição muda, segundo uma regra fixa; a isto, porém, acrescenta-se uma perturbação periodicamente variável. Por exemplo, se o ângulo no tempo t é x, então o ângulo no tempo $t + 1$ deve ser $x + 1 + \text{sen } t$. Neste caso $x \rightarrow x + 1$ é o movimento natural do oscilador e sen t representa o efeito do forçamento. Mais genericamente, podemos considerar $x + \text{k} + A \text{ sen } t$, onde a constante k nos permite ajustar a freqüência do oscilador natural em relação à freqüência do forçamento; e A nos permite ajustar a amplitude desta última.

Algo de muito interessante acontece em sistemas como esse, mesmo antes que o caos se estabeleça. Há um *engate de fase* (*phase-lock*). O que acontece é que a freqüência da força perturbadora e a freqüência natural de oscilação se "ajustam" em alguma razão numérica simples. Por exemplo, três períodos da oscilação do forçamento podem ser o mesmo que quatro períodos da oscilação natural, um engate de fase 3:4. Um astrônomo diria que entram em ressonância: é basicamente a mesma coisa.

Quando A é zero, isto é, o forçamento está ausente, a dinâmica pode ser facilmente calculada. Se cada incremento no tempo apenas acrescenta k ao valor de x, então, após n incrementos no tempo, x muda para $x + n\text{k}$. Se k for um múltiplo racional de 360°, a dinâmica se torna periódica; se for um múltiplo irracional, a dinâmica não é periódica.

Quando A é diferente de zero, a não-linearidade causada pelo forçamento tem o efeito de fazer com que as soluções periódicas persistam, mesmo quando k se afasta um pouco de um dado valor racional. Isto conduz a regiões de comportamento de engate de fase conhecidas como *línguas de Arnold*, a partir do nome do matemático russo Vladimir Arnold. Estas podem ser vistas, na forma de regiões triangulares distorcidas, na figura 120, adiante.

Uma história engraçada que Arnold contou recentemente é bem reveladora das atitudes que os matemáticos costumam ter em relação à fisiologia. Ex-aluno de Andrei Kolmogorov — um expoente da matemática russa, falecido em 1987 —, Arnold contou a respeito do mestre: "Diferenciava-se dos outros professores que conheci pelo absoluto respeito à personalidade do aluno. Só me lembro de um único caso em que ele interferiu em meu trabalho: em 1959, pediu-me para omitir, de um artigo sobre mapas do círculo em si mesmo, a seção sobre aplicações aos batimentos cardíacos, acrescentando: 'Este não é um dos problemas clássicos com que devemos trabalhar.' A aplicação da teoria aos batimentos cardíacos foi publicada por L. Glass 25 anos mais tarde, ao passo que eu tive de concentrar meus esforços nas aplicações da mesma teoria à mecânica celeste."

O que dá a essa história um sabor irônico é que Kolmogorov tinha uma atitude muito aberta em relação à matemática, tendo ele próprio trabalhado em aplicações à biologia.

A Rainha se Curva

Farei agora algumas digressões, ou pelo menos darei essa impressão, porque o engate de fases exige novas técnicas matemáticas. Bem, novas no sentido de não terem sido usadas antes com essa finalidade. Na verdade, não tinham sido usadas antes com *nenhuma* finalidade prática, embora estejam entre as mais belas idéias da matemática. Refiro-me à Teoria dos Números.

A matemática, disse Carl Friedrich Gauss, "é a rainha das ciências, e a aritmética a rainha da matemática". Por aritmética, entendia a teoria dos números, não 2 + 2 = 4, e a tendência das rainhas a não sujar as níveas mãos não estava inteiramente ausente de seu espírito. À primeira vista, o objeto da teoria dos números — os padrões e enigmas dos números inteiros ordinários — não evoca de imediato aplicações à ciência. "Esse assunto é por si mesmo de peculiar interesse e elegância, mas suas conclusões têm pouca importância prática", escreveu W.W. Rouse Ball em 1896. Em termos da divisão comum da matemática em "pura" e "aplicada", a teoria dos números é o que se pode encontrar de mais puro: o antípoda dos tradicionais tópicos aplicados, como a dinâmica.

Porém isto mudou.

A teoria dos números explica os belos e complexos padrões do engate de fases em nível bastante detalhado. Por exemplo, a ordem em que regiões de engate de fase ocorrem pode ser encontrada pelo uso do artifício conhecido como *seqüências de Farey*. Uma seqüência de Farey consiste de todos os números racionais p/q entre 0 e 1 para os quais q é igual, no máximo, a algum valor dado, arranjados em ordem de tamanho. Por exemplo, quando q é no máximo 5, temos a seqüência Farey

0/1 1/5 1/4 1/3 2/5 1/2 3/5 2/3 3/4 4/5 1/1.

Este não é o único lugar, na dinâmica caótica, em que a teoria dos números ocorre. O que há não muito tempo era considerado por todos o mais inútil ramo da matemática — no tocante a aplicações práticas — adquiriu subitamente uma nova importância na teoria dos sistemas dinâmicos. Ian Percival e Franco Vivaldi acabam de publicar uma bela aplicação da teoria clássica dos números aos mapeamentos caóticos de um toro. E há poucos meses ouvi Predrag Cvitanovic, um físico matemático ativo no campo da dinâmica caótica, declarar: "Minha principal referência é Hardy e Wright" — a bíblia da teoria clássica dos números.

CORAÇÃO DE GALINHA

Já falamos o bastante de engate de fases. Vejamos o caos.

O caos, num oscilador forçado, é a culminação de uma série de alterações nessas freqüências com fases engatadas. Assim, para estudar a quase-periodicidade e o caos no coração, Glass e seus colaboradores conceberam um modelo de rotor movido a pancadas que consideraram especialmente apropriado ao batimento cardíaco, e analisaram como ocorriam os engates de fase.

Mais do que isso: testaram seu modelo experimentalmente (figura 120). Não num coração humano, é claro. Em seu lugar, usaram uma massa de células do coração de um embrião de galinha. Essas células, capazes de pulsar espontaneamente, correspondem ao oscilador natural. Na prática, separam-se as células do ventrículo de um coração de galinha e deixa-se que se reagrupem num meio de cultura. Os agregados de célula resultantes são pequenos — têm cerca de 200 micrometros de lado a lado — e pulsam entre 60 e 120 vezes por minuto.

Um microeletrodo de vidro é então inserido na massa pulsante, permitindo que se produzam diminutos choques elétricos, correspondendo ao forçamento. De fato, o coração de galinha em miniatura ganha um igualmente minúsculo marcapasso. Variando a freqüência e a amplitude do pulso elétrico, é possível produzir vários tipos de engate de fases, e de caos.

O intricado padrão de engate de fases pode ser reconhecido em experimentos porque é altamente estruturado. O caos, em contrapartida, é — caótico. Se um experimento detecta, muito detalhadamente, o engate de fases pré-caótico, e mostra também comportamento irregular nos locais em que o modelo prevê caos, há indícios fortes — embora indiretos — de que o caos existe lá, no mundo real. Pode-se reconhecer o caos pelas companhias em que anda.

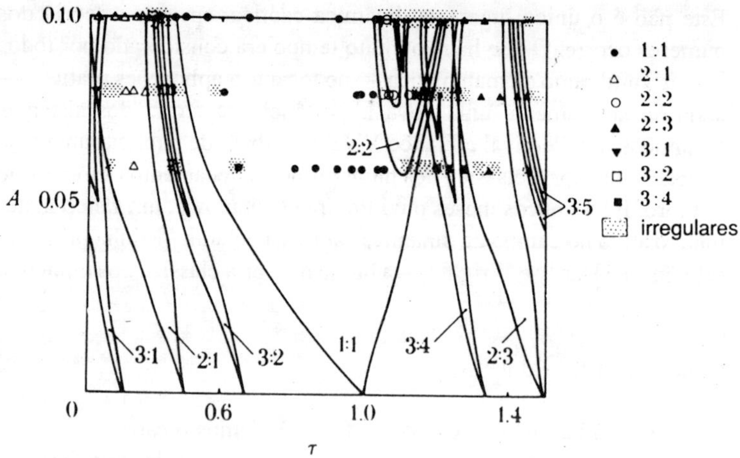

Fig. 120. Modelo do rotor movido a pancadas (*kicked rotator*) para o batimento cardíaco: teoria e experimento.

Os resultados obtidos por Glass correspondem, e muito, a seu modelo teórico de um rotor acelerado, mostrando que agregados de células de coração de galinha podem ser levados a bater caoticamente.

MATEMÁTICA MÉDICA

Obviamente, um agregado de 200 micrometros de células de coração de galinha não é a mesma coisa que um coração verdadeiro, nem um marcapasso elétrico artificial equivale ao que um coração possui naturalmente. Feitas as ressalvas, o grau de concordância entre a teoria dinâmica e o experimento fisiológico é notável. Tornou-se difícil sustentar que a dinâmica caótica não tem qualquer relevância para o batimento cardíaco real.

Os organismos vivos exibem uma enorme gama de comportamentos. Alguns são tão complexos que é difícil imaginar que a matemática possa lançar alguma luz sobre eles. Não consigo conceber uma teoria matemática do amor materno, e não estou convencido de que o mundo ficaria melhor se algum gênio extraviado descobrisse uma. Outros, porém, são relativamente simples. A dinâmica do coração é com certeza mais facilmente abordável do que a psicodinâmica da reação emocional.

Muitos órgãos operam como peças especializadas de um maquinário. Um maquinário sofisticado, sem dúvida, que nem de longe seríamos capazes de fabricar ou reproduzir em todos os seus aspectos. Já somos, porém, capazes de construir corações artificiais bons o suficiente para manter pessoas vivas quando seu coração natural falha. A propósito da imagem do "maquinário": já é tempo de nos desfazermos de nossos preconceitos vitorianos de que uma máquina é algo de muito simples e previsível. Se a dinâmica caótica tem algo a nos ensinar, uma delas é por certo que um sistema simples pode fazer coisas extremamente sofisticadas.

Cientistas do mundo inteiro estão começando a se dar conta de que a matemática dos sistemas dinâmicos saltou por sobre o enorme fosso que separa a teoria das aplicações. Os matemáticos estão elaborando conceitos e técnicas para enfrentar a realidade da dinâmica não-linear. Isto abre perspectivas para a penetração na essência de muitos efeitos dinâmicos no mundo real. O funcionamento fisiológico do corpo — coração, pulmões, fígado, rins, glândula tireóide, articulações e peças menos óbvias da máquina humana — está começando a fazer sentido matemático.

Compreender uma disfunção não é o mesmo que curá-la; mas, como todo mecânico de garagem sabe, é difícil corrigir um defeito sem entender qual é ele. A teoria dos sistemas dinâmicos assume agora um papel relevante nos avanços do conhecimento médico. Como disse Glass, referindo-se ao funcionamento do coração: "Uma compreensão plena só será alcançada a partir da integração da matemática não-linear com a fisiologia experimental e a cardiologia clínica."

14

Adeus, Pensamento Profundo

> "Tenho certeza de que não vão gostar", observou Pensamento Profundo.
> "Conte-nos!"
> "Pois bem", disse Pensamento Profundo. "A Resposta à Grande Questão..."
> "Sim...!"
> "Da Vida, do Universo e de Tudo...", disse Pensamento Profundo.
> "Sim...!"
> "É...", disse Pensamento Profundo, e fez uma pausa.
> "Sim...!"
> "É..."
> "Sim... !!! ...?"
> "Quarenta e dois", disse Pensamento Profundo, com majestade e calma infinitas.
>
> Douglas Adams, *The Hitch Hiker's Guide to the Galaxy*

Suponha que o "Vasto Intelecto" de Laplace fosse realmente seguir as instruções recebidas: "condensar numa única fórmula o movimento dos maiores corpos do universo e o do menor dos átomos", e depois "submeter seus dados a análise". Será que obteria alguma resposta mais congruente do que a recebida pelos personagens Loonquawl e Phouchg, de *The Hitch Hiker's Guide to the Galaxy*?

Vasto e Considerável Intelecto

Provavelmente não.

Permita-me deixar de lado algumas considerações materiais, que alguns afirmariam não ter relevância filosófica — embora eu suspeite que talvez sejam a essência da questão. Ou seja, vou ignorar a espinhosa questão sobre *como* o Vasto Intelecto escreveria Suas equações, uma

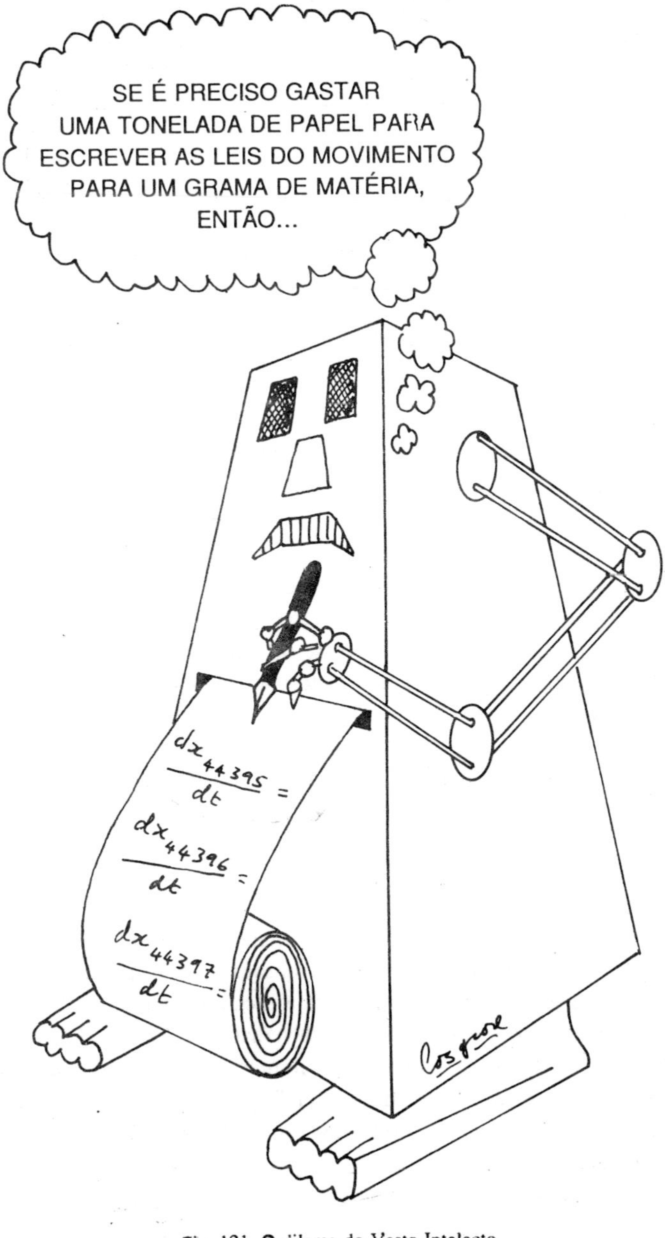

Fig. 121. O dilema do Vasto Intelecto.

vez que Ele deve lidar com pelo menos seis variáveis — de posição e velocidade — para cada partícula do Universo, e precisaria portanto de mais papel e tinta do que se poderia reunir se todo o Universo fosse constituído dessas substâncias. Como escreveu um poeta anônimo do século XVII:

If all the world were paper,
And all the seas were inke,
And all the trees were bread and cheese,
*What should we do for drinke?**

Também não vou perguntar que espécie de cérebro o Vasto Intelecto precisaria ter para armazenar — para não falar em resolvê-la — Sua Equação Magna para a Vida, o Universo e Tudo. Um cérebro maior do que o universo, o que implica claramente que o Vasto Intelecto deve se postar fora do universo, examinando-o. Não seria má idéia, em bases similares ao Princípio de Incerteza de Heisenberg, se o Vasto Intelecto fosse parte do Universo; nesse caso, cada vez que ponderasse o valor de $dx_{7345232115}/dt$, Ele mudaria a própria coisa que estava ponderando (figura 121).

Admitindo-se que o Vasto Intelecto é verdadeiramente onisciente, Laplace tem toda razão. Se o universo de fato obedece a leis matemáticas determinísticas, o Vasto Intelecto pode usá-las para prever o que o Universo fará.

Mas esta é uma questão filosófica bastante nebulosa, um excelente exemplo de como chegar ao absurdo indo a extremos. Se quisermos extrair conclusões conseqüentes na escala humana, não na super-humana, devemos estabelecer requisitos mais realísticos. O quadro muda então drasticamente.

Tenho em mente um ser ligeiramente mais acanhado que o ideal de Laplace — o Considerável Intelecto, digamos. Possui uma enorme capacidade cerebral, maior do que a de toda a raça humana reunida. (Pensando bem, quando se reúne toda a raça humana, sua capacidade mental parece ser negativa — você deve saber o que estou querendo dizer.) "Grande. Muito Grande. Você simplesmente não acreditará quão vasta, enorme, atordoantemente grande", para citar Adams de novo. Além disto, para viciar os dados ainda mais decisivamente a favor do Considerável Intelecto, vou pô-lo (com minúscula, em deferência ao Vasto Intelecto) frente a um problema bem mais reduzido. Um univer-

* Se o mundo todo fosse de papel/E todos os mares fossem de tinta/E todas as árvores, de pão com queijo,/Para beber que é bom, o que a gente teria? (N. da T.)

so em miniatura, nos limites do compreensível, cujas equações não só o Considerável Intelecto, mas, de fato, qualquer matemático humano competente seria capaz de escrever, tanto em princípio como na prática. A saber, o modelo reduzido de Hill do problema dos três corpos: Netuno, Plutão e um grão de poeira.

Como a *Mecânica celeste* de Poincaré observa desalentadamente, esse problema conduz ao caos, na forma de emaranhados homoclínicos. Quando a dinâmica é caótica, ela só pode ser prevista acuradamente se as condições iniciais forem conhecidas com precisão infinita. Mas é necessária uma memória infinita para armazenar um número com precisão infinita. Em suma, o Considerável Intelecto não tem condições nem de começar.

E esta é a mensagem enviada a nós, macacos adestráveis. Quando a dinâmica de um sistema se torna caótica, há uma correspondência entre a precisão com que conhecemos seu estado atual e o período de tempo em que podemos dizer — em detalhe — o que ela fará. E a precisão das observações tem que ser quase impossivelmente perfeita para que mesmo previsões de médio prazo sejam possíveis.

Por outro lado, ainda *podemos* fazer previsões muito acuradas — não das minúcias do comportamento de longo prazo, mas de sua natureza qualitativa geral. Podemos estabelecer seus limites quantitativos; e podemos determinar suas características estatísticas.

Quando você não puder ganhar, jogue na retranca.

CAOS DE PROJETISTA

O caos tem muitas lições a nos dar. Sua mensagem primordial é genérica: "Não se precipite em conclusões." Fenômenos irregulares *não* demandam equações complicadas, ou equações com termos aleatórios explícitos.

Essa mensagem é uma faca de dois gumes.

Vejamos primeiro a coluna das "perdas" na folha de balanço. Mesmo que você tenha a felicidade e a inteligência de conceber boas equações, poderá ainda apresentar problemas para compreender o sistema que elas modelam. Mesmo que as equações sejam muito simples, o comportamento do sistema pode não ser. A complexidade que alguma coisa tem ou não depende das questões que você formula e do ponto de vista que adota.

No lado dos "lucros", encontramos a mesma observação. Um fenômeno que *parece* complicado pode não o ser de fato. Pode ser governado por um modelo simples — embora caótico. Aqui ingressamos no caos de projetista: uso do *know-how* sobre tipos típicos de dinâmica para arquitetar modelos plausíveis.

Às vezes funciona. O batimento cardíaco, epidemias de sarampo, e talvez a agitação de Hipérion são exemplos em que isto ocorre. Saímos deste flerte com o caos com uma melhor compreensão do problema físico, e uma compreensão que podemos realmente *usar*.

Às vezes não funciona. Não vejo indício algum de que a dinâmica caótica possa vir a aperfeiçoar as previsões meteorológicas. Sua maior contribuição até o presente momento foi sugerir que estamos fazendo uma pergunta tola. Previsões para alguns dias, talvez uma semana — é razoável. Um mês? Esperança vã.

Esta é uma convicção pessoal. Algum gênio pode pô-la por terra amanhã. Talvez outros métodos possam ter êxito ali onde a solução de equações para as condições atmosféricas está fadada ao fracasso. O tempo dirá. Sei bem em que estou apostando.

A História de Dois Computadores

A existência do caos suscita problemas por todo o tabuleiro científico. Você deve entender que a motivação básica de um pesquisador é *o ato de solucionar problemas*, não as soluções em si mesmas. Para um pesquisador, ter sucesso na resolução de problemas a ponto de ficar sem problemas para resolver é uma vitória de Pirro. Se um dia um médico descobrir uma panacéia para a cura de todas as doenças, lá se vai a profissão médica. Assim, para um matemático pesquisador, a existência de caos não é uma calamidade: é uma oportunidade para novas e entusiasmantes pesquisas. Ele certamente nos manterá ocupados ainda por umas boas décadas.

Isto posto, o sucesso da pesquisa é avaliado por sua capacidade de resolver o problema que se dispôs a enfrentar. O que salva a situação é a estupidez essencial da raça humana: não há perigo real de que venhamos a resolver *tudo*. Assim os cientistas levam adiante seu trabalho, buscando controlar o caos, ancorados na convicção de que ele só poderá ser parcialmente domesticado.

Um dos problemas que o caos suscita situa-se no campo da análise numérica — o modo como os computadores calculam. Consideremos a questão de representar o atrator de Lorenz. A maneira usual de fazêlo é resolver numericamente as equações de Lorenz e traçar os resultados numa tela. Nada mais simples. Mas o atrator é caótico — é por isto que estamos tentando desenhá-lo. Num atrator caótico há uma extrema dependência em relação às condições iniciais. Erros minúsculos ampliam-se rapidamente. O que *sabemos* sobre o atrator de Lorenz significa que nossa solução aproximada da equação diferencial de fato não é aproximada!

Em diversas ocasiões, deparamos uma curiosa peculiaridade da dinâmica caótica: o mesmo problema, executado em diferentes marcas de computador, leva a diferentes resultados. (Se você tem acesso a duas marcas diferentes de microcomputador, tente executar o mapeamento logístico em ambos, com os "mesmos" valores iniciais, e veja o que acontece após umas poucas centenas de iterações.) Consta da literatura um artigo que fala da resolução numérica de um sistema caótico em dois supercomputadores diferentes, com uma exatidão de cerca de 50 casas decimais. Em razão de ligeiras diferenças entre os sistemas operacionais que utilizam, os dois manejam cálculos numéricos de maneiras ligeiramente diferentes — e em pouco tempo começam a dar respostas *totalmente* diferentes. Se estivessem computando dados sobre as condições atmosféricas, um poderia estar informando a aproximação de uma onda de calor enquanto o outro estaria prevendo uma tempestade de neve. Se você pensava que computadores eram infalíveis, reconsidere a questão.

Apesar disso, se uma centena de pessoas traçar atratores de Lorenz numa centena de marcas de computador diferentes, todas verão basicamente a mesma forma.

Num certo sentido, estou repetindo, sob nova forma, uma observação feita anteriormente. Se você pensa que está resolvendo o problema do valor inicial para as equações de Lorenz com as condições numéricas precisas que introduz no seu computador, você está se iludindo. Mas se pensa que está traçando a forma do atrator — e não uma trajetória nele —, está no bom caminho. Erros minúsculos que afastam seu ponto do atrator desaparecem rapidamente — é isto que "atrator" significa. São somente os erros que permanecem *no* atrator que se ampliam.

Este é o raciocínio; ele parece funcionar. Mas não é de maneira alguma categórico. Há alguns teoremas que parecem justificá-lo matematicamente. Um deles afirma, em termos gerais, que o que você traça é *alguma* trajetória da equação diferencial, ou algo muito próximo disto; apenas não é aquela trajetória que você *supõe* estar traçando. Mas esses teoremas suscitam problemas de interpretação: por acaso dirão o que as pessoas em geral pensam que eles dizem?

EXPERIMENTOS IRREPRODUZÍVEIS

As mesmas dificuldades nos obrigam a rever a idéia de teste experimental. Convencionalmente, você começa com uma teoria, faz previsões e realiza um experimento para refutá-las. Se ele não as refuta, você diz que verificou a previsão e supõe — numa posição mais pragmática do que logicamente fundada — que a teoria está correta.

Muito bem. Ontem à noite fiz um experimento para ver se a água sobe ladeira acima, e subiu. A física morreu.

Você não está acreditando, não é? Vou lhe contar como foi...

O quê? Fazer o experimento *de novo*? Lamento muito, não posso...

Você não embarcaria nisto, não é? E com toda razão. Para ter crédito, um experimento deve ser *passível de repetição*. Dois cientistas que façam o mesmo experimento em dois laboratórios diferentes devem obter os mesmos resultados. Evidentemente, quaisquer efeitos capazes de alterar os resultados devem ser levados em conta e eliminados. Faz muito mais calor em Bombaim do que em Novosibirsk: se a temperatura for relevante, o cientista indiano terá que fazer o experimento em ambiente refrigerado e o russo terá que ligar a calefação.

Mas uma trajetória caótica, a partir de uma condição inicial dada, não é um experimento que se possa repetir. Trata-se mesmo de uma *previsão* que não pode se repetir, como a história dos dois computadores demonstra. Você poderia objetar que, com computadores de determinada *marca*, o experimento *pode* ser repetido. Mas diferentes laboratórios devem sem dúvida ter a liberdade de usar equipamentos diferentes.

O caos nos ensina, portanto, que mesmo quando nossa teoria é determinística, nem todas as suas previsões conduzem a experimentos reproduzíveis. Somente aquelas que resistem bem a pequenas mudanças das condições iniciais são boas candidatas a testes. Como a topologia do atrator, digamos, ou sua dimensão fractal.

Isto significa que podemos verificar se, por exemplo, um modelo caótico da turbulência descreve acuradamente o comportamento de um fluido, como um todo; mas não podemos verificar se uma determinada partícula do fluido está obedecendo às equações dinâmicas de Navier e Stokes. Pelo menos, não diretamente; não da maneira como Galileu testou sua teoria do movimento sob a ação da gravidade. Alguns detalhes da teoria escapam ao alcance de testes práticos.

Tudo isto exige — e recebeu — uma resposta por parte dos cientistas experimentais. Vimos alguns exemplos ao longo dos últimos capítulos. Os métodos experimentais devem ser replanejados para o estudo de sistemas caóticos. De fato, uma das grandes contribuições do caos tem sido levar os cientistas experimentais a apresentarem seus dados sob formas muito mais geométricas e significativas — atratores em vez de espectros de força, seções de Poincaré em vez de séries temporais.

CAMINHADA SONÂMBULA RUMO AO CAOS

Há ainda outras lições que podemos tirar, porém não específicas à dinâmica caótica.

Em *The Sleepwalkers*, Arthur Koestler define a descoberta científica como sendo uma série de disparates inspirados. Quando novas idéias importantes são encontradas, dificilmente alguém as aprecia devidamente; os próprios autores interpretam mal o seu significado; e o progresso resulta de uma combinação de descobertas inesperadas, fruto do acaso ou do instinto.

É sem dúvida uma paráfrase muito rude. E a ciência não teria ido muito longe se tudo o que pudesse fazer fosse caminhar como sonâmbula. No campo do desenvolvimento, um de seus principais esteios, a ciência explora descobertas inesperadas — acidentais ou não — de maneira consciente, e as transforma em algo não apenas curioso.

Mas a história do caos não deixa de abrigar seus sonâmbulos. Muitas das descobertas decisivas que reportamos partilham a mesma aura de irrealidade. As pessoas engajadas na pesquisa eram mal compreendidas, não conseguiam apoio, persistiam a despeito — e não por causa — do *establishment* científico. Em contrapartida — e fazendo justiça a esse mesmo *establishment* — devemos reconhecer uma disposição a dar uma guinada quando as novas idéias começaram a se confirmar. Poderíamos desejar um pouco mais de exercício da imaginação, mas o conservantismo científico tem seu lugar. Os pioneiros devem saber que terão que abrir sozinhos suas picadas na selva; do contrário, a ciência não faria outra coisa senão patrocinar malucos simplórios.

Um traço comum, impressionante, marca todo o trabalho inicial com o caos: todos os quantos nele se engajaram eram, de coração, matemáticos. Cabe notar que nem todos o eram por profissão. Lorenz era meteorologista, Hénon era astrônomo, Feigenbaum era físico, May era biólogo. Porém todos deixaram-se guiar por seus instintos matemáticos, num caso em que a excessiva concentração no "mundo real" teria destruído qualquer crença de que seu trabalho poderia ser algum dia mais que uma supersimplificação. Se você procurar física nas equações de Lorenz, verá que virtualmente não existe nenhuma.

Melhores aproximações à verdadeira dinâmica não se assemelhavam à de Lorenz — como seus colegas lhe diziam à época. Décadas mais tarde, um deles, Willem Malkus, declarou, irônico: "É claro que estávamos completamente enganados. Ed não estava pensando, de maneira alguma, em termos de nossa física. Estava pensando em termos de algum tipo de modelo generalizado ou abstrato que exibisse o comportamento que ele sentia intuitivamente ser característico de alguns aspectos do mundo externo."

Em outras palavras, Lorenz estava pensando como matemático, não como meteorologista.

CAMPANHA EM PROL DA MATEMÁTICA REAL

A descoberta do caos exigiu muito e muita gente. Precisou de especialistas em matemática pura, que desenvolvessem a abordagem topológica à dinâmica qualitativa, e que formulassem questões suficientemente gerais. Precisou de físicos para vincular as respostas com o mundo real. Precisou de pesquisadores experimentais, para verificar se as teorias faziam sentido. Precisou de engenheiros eletrônicos para projetar e construir computadores capazes de traçar bons gráficos e mastigar boa quantidade de números.

Qual a contribuição mais importante?

Pergunta tola. O que você considera mais importante: seu coração, seus pulmões ou seu cérebro?

Sem qualquer um deles, você está morto. O que conta é a *combinação.*

Porém, tenho algo a dizer na qualidade de matemático. As pessoas estranhas à matemática freqüentemente criticam a disciplina por falta de contato com a realidade. A história do caos é apenas um entre inúmeros desdobramentos atuais, que mostram que essa crítica é descabida. É como criticar um pulmão porque não pode bombear sangue.

Se sua concepção se orienta para finalidades e aplicações, você esperaria que uma ruptura na compreensão da turbulência resultasse, por exemplo, de um intenso programa de pesquisas conduzidas por especialistas em dinâmica dos fluidos. Na verdade, esses não foram os ingredientes decisivos para a ruptura representada pelo atrator — ruptura indiscutível, por mais questões que tenham ficado irrespondidas. As idéias teóricas decisivas, nesse caso, vieram da topologia, matéria cuja relevância para o fluxo dos fluidos nunca fora notada. A ferramenta experimental decisiva foi o *laser*, que na época era bastante subestimado, "uma solução à procura de um problema". E os cientistas experimentais que usaram tal ferramenta eram físicos que se haviam notabilizado pelo trabalho com transições de fase, não com fluidos.

A ciência é uma estrutura complicada, entrelaçada. As idéias podem surgir de qualquer parte. Uma boa idéia é uma doença infecciosa: espalha-se. Ninguém pode prever a que levará, ninguém pode confiná-la em limites preestabelecidos. As idéias não vêm com rótulos, como:

> CUIDADO — Topologia
> Evite contato com o mundo real

Lamentavelmente, muitos supõem tacitamente que vêm.

Criticar a matemática por sua abstração é cometer um engano completo. *É a abstração que move a matemática.* Se você se concentrar, muito de perto, numa aplicação demasiado limitada de uma idéia matemática, estará roubando do matemático suas mais importantes ferramentas: a analogia, a generalidade e a simplicidade. Nada supera a matemática em transferência de tecnologia. Isso era verdade nos tempos de Euler: a analogia entre eletrostática e dinâmica dos fluidos era óbvia para um matemático, absurda para todos os demais. Continua sendo verdade hoje: acabamos de ver como um método concebido para o estudo do caos em fluidos turbulentos aplica-se igualmente bem a epidemias de sarampo.

A transferência de tecnologia, entretanto, não requer apenas tecnologia. É preciso haver alguém que a transfira. Assim, os matemáticos deveriam ser encorajados a continuar fazendo seja o que for que os matemáticos fazem — ainda que o mundo externo não consiga compreender uma palavra disso; o que farão será apenas uma forma de arte, porém, a menos que um número suficiente de pessoas se disponha ao esforço de aplicá-lo a problemas externos à matemática. A história do caos está cheia de pessoas assim. Vêm de todos os campos — física, biologia, engenharia, química, fisiologia, astronomia, bem como da matemática. São os verdadeiros "matemáticos aplicados", e fazem exatamente o que diz a expressão.

Pegam a matemática...

... e aplicam-na.

CAOLOGIA QUÂNTICA

O caos surgiu da Imaginação Matemática, fertilizada pela Física. Mas para onde se dirige?

Para todo e qualquer fenômeno natural que exiba irregularidade, mas em circunstâncias que sugerem a existência de padrões subjacentes.

E eles são abundantes.

Uma direção interessante que — embora tendo furtado o trecho de Einstein — deixei de lado até agora é a mecânica quântica. Ignorei-a porque não temos nenhuma boa razão para acreditar que a dinâmica caótica tal como a conhecemos forneça qualquer resposta ao problema de Einstein. Mas como o caos é relevante para a mecânica quântica, farei alguma coisa para reparar a omissão.

O título desta seção e a argumentação foram tomados da *Bakerian Lecture* feita em 1987 por meu colega Michael Berry, que é físico e entende dessas coisas. Essa prestigiosa conferência patrocinada pela Royal Society foi instituída por Henry Baker, e Berry iniciou dizendo que, no tempo de Baker, "caologia" designava o estudo *do* caos — a fase em que "a terra era vaga e vazia", o que nos remete à figura 1. Como a caologia já não é uma área ativa da teologia, o termo está liberado para receber uma interpretação mais moderna: o estudo do caos determinístico.

A mecânica quântica é a física moderna do universo em escalas atômicas de medida. Na mecânica quântica, quantidades como energia não são contínuas: surgem em aglomerados discretos, ou *quanta*. O tamanho, pequeníssimo, de um único *quantum* é dado por um minúsculo número conhecido como constante de Planck. E as partículas absolutamente não são partículas, mas uma dualidade onda-partícula, descrita por uma função de onda da mecânica quântica.

Não é fácil traduzir a mecânica quântica em termos humanos. Há até uma corrente de pensamento que afirma ser absurdo tentar fazê-lo, pois o mundo quântico e o de nossos sentidos nada têm em comum. Outros discordam, e propõem traduções, de um jeito ou de outro. Segundo uma delas, muito popular, a função de onda representa não o estado de uma partícula, mas a superposição de todos os estados possíveis; e quando uma observação é feita, a função de onda "desaba" num estado único. Antes desse colapso, ela representa a probabilidade de que o sistema será encontrado num determinado estado.

Na verdade, não gosto muito dessa interpretação. Como vimos, Einstein também não. Permita-me citar mais extensamente sua carta a Max Born, para mostrar o contexto:

> Você acredita no Deus que joga dados, e eu em lei e ordem absolutas, num mundo que existe objetivamente, e que eu, de uma maneira toscamente especulativa, estou tentando apreender. *Acredito* firmemente, mas alimento a esperança de que alguém descobrirá uma maneira mais realística, ou antes, uma base mais tangível do que me foi dado fazer. Nem mesmo os grandes êxitos iniciais da teoria quântica me fazem crer no jogo de dados essencial, embora tenha plena consciência de que seus jovens colegas interpretam isto como uma conseqüência da senilidade.

Não obstante, os eventos mecânico-quânticos continuam acontecendo, ao que parece, tal como a mecânica quântica prescreve; e, ao passo que as estatísticas do decaimento radioativo, por exemplo, seguem leis definidas, ninguém é capaz de prever quando um determinado átomo vai se decidir a decair. Ou bem Deus está jogando dados, ou um jogo mais profundo que ainda estamos por compreender.

Concordo com Einstein. Gosto muito mais da segunda idéia — o jogo mais profundo, que ainda não penetramos.

Agora... finalmente nos demos conta de que o caos determinístico é responsável por boa parte da aleatoriedade observada na mecânica clássica. Poderia o caos quântico ser responsável pelo que se observa de randômico na mecânica quântica? Já estaríamos agora em condições de compreender o jogo mais profundo de Deus?

Não ainda. Se *há* um jogo mais profundo, continua sendo profundo demais para nós, macacos adestráveis. Estamos precisando desesperadamente de um Homem Verdadeiro para nos pôr na trilha certa.

Nos sistemas quânticos convencionais, o caos se manifesta sob formas bastante diferentes daquelas que assume nos sistemas clássicos. O que sabemos sobre o caos na mecânica quântica diz respeito não à aleatoriedade da função de onda, mas à evolução caótica dos valores esperados dos observáveis. Há um método, conhecido como aproximação semiclássica, capaz de descrever certos sistemas quânticos em termos de seus correspondentes clássicos.

Um tipo de sistema razoavelmente bem compreendido é o *bilhar quântico*. O sistema clássico é uma partícula elástica que ricocheteia nos limites de uma região, como uma bola de bilhar numa mesa de formato não ortodoxo (figura 122). Alguns formatos, como o círculo, conduzem à dinâmica regular. Outros, como o estádio de Bunimovich, geram caos. A diferença se manifesta claramente no padrão — ou falta de padrão — da trajetória da bola de bilhar.

O sistema quântico correspondente é uma função de onda definida

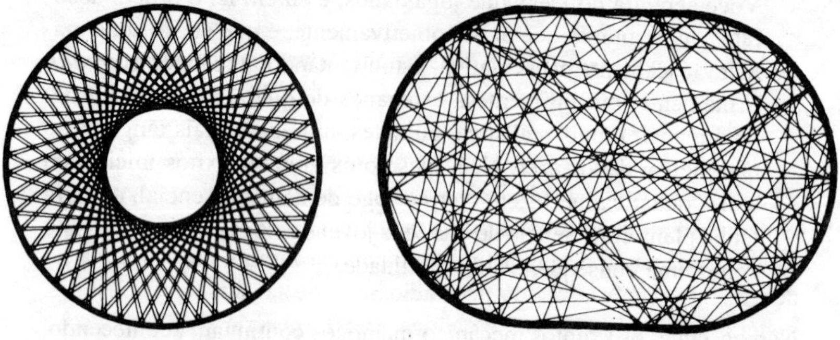

Fig. 122. Bilhar clássico, uma chave para o caos quântico. Uma partícula ricocheteia nos limites de alguma região, como uma bola numa mesa de bilhar. Um anel circular (à esquerda) leva a comportamento regular, o estádio de Bunimovich (à direita) leva ao caos.

na região limitada pela mesa, representando a probabilidade de se encontrar uma partícula quântica num dado ponto. O caos clássico deixa suas pegadas no terreno quântico também. A distinção entre comportamento regular e caótico no sistema clássico evidencia uma distinção nas propriedades estatísticas dos níveis de energia quânticos (figura 123). Os espaços entre esses níveis estão distribuídos de maneira aparentemente randômica, que pode ser aproximadamente descrita por uma curva regular. O modo como a distribuição dos níveis de energia para o sistema quântico se desvia dessa curva varia, segundo o sistema clássico seja regular ou caótico. Paradoxalmente, os níveis de energia para o análogo quântico de um sistema clássico regular tendem a ser mais irregulares, e aqueles correspondentes a um sistema clássico caótico tendem a ser mais regulares! A razão disso permanece um tanto enigmática, embora o efeito tenha sido bem estabelecido em exemplos.

Entretanto, o análogo quântico de um sistema clássico caótico não é também necessariamente caótico. O rotor movido a pancadas, mencionado no capítulo anterior, fornece um exemplo. O rotor acelerado clássico sofre uma complicada série de engates de fase e depois se torna caótico. Seu análogo quântico, porém, nunca passa de um estado de quase-periodicidade: seu comportamento dinâmico é regular, não caótico.

Fisicamente, isto faz um certo sentido. O caos clássico envolve atratores fractais, isto é, estruturas em todas as escalas. Mas na mecânica quântica, pelo menos tal como atualmente concebida, não existe estrutura em escala menor do que a constante de Planck. Assim a mecânica quântica remove os finos detalhes tão necessários ao caos verdadeiro.

DADOS E DETERMINISMO

Podemos, contudo, arriscar alguns palpites, pura especulação, sobre o outro — e mais profundo — tipo de indeterminação quântica: a função de onda.

Há sempre uma possibilidade de que alguma nova versão da mecânica quântica venha a substituir a natureza probabilística da função de onda por algo determinístico, mas caótico. Talvez o átomo radioativo esteja obedecendo a algum tipo de dinâmica interna que culmina no decaimento para um estado não-radioativo. Se tal dinâmica existisse, poderia ser caótica; se fosse caótica, isto forneceria uma explicação determinística para a aleatoriedade do decaimento. Em suma, o que importa não é *se* Deus joga dados, mas *como*.

Estas mesmas observações se aplicam ao nível clássico, em contraposição ao quântico. O que importa não é que um sistema seja ou não aleatório, mas qual a origem desse seu caráter.

Quero demonstrar que — do mesmo modo que esse esteio dos textos sobre a teoria da probabilidade que é a "moeda não viciada" — a metáfora dos "dados" é das mais inadequadas que já se inventaram. Pelo menos se nossa idéia de aleatoriedade não for revista.

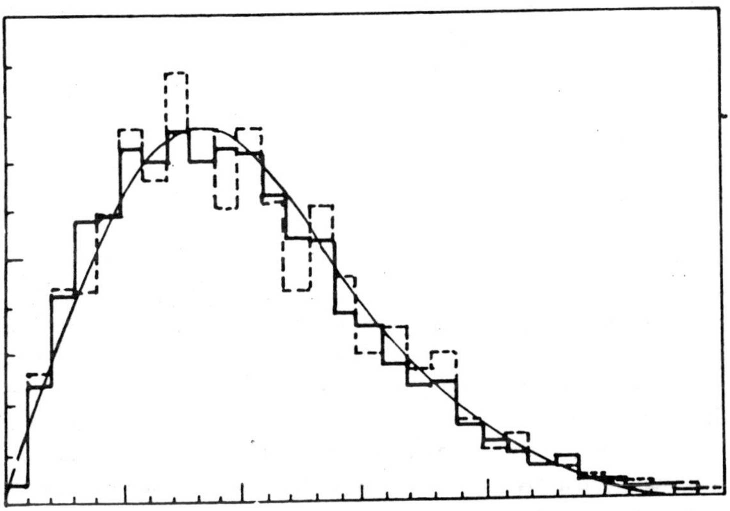

Fig. 123. Quando os dois sistemas da figura 122 são quantizados, as lacunas entre os níveis de energia de suas funções de onda têm diferentes propriedades estatísticas. A figura mostra os desvios em relação à média teórica (linha curva) para o bilhar circular (linha pontilhada) e o estádio (linha sólida).

Falo de um dado ideal, um cubo inelástico perfeito, lançado sobre uma superfície inelástica perfeitamente plana, sujeito a leis precisas de atrito e obedecendo à mecânica newtoniana. Preciso partir desses pressupostos para introduzir a matemática com precisão. Parece-me que o que torna aleatório um dado real deve se manifestar neste modelo também. Adotando o ponto de vista de Laplace, entretanto, é claro que o Vasto Intelecto poderia calcular o estado final de repouso do dado no momento em que é lançado. Com uma filmadora de vídeo e um supercomputador, deveríamos, em princípio, ser capazes de prever o resultado antes que o dado chegue a ele.

Não se trata de fantasia. J. Doyne Farmer, um caólogo norte-americano, desenvolveu uma teoria da roleta que permite resultados bem melhores que os dependentes do puro acaso. É verdade que está encontrando alguma dificuldade em ser admitido nos cassinos.

Seja como for, se você pode prever exatamente o que acontecerá, de onde vem a aleatoriedade?

Não posso fazer cálculos para um dado, mas vou fazê-los para uma moeda simplificada, suficientemente parecida com a real para mostrar o que está em questão. A moeda é um segmento de linha com uma unidade de comprimento, confinada a um plano vertical. Quando é lançada, a partir do nível do solo, adquire uma velocidade vertical v e também uma taxa de rotação de r voltas por segundo. Quando retorna ao solo, congela-se: a face que estiver então para cima é considerada o resultado do arremesso.

Se g é a aceleração devida à gravidade, então a moeda leva $2v/g$ segundos para voltar à horizontal, e portanto faz $2rv/g$ voltas. O limite entre a cara e a coroa ocorre exatamente no meio da volta, isto é, quando $2rv/g$ é a metade de um inteiro. Se esse inteiro for N, limite cara/coroa é dado por $vr = gN/4$.

Se eu pudesse controlar exatamente os valores de r e v, poderia fazer a moeda cair com a face que eu quisesse para cima. *Na prática*, porém, *só posso controlar esses valores dentro de certos limites*. Por exemplo, suponha que posso manter v entre 480 e 520 cm/s, com r entre 18 e 22 revoluções por segundo. De que modo o resultado — cara ou coroa — depende de v e de r?

Você pode obter a resposta a partir da fórmula acima. O retângulo de valores possíveis de v e r se divide em listras: branco para caras, preto para coroas (figura 124).

Quaisquer valores *conhecidos* da velocidade inicial e da taxa de rotação dão uma única resposta. Não só o resultado é determinístico como posso efetivamente lhe dizer, por antecipação, qual será.

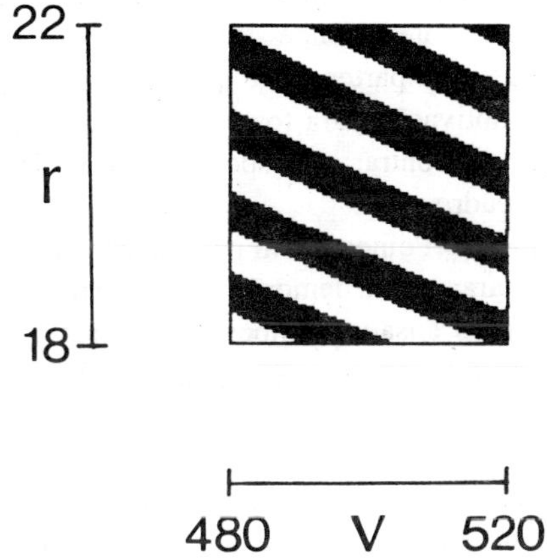

Fig. 124. Condições iniciais para uma moeda girando, com listras que correspondem a seu destino final. Preto = coroa; branco = cara.

Mas se tudo o que sei é que *v* e *r* se situam no domínio determinado, não posso antecipar o resultado. O máximo que posso fazer é pensar o retângulo como se fosse uma espécie de alvo. Cada arremesso da moeda é como o de uma flecha: se esta atinge uma listra preta, é coroa; se atinge uma branca, é cara. Se as flechas se distribuem uniformemente pelo retângulo, a probabilidade de uma coroa é a proporção da área total recoberta por listras negras.

Em outras palavras, a fonte da aleatoriedade reside na escolha das condições iniciais. A menos que eu possa controlá-las *exatamente*, não posso fazer uma previsão precisa.

Aqui o determinismo laplaciano soçobra de novo — mas de maneira sutilmente diferente. A moeda modelo não é um sistema caótico. É um sistema perfeitamente regular.

Plus Ça Change...

O caos é um tema recente, a última novidade. Mas sempre que um tópico recém-descoberto chega às manchetes científicas, constata-se que em algum lugar, no passado distante, havia pessoas que sabiam a respeito. De alguma maneira.

A posteriori, torna-se com freqüência mais fácil ver coisas que absolutamente não tinham tal clareza antes. O *x* da questão não é tanto saber algo, mas *saber que se sabe algo*. Isto é, avaliar que aquilo é importante, e ter um contexto onde situá-lo.

Eras anteriores viram partes deste quadro — mas nunca as reuniram. Não tinham motivação para formular as questões certas, não tinham técnicas para encontrar as respostas. Viram detalhes isolados, nunca o Grande Quadro.

É claro, porém, que Poincaré, em particular, viu mais do que seus companheiros avaliaram. Para demonstrá-lo, farei uma citação bastante longa de um dos seus ensaios. Embora remonte a quase um século atrás, você encontrará nela grande parte de toda nossa discussão. Seu título: *Acaso*.

> Uma causa muito diminuta, que nos escapa, determina um efeito considerável, que não podemos deixar de ver, e então dizemos que esse efeito é devido ao acaso. Se pudéssemos conhecer exatamente as leis da natureza e a situação do universo no instante inicial, seríamos capazes de prever exatamente a situação desse mesmo universo no instante subseqüente. Mas mesmo quando as leis naturais já não tivessem mais segredo para nós, só poderíamos conhecer a situação inicial *aproximadamente*. Se isso nos permite antecipar a situação subseqüente *com o mesmo grau de aproximação*, ficamos satisfeitos, dizemos que o fenômeno foi previsto, que é governado por leis. Mas nem sempre isto ocorre; pode acontecer que diferenças mínimas nas condições iniciais produzam diferenças muito grandes no fenômeno final; um erro mínimo nas primeiras produziria um erro enorme neste último. A previsão torna-se impossível e temos o fenômeno do acaso.
>
> Por que os meteorologistas têm tanta dificuldade em prever o tempo? Por que as chuvas, as próprias tempestades nos parecem ocorrer por acaso, a ponto de muita gente achar perfeitamente natural rezar pedindo chuva ou sol, quando consideraria ridículo rezar pedindo um eclipse? Vemos que grandes perturbações ocorrem em geral em regiões em que a atmosfera está em equilíbrio instável. Os meteorologistas sabem que esse equilíbrio é instável, que um ciclone está se formando em algum lugar; mas não sabem qual; um décimo de grau a mais ou a menos em algum ponto, e o ciclone surge aqui e não ali, e espalha sua devastação por países que teria poupado. Isto nós poderíamos ter previsto, se tivéssemos detectado aquele décimo de grau, mas as observações não são nem fiéis nem precisas o suficiente, e por essa razão tudo parece ser obra do acaso.

> O jogo da roleta não nos afasta tanto quanto parece do exemplo anterior. Suponha uma agulha que deve girar em torno de pino sobre um disco dividido numa centena de setores, vermelhos e pretos, alternados. Se ela pára num setor vermelho, eu ganho; senão, eu perco. A agulha fará, digamos, dez ou vinte voltas, mas parará em mais ou menos tempo, segundo eu lhe tenha dado um empurrão mais ou menos forte. Basta que o impulso varie apenas um ou dois centésimos para que a agulha pare sobre um setor preto ou sobre o setor vermelho subseqüente. São diferenças que o sentido muscular não é capaz de distinguir e que eludem até os mais delicados instrumentos. Sou incapaz, portanto, de antecipar o que fará a agulha que pus em movimento, e é por isso que meu coração palpita e espero tudo da sorte.

E Poincaré faz algumas reflexões sobre as implicações disto para o experimento que, também elas, fazem eco ao que acabei de dizer:

> Quando queremos testar uma hipótese, que devemos fazer? Não podemos verificar todas as suas conseqüências, uma vez que elas seriam em número infinito; contentamo-nos em verificar algumas delas e, se somos bem-sucedidos, declaramos a hipótese confirmada.

Destinos Listrados

O espaço de fase do Universo, como o da moeda, é também dividido, por seu destino, em listras. Bilhões de dimensões de espaço de fase, com listras de bilhões de dimensões, por certo; mas isto só piora as coisas. Isto seria verdade mesmo que o universo fosse um sistema não-caótico regular. Quando o caos irrompe, as listras se tornam infinitamente estreitas, e se misturam como espaguete e molho, compondo a efetiva indeterminação. Todas as apostas determinísticas estão descartadas. O melhor que nos resta são probabilidades.

Nesse sentido, os dados são uma metáfora ruim para o acaso genuíno, mas se adequam bem mais ao caos determinístico.

Por outro lado, que *é* acaso genuíno? Poincaré mostrou que a roleta também é determinística. Talvez um evento genuinamente randômico simplesmente não exista. Tudo é predeterminado; mas somos obtusos demais para ver o padrão. No âmbito de qualquer sistema fechado dado, prevalecem leis imutáveis. Eventos fortuitos ocorrem quando uma influência externa, não levada em conta nessas leis, perturbam seu funcionamento ordenado.

Não existe nenhum sistema verdadeiramente fechado, livre de influências externas; e, nesse sentido, perturbações randômicas sempre podem ocorrer. Elas só são randômicas, porém, de uma maneira um tanto insatisfatória. Desde que tenha suficiente informação, você percebe que poderia ter observado sua vinda.

Os eventos casuais decorrentes do caos determinístico, por outro lado, ocorrem mesmo no interior de um sistema fechado, determinado por leis imutáveis. Nossos mais caros exemplos de acaso — dados, roleta, lançamento de moeda — parecem mais próximos do caos que dos caprichos de eventos externos. Assim, nesse sentido revisto, os dados são, afinal, uma boa metáfora para o acaso. É que simplesmente depuramos nosso conceito de aleatoriedade. De fato, as listras determinísticas mas possivelmente caóticas do espaço de fase podem ser a verdadeira fonte da probabilidade.

A incerteza quântica pode ser desse tipo. Um ser infinitamente inteligente, com sentidos perfeitos — Deus, Vasto Intelecto ou Pensamento Profundo —, talvez seja capaz de prever exatamente quando um determinado átomo de rádio decairá, um determinado elétron se deslocará em sua órbita. Nós, porém, com nossos intelectos limitados e sentidos imperfeitos, talvez nunca sejamos capazes de descobrir o truque.

Na verdade, como somos *parte* do Universo, nossos esforços para prevê-lo podem interferir no que ele fará. Mas esta questão está se tornando muito espinhosa, e não quero levar adiante o que pode muito bem ser uma regressão infinita: não sei como um computador funcionaria se seus átomos constituintes fossem afetados pelos resultados de suas próprias computações.

Iluminação e Apoio

Já se disse de alguém que ele usava fatos "como um bêbado usa um poste de luz: mais para apoio do que para iluminação".

Bêbados e postes pairam sobre a subcultura científica. Um exemplo é o caminhar do bêbado. Ele começa no poste e cambaleia rumo ao norte, sul, leste ou oeste. Para onde está indo? Quais são as regularidades estatísticas? Acaso ou caos?

Em *Computer Power and Human Reason*, Joseph Weizenbaum relata uma outra anedota sobre um bêbado e um poste de luz. Vou parafraseá-la. O bêbado está de joelhos, examinando o chão à volta do poste. Um guarda passa e pergunta: "Que está fazendo aí?"

"Procurando minhas chaves, seu guarda."
"Foi embaixo deste poste que as perdeu?"
"Não, seu guarda, foi lá no fim da rua, no escuro."
"Mas então por que está procurando aqui, debaixo da lâmpada?"
"Porque aqui tem luz bastante para eu poder vê-las."

A ciência, como Weizenbaum diz, é exatamente como o bêbado. Começa pelo que conhece, pelo espaço iluminado. Muita gente conta essa historinha para mostrar o quanto os cientistas são desprovidos de imaginação. Mas certamente essas pessoas não leram Weizenbaum, porque ele prossegue explicando por que a analogia é ruim.

É ruim porque, em ciência, não sabemos que as chaves procuradas estão lá longe, no escuro. Não sabemos se as chaves existem. De fato, não sabemos nem que o escuro existe, embora suspeitemos disso porque de vez em quando uma nova centelha ilumina mais uma parte dele. Assim, o que procuramos sob a lâmpada do que sabemos não são as chaves, mas *uma nova fonte de iluminação.* O atrator de Lorenz não contribui diretamente para aperfeiçoar as previsões meteorológicas. Sua principal função é lançar dúvidas sobre as abordagens atuais. É melhor enfrentá-las do que militar na ignorância. E, *indiretamente*, o caos pode ainda levar a melhores previsões do tempo... Se não o fizer, pode levar a melhores formas de controlar epidemias, de prevenir doenças cardíacas, ou, simplesmente, de compreender o universo.

Temos que procurar embaixo da lâmpada. É lá que tudo está, para nós. E até agora, isso funcionou. A luz da lâmpada espalha-se de maneira lenta, mas inequívoca. Tudo o que sabemos foi aprendido assim.

O caos está exatamente nesse estado. Um novo clarão, revelando um canto escuro que mal suspeitávamos existir ali. Um canto até então povoado por fantasmas. Os espectros de pressupostos não formulados. De tocha em punho, nós os arrastamos para o círculo mais iluminado, sob a lâmpada, e os vemos como são. São esqueletos: os ossos ressequidos e amarelados da superstição.

O mais intenso raio de luz que o caos emite incide sobre a natureza da complexidade. Sabemos agora que equações simples podem ter soluções simples — ou complexas. Equações complexas podem ter soluções complexas — ou simples. O que controla a relação entre a equação e a solução, entre o modelo e o comportamento, não é a *forma*, mas o *significado.*

Aonde a tocha do caos nos conduzirá? Qual o futuro do caos? Não podemos dizer. Por enquanto, devemos nos contentar em ter exorcizado um fantasma particularmente pernicioso. É um triunfo incomensurável.

EPÍLOGO

Jogo de Dados com Deus

Acaso foi o pseudônimo que Deus usou quando não quis assinar.

Anatole France

Leituras Adicionais

Even Jehovah,
After Moses had got the Commandments
Committed to stone
Probably thought:
I always forget the things
*I really intend to say.**

Christopher Morley

Um asterisco anteposto a um título indica material matematicamente avançado. Quanto mais asteriscos, mais avançado!

Gerais

James Gleick, *Caos: a criação de uma nova ciência.* Rio de Janeiro, Campus, 1987.

Ilya Prigogine, *From Being to Becoming.* São Francisco, W. H. Freeman, 1980.

Ed Regis, *Who got Einstein's Office?* Reading, Mass., Addison-Wesley, 1987.

Ian Stewart, *The Problems of Mathematics.* Oxford, Oxford University Press, 1987.

Capítulos 1 a 4: História

E. T. Bell, *The Development of Mathematics.* Nova York, McGraw-Hill, 1945.

E. T. Bell, *Men of Mathematics* (2 vols.). Harmondsworth, Penguin Books, 1965.

Carl B. Boyer, *A History of Mathematics.* Nova York, John Wiley, 1968.

Stillman Drake e I. E. Drabkin, *Mechanics in Sixteenth-Century Italy. Madison,* University of Wisconsin Press, 1969.

* Até Jeová, / Depois que Moisés conseguira / Gravar na pedra os Mandamentos, / Deve ter pensado: / *Eu sempre esqueço as coisas / Que realmente quero dizer.* (N. da T.)

Stillman Drake, "The Role of Music in Galileo's Experiments", *Scientific American*, junho de 1975, pp. 98-104.

D. L. Hurd e J. J. Kipling, *The Origins and Growth of Physical Science* (2 vols.). Harmondsworth, Penguin Books, 1964.

Morris Kline, *Mathematical Thought from Ancient to Modern Times*. Oxford, Oxford University Press, 1972.

Morris Kline, *Mathematic in Western Culture*. Harmondsworth, Penguin Books, 1972.

Theodore M. Porter, *The Rise of Statistical Thinking*. Princeton, Princeton University Press, 1986.

Stephen M. Stigler, *The History of Statistics*. Cambridge, Mass., Belknap Press, 1986.

Richard S. Westfall, *Never at Rest: a Biography of Isaac Newton*. Cambridge, Cambridge University Press, 1980.

Capítulos 5 a 10: Matemática

*** Ralph Abraham e Jerrold E. Marsden, *Foundations of Mechanics*. Reading, Mass., Benjamin/Cummings, 1978.

Ralph Abraham e Christopher D. Shaw, *Dynamics: the Geometry of Behaviour* (4 vols.). Santa Cruz, Aerial Press, 1983.

James P. Crutchfield, J. Doyne Farmer, Norman H. Packard e Robert S. Shaw, "Chaos", *Scientific American*, dezembro de 1986, pp. 38-49.

* Robert L. Devaney, *An Introduction to Chaotic Dynamical Systems*. Menlo Park, Benjamin-Cummings, 1986.

*** John Guckenheimer e Philip Holmes, *Nonlinear Oscillations, Dynamical Systems, and Bifurcations of Vector Fields*. Nova York, Springer, 1986.

** Hao Bai-Lin, *Chaos*. Singapura, World Scientific, 1984.

Douglas Hofstadter, "Metamagical Themas: Strange Attractors", *Scientific American*, novembro de 1981, pp. 16-29.

** Robert S. MacKay e James D. Meiss, *Hamiltonian Dynamical Systems*, Bristol, Adam Hilger, 1987.

Jürgen Moser, "Is the Solar System Stable?", *Mathematical Intelligencer*, vol. 1, nº 2, 1978, pp. 65-71.

** Heinz Georg Schuster, *Deterministic Chaos: an Introduction*. Weinheim, Physik-Verlag, 1984.

Ian Stewart, *Oh! Catastrophe!* Paris, Belin, 1982.

Ian Stewart, "The Nature of Stability", *Speculations in Science and Techonology*, vol. 10 (1988), pp. 310-24.

* J. M. Thompson e H. B. Stewart, *Nonlinear Dynamics and Chaos*. Nova York, John Wiley, 1986.

David Tritton, "Chaos in the Swing of Pendulum", *New Scientist*, 24 de julho de 1986, pp. 37-40.

CAPÍTULOS 11 A 14: APLICAÇÕES

** G. I. Barenblatt, G. Iooss e D. D. Joseph (orgs.), *Nonlinear Dynamics and Turbulence*. Londres, Pitman, 1983.

Michael V. Berry, "Quantum Physics on the Edge of Chaos", *New Scientist*, 19 de novembro de 1983, pp. 44-47.

I. R. Epstein, K. Kustin, P. De Kepper e M. Orbán, "Oscillating Chemical Reactions", *Scientific American*, março de 1983, pp. 96-108.

* W. Güttinger e G. Dangelmayr (orgs.), *The Physics of Structure Formation*. Berlim, Springer, 1987.

** Arun V. Holden (org.), *Chaos*. Manchester, Manchester University Press, 1986.

* S. A. Levin (org.), *Studies in Mathematical Biology* (2 vols.). Washington, DC, Mathematical Association of America, 1978.

Benoît Mandelbrot, *The Fractal Geometry of Nature*. São Francisco, W. H. Freeman, 1982.

Heinz-Otto Peitgen e Peter H. Richter, *The Beauty of Fractals*. Nova York, Springer, 1986.

Theodor Schwenk, *Sensitive Chaos*. Nova York, Schocken Books, 1976.

Ian Stewart, *Les Fractals*. Paris, Belin, 1982.

Agradecimentos pelas Ilustrações

Agradecemos pela permissão para reproduzir material protegido por *copyright*:

Addison-Wesley Publishing Co., Reading, Mass.: Ralph Abraham e Jerrold E. Marsden, *Foundations of Mathematics* (Benjamin-Cummings imprint) – fig. 108.

Aerial Press, Santa Cruz: Ralph Abraham e Christopher D. Shaw, *Dynamics: the Geometry of Behavior* – figs. 79, 107, 114.

American Mathematical Society: *Memoirs of the American Mathematical Society*, vol. 81, 1968, pp. 1-60 (Jürgen K. Moser) – fig. 59.

American Meteorological Society: *Journal of the Atmospheric Sciences*, vol.20, 1963, pp. 130-41 (Edward N. Lorenz) – figs. 54, 56.

American Philosophical Society: *Transactions of the American Philosophical Society*, vol. 64, 1974 (Derek de Solla Price) – fig. 8.

AT&T Bell Laboratories: *Record*, março de 1986, pp. 4-10 (David M. Gay, Narendra K. Karmarkar e K. G. Ramarkrishnan) – fig. 35.

Belknap Press, Cambridge, Mass.: Stephen M. Stigler, *The History of Statistics* – figs. 16, 19.

Bibliothèque Royale Albert 1er, Bruxelas: Retrato de Adolphe Quetelet, Odevaere E 3574 C – fig. 17.

Chapman and Hall Ltd., Londres: D. K. Arrowsmith e C. M. Place, *Ordinary Differential Equations* – figs. 37, 38, 39, 40.

Cray Research Inc., Minneapolis – fig. 51.

John Crutchfield – figs. 20, 80.

Stillman Drake – fig. 11.

W. H. Freeman, São Francisco: Morris Kline (org.), *Mathematics in the Modern World* – figs. 2, 3, 12

Benoît Mandelbrot, *The Fractal Geometry of Nature* – figs. 89, 90, 95.

The Guardian and Manchester Evening News plc. – fig. 52.

Greg King e Harry Swinney – fig. 73.

Longman, Londres: G. I. Barenblatt, G. Iooss e D. D. Joseph (orgs.), *Nonlinear Dynamics and Turbulence* (Pitman imprint), pp. 156-71 (J. P. Gollub) – fig. 74.

MacMillan Magazines Ltd., Londres: *Nature* – figs. 92, 93.

Manchester University Press: Arun V. Holden (org.), *Chaos*, pp. 158-78 (W. M. Schaffer e M. Kot) – figs. 117, 118; pp. 237-56 (Leon Glass, Alvin Shrier e Jacques Bélair) – fig. 119.

Mathematical Association of America: S. A. Levin (org.), *Studies in Mathematical Biology*, pp. 317-66 (Robert M. May) – fig. 115; pp. 411-38 (G. Oster) – figs. 113, 116.

National Aeronautics and Space Administration, Washington DC – figs. 4, 5, 69, 81, 104.

New York Institute of Technology: Peter Oppenheimer – figs. 96, 97.

North-Holland Publishing Co., Amsterdam: *Physica D, Nonlinear Phenomena*, vol. 6, 1983, pp. 385-92 (A. Arneodo, P. Coullet, C. Tresser, A. Libchaber, J. Maurer, D. d'Humières) – fig. 87.

Arthur J. Olson – fig. 91.

Penguin Books, Harmondsworth: D. L. Hurd e J. J. Kipling, *The Origins and Growth of Physical Science* – fig. 9.

Royal Library, Windsor Castle: desenho de Leonardo da Vinci, RL 12660V – fig. 68.

Royal Society: *Proceedings of the Royal Society of London*, série A, vol. 413, 1987, reproduzido a partir de M. V. Berry, I. O. Percival, N. Weiss (orgs.), *Dynamical Chaos*, pp. 9-26 (L. Glass, A. L. Goldberger, M. Countermance e A. Shreier) – fig. 120; pp. 109-30 (Jack Wisdom) – figs. 106, 110, 111, 112; pp. 183-98 (Michael Berry) – figs. 122, 123.

Colin Sparrow – fig. 55.

Springer-Verlag, Nova York: H.-O. Peitgen e P. H. Richter, *The Beauty of Fractals* – figs. 23, 99, 100, 101, 102, 103.

John Wiley Inc., Nova York: Carl B. Boyer, *A History of Mathematics* (© 1968) – figs. 10, 15; J. M. T. Thompson e H. B. Stewart, *Nonlinear Dynamics and Chaos* (© 1986) – figs. 27, 46, 61, 65, 67, 70, 75, 78.

ÍNDICE DE NOMES E ASSUNTOS